근대를 산책하다

일러두기

1. 대부분의 사료는 큰따옴표로 묶어 본문 중에 인용하고 그 뒤에 출처를 명기했다. 그러나 내용상 중요한 사료는 따로 인용문으로 표시하여 강조하고 뒤에 출처를 명기했다.
2. 설명이 필요한 단어나 역사적 상황, 그리고 연도에 대해선 따로 주를 달지 않고 본문 중에 괄호로 묶어 설명을 달았다.
3. 본문에 사용된 문장 부호는 다음 경우에 맞춰 사용했다.
   『 』: 전서, 총서, 단행본, 또는 그에 상응하는 분량의 책.
   「 」: 위 사항의 개별 항목 또는 논문.

문화유산으로 보는 한국 근현대사 150년

근대를 산책하다

김종록 지음

| 머리말 |

근대의 현장에서 대한민국의 어제와 오늘, 그리고 내일을 보다

    서울은 전통과 현대, 자연과 문명이 잘 조화된 도시다. 도심 속에 자리한 북악산과 인왕산, 남산, 그리고 한강은 빼어난 자연환경을 자랑한다. 서울은 실상 경기도와 행정구역만 다르지 같은 생활권으로 인구 2300만 거대 도시나 마찬가지다. 100여 년 전, 개화기 때의 목가적인 전원풍경이나 을씨년스럽던 거리 풍경 사진과 비교해보면 그야말로 천지개벽의 현장이 따로 없다.
    2010년, 경술국치(庚戌國恥) 100년을 맞으면서 나는 마음이 무거웠다. 1910년 경술년 8월 29일, 역사적으로 혹은 문화적으로 우리보다 열등하다고 여겨왔던 일본에게 나라를 빼앗긴 지 꼭 100년! 무엇이 어떻게 잘못돼서 그런 치욕을 당했을까? 치욕의 역사는 1945년 8·15 해방 직후, 분단과 한국전쟁으로 이어진다. 그런데 오늘날 대한민국은 눈부신 산업화로 세계 10대 경제 대국이 되었고 민주화에도 성공했다. 현대사의 기적으로 통하는 비약적인 발전이다. 어떻게 이런 일이 가능했던 걸까?

탈근대에 접어든 오늘날, 내가 새삼스레 근대의 현장들을 찾아 나선 까닭은 그곳에 대한민국의 어제와 오늘, 그리고 미래가 있다고 봤기 때문이다. 사실 우리는 그동안 부끄러운 근대사를 감추거나 외면하고 우리 식으로 자위하거나 미화해왔다고 할 수 있다. 혼란스러웠던 개화기, 일본 제국주의의 식민지가 되었던 입장에서 얼마든지 그럴 수 있다고 본다. 우리에게 근대화란 전통적인 것, 한국적인 것을 서둘러 탈피해버리고 서구의 물질문명을 무턱대고 추격하는 일, 서구사상을 학습하는 일이었으니까. 하지만 이제는 냉정하게 우리의 근대를 되돌아보고 우리 식의 미래를 설계할 때가 되었다.

나는 8·15 해방보다 8·29 국치를 더 잘 기억해야 불행한 역사가 반복되지 않는다고 생각한다. 근대 여명기인 개화기에 겪었던 민족사의 개기일식이 바로 일본의 한국 강제병합이다. 근대의 현장으로 가는 길은 그래서 발이 저린다. 나는 사료를 모으고 독파하며 틈틈이 현장을 찾았다. 자그마치 2년 동안이나 이어진 나의 근대 현장 답사는 현대판 오디세이아였다. 서울 정동과 양화진, 인천 개항장은 한국 근대의 새싹 모종이 심어지고 자라난 곳이다. 내가 설렘을 안고 찾아다닌 학교와 항구, 교회, 은행, 백화점, 철도역, 병원, 호텔 등은 대한민국 최초라는 진기록을 지닌 장소들이다.

'장소'는 공간 이상의 의미를 지닌다. 특별한 의미가 부여된 공간인 그 장소들은 찾는 이로 하여금 문화적 정체성을 느끼고 의식적인 애착을 갖게 한다. 우리가 수용한 근대의 원형이 있는 그 장소들에서 나는 근대의 다채로운 스펙트럼을 보았고 숱한 역사 인물들을 만났다. 그 과정에서 나는 때로는 흥분을, 때로는 아쉬움을, 때로는 울분을 느꼈고 격세지감에 빠지기도 했다.

근대(近代, Modernity)는 인류사를 고대, 중세, 근대, 현대로 나누는 서양식 시대구분의 한 단계로 흔히 17세기, 18세기 이후가 된다. 근대의 특징은 한마디로 개인의 발견이라고 할 수 있다. 중세까지 가치의 중심을 차지해왔던 신(神)은 인간 개개인에게 그 중심자리를 내주어야 했다. 정치적으로는 민주화, 경제적으로는 산업화의 모습을 지닌다.

한국사에서 근대의 기점은 대개 강화도 조약(1876)이나 개항(1883), 갑오개혁(1894) 즈음으로 잡는다. 문명개화라는 기치를 내걸고 빠르게 유럽을 학습한 일본은 허울뿐인 대한제국을 식민지로 만들고 만다. 수탈당한 우리 입장에서 인정하고 싶지 않지만 일제는 그때부터 우리의 근대를 실질적으로 디자인했다고 할 수 있다. 미국의 영향력도 아주 컸다.

선진국의 문턱에 들어선 우리가 언제까지 발 빠른 추격자(Fast Follower)로만 남을 것인가. 이제는 자신 있게 선도자(First Mover) 전략을 구사해야 할 때가 되었다고 생각한다.

지금부터 있는 그대로의 근대역사 현장부터 찾아보자. 지도를 펼쳐놓고 순서를 정해도 좋고 가까운 곳부터 찾아도 좋다. 대부분 우리와 그리 멀지 않은 곳에 있고 더없이 훌륭한 수학 여행지들이다. 그곳들은 서로 연결고리를 짓고 있고 저마다 독특한 박물관을 열어두고 있다. 교사와 학생들이, 부모와 아이가 함께 느끼고 토론할 수 있는 소중한 장소가 되어줄 것이다.

답사가 진행되면서 처음에는 '제물포 개항장' '배재학당' '신세계백화점' '서울역' 등 고유명사에 불과하던 근대 현장들이 차차 다채로운 이야기와 사회 풍속도로 변해간다. 그렇게 근대 현장 취재기가 쌓여가는 동안 나는 열패감 속에서 이해했던 우리 근대사를 비로소 애틋하게 끌어안을 수 있게 되었다. 나는 누구보다도 대한민국을 사랑하게 되었고 동시에 국가 리더십의 필요성을 절실히 깨달았다. 제아무리 탁월한 지성이라도 체제의 문제에 부딪히면 개인은 힘을 쓸 수가 없다는 걸 확인했다. 근대 문화유산이 내게 준 뜻밖의 선물이다.

이 글은 「중앙SUNDAY」 인기 칼럼 '사색이 머무는 공간'에 연재한 취재기사를 대폭 보완한 것이다. 나는 작가이자 객원기자로서 각별한 소명의식을 가지고 이 글을 썼다. 몇 차례씩 거듭 현장을 찾고 거닐면서 역사와 대화하고자 애썼다.

생생한 그림을 카메라에 담기 위해 건물 옥상, 바다 너머 산, 지하실 등을 무수히 오르내린 중앙일보사 신동연 선임기자가 흘린 땀을 잊을 수 없다. 동행 취재했던 각 분야 전문가와 안내했던 관계자들께도 감사한다. 그분들은 나의 까다롭고 집요한 취재와 성가신 자료 요청을 마다하지 않았다. 이 책을 보고 답사하는 모든 이들에게 긍정적인 역사관을 심어주고 대한민국의 미래를 설계하는 장소가 될 수 있도록 좋은 교육 프로그램 개발을 기대한다.

수도권을 중심으로 책을 묶으면서 지방의 근대현장들이 빠졌다. 부산과 군산, 목포, 대구, 전주 등에도 소중한 근대문화유산이 적지 않다. 기회가 닿으면 지방편 답사기도 묶어낼 참이다.

차례

머리말 • 4

1장
교육, 문화

정동 배재학당 • 12 | 이화학당 • 26 | 성균관 • 38 | 교보문고 • 50
한국고전번역원 • 62 | 매일신보사 터 • 72 | 국립중앙도서관 • 82
남산 서울애니메이션센터 • 96

2장
종교

양화진과 절두산 성지 • 108 | 승동교회 • 124 | 명동대성당 • 134
서울 천도교 중앙대교당 • 146 | 대각사 • 158 | 성공회 강화성당 • 170

3장
정치, 외교, 금융

정동 옛 러시아 공사관 • 182 | 용산공원 • 194 | 서대문 독립공원 • 204
문화체육관광부 옛 청사 • 214 | 미국대사관 • 224
한국은행과 화폐금융박물관 • 234 | 청와대 • 244 | 창덕궁과 이왕직 청사 터 • 254
강화도 외규장각 • 264

4장
시설

인천 제물포 개항장 • 276 | 팔미도 등대 • 290 | 서울역 • 300
팔당댐, 팔당호, 수도박물관 • 310 | 서울본부세관 • 320
서울기상관측소 • 330 | 서울 여의도공원 • 340

5장
생활

신세계백화점 • 352 | 서울 웨스틴조선호텔 • 362 | 재동 백송 • 372
서울대학교병원 • 384 | 연세대학교 의료원 • 396 | 서울 충정로 충정아파트 • 408

참고문헌 • 416

1장
교육·문화

정동 배재학당

> 소월의 시심(詩心)과 이승만의 독립정신으로 싹튼
> 전인교육의 오래된 미래를 본다

정동은 대한민국 전야(前夜)의 풍경과 기억을 더듬어볼 수 있는 역사의 아이콘이다. 1883년 개항한 제물포(濟物浦)와 외국인 선교사 묘역이 있는 한강변 양화진(楊花津)을 우리 몸의 인후부(咽喉部)라고 한다면 정동은 심장부다. 100여 년 전, 개화기 때의 국제도시 정동에 발 디디면 무수한 이야기들이 넘쳐난다. 아주 특별한 장소들과 역사 속 인물들의 행적이 생생하게 살아 있다.

나는 누구이며 무엇을 할 수 있는가?

내가 나임을 아는 것, 참 쉬운 것 같지만 어렵다. 그것을 알면 곧 기적이 일어난다. 삶을 기적으로 바꾼 역사적 위인들은 하나같이 악조건 속에서 '내가 나'임을 증명하고 연출했다. 그렇지 못한 사람들은 기적이 일어난 현장을 찾아다니며 감동하고 역사 속 위인들을 닮

옛 배재학당 동관에 눈이 내린다. 이곳에서 근대 교육이 싹텄다. 아담하지만 멋지고 당당한 건물에는 체험 교실과 상설 전시실, 기획 전시실, 세미나실이 있다.

고자 열망한다.

　덕수궁(德壽宮) 돌담을 오른편에 두고 걷다가 정동제일교회 앞에서 서소문 쪽으로 방향을 튼다. 야트막한 언덕배기 배재공원이 아담하다. 공원을 지나면 고풍스러운 적벽돌 건물이 500년 넘은 향나무를 품고 서 있다. 주변에 훨씬 더 크고 높은 건물들이 많은데도 작지만 당당한 풍모가 눈길을 끈다. 배재학당 동관(東館)이다. 1984년 배재중·고교가 강동으로 옮겨간 뒤 지금은 역사박물관으로 쓰인다.

　왼편 거대한 회화나무 가지는 자유분방하다. 가지 끝에 걸린 하늘을 올려다보며 자유로운 지성을 상징하는 학자수(學者樹)의 자태를 음미한다. 터줏대감처럼 터를 지키고 서 있는 아름드리 향나무와 회화나무는 이곳이 본디 독서가들이 대를 물려온 거주지였음을 말해준다. 형조참의를 지낸 안기영(安驥泳, 1819~1881), 영조(英祖, 1694~1776) 때 영의정을 지낸 채제공(蔡濟恭, 1720~1799)의 손자 채동술(蔡東述, 1841~1881) 집터다. 500년이 넘은 이곳 향나무는 시인 김소월(金素月, 1902~1934)이 애지중지했다고 전해진다.

몇 개의 계단을 오르고 오른쪽으로 돌아 박물관 정면과 마주 선다. 좌우 세 개씩의 화강석 배흘림기둥이 받치고 선 출입구를 중심으로 완전한 대칭 구조다.

'크고자 하거든 남을 섬기라.'

박물관 안으로 들어서면 곧바로 만나는 교훈이다. 마태복음의 한 구절인데 이 문구는 다른 방문객에게는 다소 겉도는 느낌을 줄 수 있다. 하지만 갓 쓰고 하인까지 대동하고서 학교에 다녔던 개화기 양반 자제들과 신분제 사회의 실상을 생각하면 충분히 공감이 간다. 그렇다. 배재학당의 설립자 아펜젤러(Henry Gerhard Appenzeller, 1858~1902)는 이 땅에 최초로 서양식 근대 교육을 연 선교사다. 그는 교육의 출발점을 스스로 행하는 데서 찾았다. 남(하인)의 힘에 의존하지 않고 제 할 일을 다하는 것이 배움의 출발이라고 보았다. 미국 펜실베이니아 출신인 그는 동료가 포기한 '모기와 말라리아의 나라' 한국에 온다. 그것도 학교를 마치고 결혼한 직후였다. 부부는 일본과 부산을 거쳐 1885년 4월 5일 제물포에 첫발을 디딘다. 연희전문학교 설립자가 되는 언더우드(Horace Grant Underwood, 1859~1916)와 함께였다. 당시 조선에 와 있던 미국 공사 후크는 '지금 서울은 외국 여자가 살 만한 환경이 못 된다'며 아펜젤러 부부를 일본으로 돌려보낸다. 6월 20일 다시 제물포에 상륙한 부부는 7월 19일 서울에 입성해 정동에 보금자리를 마련한다.

감리교 목사였던 그는 전도보다 교육사업에 더 주력한다. 1885년 8월 3일, 집에서 영어 학교를 열고 이겸라(李謙羅), 고영필(高永弼) 이렇게 두 학생을 받아 가르치기 시작한다. 이날이 배재학당의 실질적인 개교기념일인 셈인데, 배재중·고교는 이듬해 고종(高宗, 1852~1919)이 '배재학당(培材學堂)' 현판을 내려준 날짜인 6월 8일을 개교기념일로 삼고 있다.

대한민국 초대 대통령 이승만(李承晩, 1875~1965), 한글학자 주시경(周時經, 1876~1914), 시인 김소월, 소설가 나도향(羅稻香, 1902~1926) 등 셀 수 없는 역사적 위인들이 이 배재학당에서 배웠다. 음악, 체육 분야에서도 선구자들이 쏟아져 나왔다. 전인교육과 동아리 중심의 일인일기(一人一技)를 지향하는 배재학당은 '배재인만의 유전자'로 통한다. 그들의 자부심은 입시 교육 위주의 학교들과는 확연히 다른 데서 출발한다.

120여 년 전에 이미 영어로 진행된 수업은 생리학, 화학, 음악, 미술, 체육, 연극 등에 걸쳐 다채로웠다. 특히 야구와 럭비를 비롯한 구기 종목에서 배재는 한국 체육의 선구적인 역할을 해왔다. 학생들도 국제적이었다. 조선인과 미국인, 일본인이 함께 배웠던 것이다. 붓과 한지 대신 신기한 연필과 공책을 받아든 학생들은 걸상에 앉아 석판에 분필로 필기하는 서양인 교사와 만났다. 음악 시간에는 피아노가 등장했다. 1897년부터는 교복을 입고 모자를 썼다. 모두가 처음 접하는 개벽의 순간들이었다.

"그들이 가진 물건 중에 처음 보는 이상스러운 것들이 있었어요. 연필을 처음 구경했습니다. 글씨라고 하는 것은 반드시 벼루에다 먹을 갈아가지고 먹필로 쓰는 것이지, 그 나무 꼬챙이 같은 것으로 쓴다고 하는 것은 이상스러운 것이었지요."

배재학당 초창기 학생 신흥우(申興雨, 1883~1959)의 증언이다. 서양 선교사들이 가지고 다니며 쓰는 '이상스러운 것'이 바로 연필이었다. 부시맨이 처음 접한 콜라병만큼이나 신기했을 게다. 신흥우는 12세에 이승만, 주시경과 함께 배재학당에서 신학문을 배운 민족운동가다.

학생회였던 협성회(協成會)에서는 1896년부터 과외활동으로 매주 토요일 주제 토론회를 열었다. 미국에서 돌아와 배재학당에서 교편을 잡았던 서재필(徐載弼, 1864~1951)이 조직했다. 국문과 한문의 섞어 씀에 대해, 아내와 딸이 교육받는 것에 대해, 나라에 철도를 놓는 것에 대해 자유롭게 토론했다. 심지어는 우리나라에서 시급하게 상하원을 설립해야 하는가에 대해서도 토론했다. 군주제 국가에서 공화제를 공론화한 것이다. 이것은 근대 여명기 이 땅에서 시행된 토론 중심 민주교육의 한 경험이었다. 이 협성회 활동은 나중에 자연스럽게 독립협회와 만민공동회 등 민중계몽운동으로 발전한다.

2천만 동포 가운데 1,999만 9,999명이 다 죽어 없어진 후에라도 나 하나만은 머리를 높이 들고 앞으로 나아갈 것을 제가끔 마음속 깊이 맹세하고 다시 맹세하고 천만 번 맹세합시다. 그리하여 이 나라를 외국의 침략이 없는 자주독립국가로 굳건한 반석 위에 세웁시다!

청년 이승만은 개화사상에 심취한 진보주의자였다. 그는 독립협회, 만민공동회의 열렬한 행동대원이었다. 청년 이승만은 「협성회보(協成會報)」의 주필이 되어 날카로운 필봉을 휘두르는 한편, 수천 명이 모인 만민공동회에서의 명연설로 일찌감치 세상의 주목을 받는다. 정국을 이끌던 수구파들로부터는 요시찰인물로 지목된다. 1898년 수구파들은 청년 이승만이 국체를 공화제로 바꾸려 한다며 감옥에 가둔다. 이승만이 정부 전복, 곧 절대왕정을 폐지하고 의회 민주주의를 꾀했다고 본 것이다. 이승만은 감옥으로 면회 온 주시경과 배재학당 동문들이 건네준 권총으로 간수를 위협하고 탈옥한다. 다시 붙잡힌 그는 탈옥수라는 죄목까지 덧붙여져 무기징역을 선고받는다. 이승만은 혹독한 고문과 콜레라를 견디며 옥중 도서실을 연다. 그가 7년간 감옥 생활 하면서 집필한 저서가 『독립정신』이다. 청년 이승만의 열정과 희생정신, 투철한 국가관이 녹아들어 있다.

1904년 석방된 이승만은 미국으로 건너가 일본의 한국 침략 저지를 호소한다. 그러나 실효를 거두지 못하자 학업에 매진한다. 미국에서 독립운동을 하던 그는 점차 카리스마를 드러내게 된다. 해방된 조국에 돌아와 초대 대통령을 지낸 그는 4·19혁명으로 불명예 하야를 한다. 독립운동가, 건국 대통령이라는 수식어에 반드시 따라붙는 게 독재자다. 그 옛날 진보적인 청년이 어느덧 수구의 대명사가 되고 타도의 대상이 될 수도 있는 게 인간의 역사다. 우리 사회에는 지금 대한민국 초대 대통령 이승만의 공과를 따져 재평가 작업이 이뤄져야 한다는 여론이 일고 있다.

서양식 근대 교육이 행해졌던 1층 체험 교실로 들어선다. 책걸상이 빼곡히 놓였다. 걸상에 앉아서 칠판 앞 스크린에 흐르는 영상 자

배재학당 역사박물관 내부. 당시에 사용되던 현판과 유길준이 친필 서명한 『서유견문』과 교과서들이 전시되어 있다.

료를 본다. 전인교육을 실시했던 아펜젤러의 교육철학이 선명하게 파고든다. 지금은 사라졌지만 당시에는 교실마다 스팀 난방이 작동했다고 한다.

   교실을 나와 상설 전시실로 간다. 고종이 내려준 '배재학당' 현판과 유길준(兪吉濬, 1856~1914)이 서명한 『서유견문』 학생들이 배웠던 교과서들이 전시돼 있다. 교과서는 배재학당 인쇄소에서 근로 학생들의 작업으로 발간됐다. 수업료를 낼 수 없는 가난한 학생들을 위해 학교 안에 일자리를 만들었던 것이다. 한글과 한문, 영어 이렇게 세 언어를 뜻하는 삼문(三文) 출판사는 교과서 외에도 「독립신문(獨立新聞)」과 「협성회보」도 인쇄했다. 「협성회보」는 훗날 국내 최초 일간지 「매일신문(每日新聞)」으로 발전한다.

'명예의 전당'에서는 배재를 거쳐간 각 분야의 인물들과 김소월의 시집 『진달래꽃』(1925) 초판본을 볼 수 있다. 근대 출판물로서는 처음으로 문화재로 등록된 세상에 단 네 권(한성 총판본 3점과 중앙 총판본 1점)밖에 남아 있지 않은 희귀본이다.

나 보기가 역겨워 가실 때는
말없이 고이 보내 드리오리다.
[…]
가시는 걸음걸음 놓인 그 꽃을
사뿐히 즈려 밟고 가시옵소서.

전 국민이 애송하는 이 유명한 구절은 아일랜드의 시인 예이츠(William Butler Yeats, 1865~1939)의 시 「하늘의 옷감」 가운데 '그대 발밑에 내 꿈을 깔아드리오니/사뿐히 즈려 밟고 가시옵소서'라는 구절의 영향을 짙게 받았다. 당시의 교지 『배재』에는 학생들이 번역한 외국 문학 작품들이 실려 있다. 그 시절 배재학당에서는 세계문학을 발 빠르게 수용하고 있었다. 김소월 연구의 권위자 하버드대학교 데이비드 매캔(David R. McCann, 1946~) 교수는 두 차례나 박물관에 찾아와서 그 사실을 확인하고 감격에 젖었다고 한다. 문화는 발신자와 수신자 상호간의 교섭에서 자연스럽게 모방하고 재창조되는 것임을 느끼게 한다.

2층 전시실에는 피아니스트 한동일(韓東一, 1941~), 백건우(白建宇, 1946~)가 쳤다는 그랜드 피아노가 놓여 있다. 1864년 독일 블뤼트너 사가 제작한, 한국에서 가장 오래된 피아노다. 아펜젤러의 일기

수학여행 가서 첨성대에
다닥다닥 엉겨붙은 사진

와 그의 가족들이 남긴 소품들도 정갈하게 전시돼 있다. 아펜젤러는 1902년 전도 여행을 하다가 목포 앞바다에서 배가 침몰하면서 순직했다. 시신은 수습하지 못했다. 하나밖에 없는 소중한 목숨을 이 땅에 바친 위대한 영혼의 소망은 2세에게로 이어졌다. 한강이 바라다 보이는 양화진 외국인 선교사 묘원에는 아버지의 뒤를 이어 배재학당을 이끈 헨리 다지 아펜젤러(Henry Dedge Appenzeller, 1889~1953)가 잠들어 있다.

졸업 앨범으로 배재학당 120년 이야기를 전하는 방에서는 저마다 추억의 독립 영화 한 편을 찍게 된다. 학교생활을 통해 본 이 땅 100년의 역사가 파노라마처럼 펼쳐진다. 개성적인 모습과 꿈을 담은 졸업 앨범에서 식민지 학생들의 우울함 같은 건 좀처럼 찾아볼 수 없다. 지금으로서는 상상조차 할 수 없는 일이지만, 경주로 수학여행을 가서 첨성대에 올라가 벌 떼처럼 엉겨붙은 사진, 안경 낀 학생들만 모

헨리 다지 아펜젤러가 직접 가져온 피아노. 독일 블뤼트너 사가 1911년에 제작한 것. 한국에서 현존하는 연주용 피아노 중에서 가장 오래된 것이다.

여서 찍은 '안경당(眼鏡黨) 만세' 사진, 교복 차림으로 서울의 명소를 찾아다니며 연출한 사진 등은 엉뚱하고 기발하다. 1914년 졸업 앨범에서 순한글 가로쓰기가 첫선을 보인다. 지금처럼 왼쪽에서 오른쪽으로 쓰는 편집 체제다. 배재학당이 얼마나 수평적 교육을 중시했는지 알 수 있다. 이런 체제는 몇 년 못 가서 한문으로 바뀌고 만다. 일제의 한글 탄압 때문이다.

졸업 앨범 배경에서도 근대 경성의 풍경을 덤으로 감상할 수 있다. 시절은 암울했지만 학생들의 표정은 밝았다. 식민지를 넘어 희망의 나라를 만들 수 있다는 젊은 꿈들이 있어서일 게다. 어느 때고 힘겹지 않은 때가 있으랴. 어렵게 학창 시절을 보낸 나이 든 관람객들은 빛바랜 흑백사진 앞에서 서성이며 세월의 더께에 가려 있던 자아를 찾아내고, 견학 온 학생들은 격동의 시대를 살아온 선배들의 학창 시절을 대리 체험한다.

"게일(James Scarth Gale, 1863~1937) 선교사의 한글 번역으로 배재학당에서 출판한 『천로역정(天路歷程)』 목판본과 목판들을 보세요. 한국 고유의 전통문화를 지켜가면서 기독교 사상과 서구 문화를 심

현대식 빌딩에 둘러싸여 있는 배재학당 역사박물관. 세월의 흐름을 한눈에 알 수 있다.

어가려는 속 깊은 뜻이 담겨 있습니다. 민화를 삽화로 썼고 등장인물들은 소망이, 충직이, 알뜰이, 독실이, 사랑이 등 정겨운 한국 이름들이지요. 아쉽게도 삽화가 담긴 목판들은 사라지고 없습니다. 그 가치를 알아본 이가 개인적으로 소장하고 있겠지요. 언젠가 제자리로 돌아오기를 바랍니다."

직접 건물을 보수하고 전시를 기획한 배재대 건축학부 교수, 김종헌 박물관장은 정동 일대에서 덕수궁을 제외하고 1910년대의 원형을 그대로 유지하고 있는 유일한 건물이 배재학당 역사박물관이라고 소개한다.

배재학당은 구한말 전제군주 체제 아래서 민주교육의 장을 열었고 일제강점기에는 민족교육을, 그 이후에는 전인교육을 펼쳐왔다. 19세기 말 정동은 외교, 정치, 종교, 교육, 문화의 중심이었다. 배재학당은 한국 근대의 심장부였다. 이 박물관 안에는 우리가 일찍이 누렸으나 안타깝게도 지켜내지 못한 전인교육의 한 전형이 담겨 있다. 종교적인 편견을 버리고 유심히 참관하다 보면 오늘 우리가 고민하고 있는 교육 문제의 해법도 그 실마리를 찾을 듯싶다.

아펜젤러는 거룩한 교육자의 상징이다. 그는 이 언덕배기에서 어쩌면 평범한 선교사에 지나지 않았을 수도 있었던 자신의 삶을 기적으로 만들었다. 어수선했던 구한말, 그는 이 땅에서 희망을 보았고 자신의 목숨을 씨앗으로 심었다. 이 박물관에서 그의 교육철학적 가치를 재발견할 수 있다면 기적은 우리 앞에서 늘 현재 진행형이다. 정작 학교법인 배재학당마저도 자신들이 이미 오래전에 밟아온 전인교육의 길 대신 성적 위주의 경쟁 교육에 내몰렸다. 현실적으로 우리 사회의 분위기, 특히 학부모들의 요구를 언제까지고 몰라라 할 수만은 없었을 것이다. 우리 시대는 지덕체에 걸쳐 교양과 품격을 두루 갖춘 인재를 배양하는 교육기관 하나 가질 수 없는 그런 시대일까.

사회학자 짐멜(Georg Simmel, 1786~1826)은 객관적 전문 지식과 문화의 학습, 인성 교육의 병행을 근대 교육의 미덕으로 꼽았다. 지금 우리 교육의 현주소는 어떤가. 인적 자원의 개발에 초점을 맞추고 대학 입시 교육에 치중한 나머지, 교양인을 위한 소양 교육도 인성 교육도 실종돼버렸다. 인간다운 삶을 살도록 이끌어주는 인문 정신이 실종된 교육 현실에는 교육철학이 사라진 지 오래다. 교육의 목적이 좋은 대학 보내기, 혹은 물질적 욕망을 충족시키기 위한 수단과 도구로 전락했기 때문이다. 그러다 보니 거룩한 스승의 길을 가는 교사도, 지식을 넘어 참된 삶을 배우려 드는 학생도 좀처럼 찾아보기 힘들어졌다. 결코 어느 한쪽 탓을 할 일이 아니다. 입시 학원보다 위상이 낮아진 학교교육 자체에 대한 근본적인 성찰이 필요하다.

고대 로마제국의 철학자 세네카(Lucius Annaeus Seneca, B.C. 4~A.D. 65)는 "오늘날 우리는 인생을 위해서가 아니라 학교를 위해서 교육을 받는다."고 개탄했다. 학교교육의 문제가 적어도 2,000년이나 해묵은 문제임을 알 수 있다. 따라서 좀처럼 해결책이 찾아질 것 같지는 않다. 인간의 이기적인 유전자가 이타적인 유전자로 바뀐다면 모르겠지만 말이다.

그렇더라도 우리가 교육의 현장에서 희망을 찾지 못하면 어디서 찾을 것인가. 국가가 필요로 하는 인재를 길러내는 것이 교육의 기능이라면 그 인재가 하는 일은 인간의 존엄성을 지키고 널리 인간세상을 이롭게 하는 데 있어야 한다.

적어도 교육만큼은 그런 이상을 좇아야 한다. 그리고 현실적이려면, 저마다 타고난 적성을 찾아 계발하고 발휘하도록 지도해주어야 한다. '마이스터(Meister:장인)의 나라' 독일처럼 굳이 대학에 가지 않아도 창조적인 자기실현의 길을 활짝 열어줘야 한다. 그러면 대학 쏠림 현상도 사라지고 국가경쟁력도, 국민행복지수도 높아질 게다.

● 배재학당 역사박물관

주소	서울특별시 중구 정동 34-5
분류	서울특별시 기념물 제16호
준공	1916년(배재학당 동관)
설계	요시자와 도모타로(吉澤 友太郎)
규모	지상 3층, 반지하 1층
총면적	1,205㎡
역사	2008년 개관(월요일 휴관)

● 요시자와 도모타로(吉澤友太郎)

1884년 공부대학교(工部大學校) 조가학과(造家學科, 현재의 동경대학 건축학과) 졸업.

● 찾아가는 길

2호선 시청역 10번 출구에서 도보로 5분

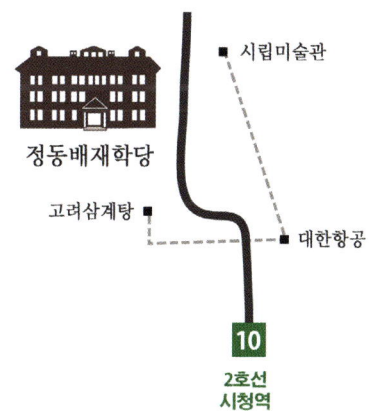

이화학당

'어둠의 빛' 유관순, 박에스터
―한국 여성 신교육의 발상지이자 여성 지도자의 산실

> 여성 병원에는 지금, 부정을 저질렀다는 이유로 남편에게 코와 손가락을 잘린 한 여성이 입원해 있다. 흔히 벌어지는 정죄라고 했다. […] 한국에는 진실한 남자가 거의 없다. 그들의 코와 손가락은 과연 누가 자를까?

1893년 10월 10일 노블(Mattie Wilcox Noble, 1872~1956) 여사의 일기 내용이다. 너무 가난해서 13세 여동생을 팔아버리려는 오빠 이야기도 나온다. 하지만 소녀의 어머니는 머리칼을 팔아서 어린 딸을 서울 이화학당에 보내려고 한다. 가난과 무식을 대물림하지 않기 위해서다. 그래도 평양 근처 진남포(鎭南浦)에서 서울까지의 뱃삯과 여비에는 턱없이 모자랐는데 노블 여사가 반을 보태준다.

유관순 빨래터에서 바라본 본관. 1970년에 완공한 건물로 지하 2층, 지상 7층의 구조를 가지고 있다.

근대화 시기 우리나라 여성과 어린이의 인권침해는 상상 이상이었다. 양반집 아녀자가 아니면 교육받을 기회조차 없었다. 특히 여성들은 병이 나도 대부분 제대로 치료받지 못했다. 가부장적 가치관이라는 전통과 인습의 굴레 속에서 제일 고통받는 부류가 여성이었다.

정동 예원학교 맞은편에는 정겨운 토담길이 있다. 덕수궁 드높은 돌담과는 사뭇 다른 느낌을 준다. 이화여자고등학교 동문(東門) 바로 옆에는 하마비가 서 있는 옛 대문이 있다. 문은 담이라고 하는 차단의 벽에 내놓은 선택적 통과의 공간이다. 문밖 사람과 문 안 사람들은 의식구조와 세계관은 물론 신분이나 소속이 다르다. 때로는 구원의 경계가 되기도 한다. 일찍이 개화기에 이 문으로 들어선 사람들은 분명 선택받은 사람들이다. 그들은 이 문 안에서 새로운 세상에 눈을 뜨고 자아를 발견했기 때문이다. 개인의 발견이야말로 근대가 준 선물이다. 차별받던 '암흑의 나라' 여성들이기에 그 선물은 더 값졌다.

1886년 한국 최초의 여성 선교사 메리 스크랜턴(Mary Scranton, 1832~1909)은 이 토담 안에 조선 여인들의 해방구를 열었다. 이화여고와 이화여대의 전신인 이화학당의 설립자 스크랜턴은 대부인(함께 온 며느리와 구분하기 위해 당시 사람들이 부른 호칭이다)의 기품을 지녔던 듯하다. 1872년 남편과 사별한 그는 1885년 미국 감리교 여성해외선교회의 파송으로 의사인 외아들 윌리엄 스크랜턴(William Benton Scranton, 1856~1922)과 함께 한국에 온다. 새 터를 잡고 곳곳에 건물을 세운 그는 왕성한 창업자의 면모를 보인다. 한국 최초의 여성 병원인 보구여관(保救女館)을 설립했고 동대문감리교회, 아현감리교회, 상동감리교회를 세웠다. 이 땅에 여생을 바친 그는 양화진 외국인 선교사 묘원에 묻혔다.

"우리의 목표는 한국 소녀들로 하여금 우리 외국인들의 생활양식, 의복 및 환경에 맞추어 바꾸어지기를 바라는 데 있지 않다. 우리는 다만 한국인을 보다 나은 한국인이 되게 하는 것으로 만족한다. 우리는 한국적인 것에 긍지를 갖는 한국인이 되기를 희망한다."

스크랜턴 대부인의 한국 여성 교육관이었다. 1886년 11월 학교 교사를 ㄷ자 형 200칸 규모의 기와집으로 지은 것도 그래서다. 교실과 기숙사를 갖춘 번듯한 교사를 세웠지만 지원자가 하나도 없었다. 신학문과 영어를 배워 출세하려고 청년들이 몰려들었던 배재학당과는 딴판이었다. 반년이 지나서야 첫 학생을 받았다. 고관의 소실 김 부인이었다. 한 달 뒤 열 살가량의 꽃님이가 왔고 네 살 난 별단이도 왔다. 꽃님이는 가난한 어머니가 도저히 부양할 길이 없어 맡긴 경우였고 별단이는 1886년 여름 서울에 돌았던 콜레라에 걸려 버려진 여인의 딸이었다. 의사인 아들 윌리엄 스크랜턴이 성 밖에서 발견해 데려다 치료했다.

이화여고 동문으로 들어서면 정면에 높은 성벽이 보인다. 서대문과 서소문 사이 성벽 일부가 남은 유적이다. 지금은 교정이 훨씬 넓어져 성벽 바깥 순화동 쪽에 도서관과 운동장, 유관순기념관, 체육관 등이 세워졌지만 초창기는 성벽 안쪽으로 정동교회와 접한 공간이 전부였다. 백주년기념관 자리에는 유명한 손탁호텔이 있었다. 2층으로 된 이 서양식 호텔에서 서구 열강의 외교관들이 치열한 각축전을 펼쳤다. 정동구락부의 모임 장소로도 이용된 손탁호텔은 100년 전의 국제도시 정동의 중심이었다.

이화박물관이 된 심슨홀(정식 명칭은 심슨기념관)은 100년 가까이 그 자리를 지켜온 등록문화재다. 문화유적과 유물은 현장이라는 장소성(장소의 의미, 즉 역사적, 지형적, 지리적 의미뿐만 아니라 인간의 추억과 경험이 축적된 장소로서의 의미)과 맞물릴 때 가치가 제대로 드러난다. 이 건물에서 한국 여성 신교육 126년사를 체험하는 일은 새뜻하고 값지다.

이화여고 본관 정원에는 한국 여성 신교육의 발상지 기념비가 서 있다. 동향으로 지어졌던 이화학당 초창기 건물 자리다. 정원 남동쪽 아래에는 오래된 우물 하나가 있다. '유관순 열사가 빨래하던 우물'이라는 표지판이 눈에 띈다. 이화학당 보통과에 편입학한 유관순(柳寬順, 1902~1920) 열사는 3·1운동 때 만세 시위를 하다가 서대문형무소에 갇혀 순국했다. 유관순 열사는 이화의 영웅이자 민족의 영웅이다. 영웅이란 다른 사람들이 하지 못한 위대한 일을 해낸 사람, 하나

유관순 동상(왼쪽)과 신교육 발상지비(오른쪽). 이화학당은 민족해방운동과 여성 해방운동, 신교육운동의 중심지였다.

밖에 없는 목숨을 자신보다 더 큰 가치에 기꺼이 바친 숭고한 이를 말한다.

    이화학당은 수많은 인물들을 배출한 명문의 상징이다. 20세기를 만든 각 분야 여성 1호가 대부분 이화학당 출신이다.

    1900년, 미국에서 의학을 공부하고 돌아와 인술을 펼친 최초의 여성 양의사 김점동(金點童, 박에스터, 1879~1910), 한국 여성 최초로 미국에서 문학사 학위를 받고 돌아와 여성 계몽운동과 독립운동을 하다가 북경에서 독살당한 하란사(河蘭史, 1875~1919) 등은 위대한 이화인들이다.

하란사가 입학할 당시 학당장 프라이(L. E. Frey) 앞에서 보였던 등불 퍼포먼스는 경전 속 에피소드처럼 감동적이다. 그는 이화학당에서 배우기 위해 여러 차례 문을 두드린다. 하지만 기혼자라는 이유로 번번이 거부당하고 만다. 그는 낙담하지 않고 묘안을 짜낸다. 어느 날 저녁, 하인에게 등불을 들려서 학교를 찾는다. 프라이 학당장 앞에서 등불을 끄자 사방이 캄캄해졌다.

"내 삶이 이렇게 어둡습니다. 제발, 밝은 학문의 빛을 열어주세요."

유부녀 하란사의 호소에는 배우지 못한 조선 여인의 한이 짙게 배어 있었다. 프라이는 그만 감동의 도가니에 빠지고 만다. 이런 여인을 받아주지 않는다면 학교의 존재 이유가 도대체 뭐란 말인가. 프라이는 입학을 허가한다. 1896년 이화학당에서 벌어졌던 드라마다. 하란사는 본래 김해 김씨인데 결혼하고 남편 하상기(河相驥)의 성을 따랐다. 혼란스러운 개화의 물결 속에서 매우 적극적으로 서양 풍습을 받아들인 신여성이었던 것이다. 젖먹이를 떼어놓고 미국 유학을 떠난 그녀는 한국인 최초 자비 유학생이 된다. 귀국하여 이화학당 교사 겸 기숙사 사감을 지냈으며 김윤식(金允植, 1835~1922), 유길준 등 당대의 남성 선각자들과 어깨를 나란히 하는 명연설가로 활약했다. 1919년 파리평화회의에 우리나라 대표로 참석하려던 계획이 일본 경찰에 알려져 중국으로 망명했다가 북경에서 객사했다. 물론 일제의 독살설도 있다.

최초의 여성 박사 김활란(金活蘭, 1899~1970)도 이화학당 출신이다. 현대 인물로는 첼리스트 정명화(1944~), 피아니스트 신수정

이화여고의 명물 노천극장.

(1942~), 이희호(李姬鎬, 1922~) 여사, 지은희(1942~) 덕성여대 총장, 이명희(李明熙, 1943~) 신세계그룹 회장, 김성주(1956~) 성주그룹 회장 등 일일이 거론할 수조차 없는 인물들을 배출했다.

이른바 '유관순 우물'에 대한 촌평 하나. 이곳을 거쳐간 수많은 동문들이 이 우물물을 마시고 빨래를 하거나 그 뜰을 거닐었을 텐데 굳이 이 우물까지 유관순 열사와 결부시켜야만 했을까. 유관순기념관과 동상이 세워졌으니 이제는 이 표지판과 유관순 우물이라는 명칭은 떼어도 좋을 듯하다. 무엇이건 넘치면 도리어 의미가 퇴색되기

쉽다.

이화여고의 명물 가운데 하나가 6,000석 규모의 노천극장이다. 로마 원형극장을 떠올리게 하는 석조 계단에 앉아서 이화의 정신을 가늠해본다. 예전에는 여기서 입학식과 졸업식, 신앙 부흥회, 연극이나 공연도 했다고 한다. 어수선했던 한국전쟁 직후인 1956년, 이런 노천극장을 교내에 세우고 빙 둘러앉아서 자칫 의례적일 수도 있는 행사에 특별한 가치를 부여할 줄 알았던 이화인들, 참 멋지다. 시간에 매몰되기 쉬운 인간의 기억은 공간과 함께 묻어온다. 사소한 의식일지라도 장소가 각별하면 의미가 더 깊어지고 오래가는 기억은 아름다운 추억으로 남는다.

"이화여고생들은 걸어가는 뒷모습만 봐도 금방 알아볼 수가 있어요. 느긋하고 자유롭습니다. 잘난 사람들 앞에서도 열등감이 없고요. 언제 어디서나 '약한 이 힘 되고 어둠의 빛 되자.'는 교가 구절이 가슴 저마다에 새겨져 있는 것이죠. 큰 교육자 신봉조(辛鳳祚, 1900~1992) 교장 선생님의 영향이 컸다고 봅니다. 선생님은 '인간에게 가장 중요한 게 개성이고, 사람은 누구나 자기만 가진 재주가 있다.'고 가르치셨습니다."

학교법인 이화학당(이화여대) 장명수 이사장은 신문기자 시절 칼럼을 쓸 때마다 격려 전화를 해줬던 은사를 숭경한다. 신봉조 선생은 23년간 이화여고 교장을 지내고 한평생 이화에 혼을 쏟아 부었다. 생활은 검박하고 교육적 이상은 원대했다. 그는 한국전쟁 당시 부산으로 피난 가서 임시 학교를 운영할 때, 누구도 생각하지 못했던 예술 학교를 구상했던 선구자였다.

신봉조 교장을 말하면서 빼놓지 말아야 할 업적 가운데 하나가 현

이화여고 100주년 기념관.

재 900호를 넘긴 교지 『거울』의 창간이다. 1954년 4월 5일, 주간지로 창간된 교지는 '이미 지나간 과거를 날인해 남기고 아직 오지 않은 미래를 예측하고 포착해오는' 이화의 거울이다. 초창기 『거울』지를 넘겨보면 학생들의 교내 활동 내용은 물론 내로라하는 당대 유명 문인들의 글이 실려 있다.

이화학당은 창설 이래 1907년까지 약 200명의 학생을 교육하고 결혼까지 시켜 내보냈지만 정식 졸업식은 한 번도 하지 못했다. 학생이 나이 들면 교사들이 신랑을 구하고 혼수품을 마련해 시집을 보내주었다. 결혼이 곧 졸업이던 시절이었다. 1904년 4년제 중학과 설치에 따라 1908년 6월 비로소 1회 졸업식을 거행하고 5명의 졸업생을 배출한다.

  1908년 동창들의 친목을 위한 연락체로 동창회가 발족한다. 이들이 '신여성' 1세대이다. 이들의 사회활동이 활발해지면서 새로운 여성상인 신여성이 등장한다. 그 전까지는 여학도로 불렸다. 신여성이란 봉건적 인습을 떨쳐내고 당시 사회가 요구하는 민족해방운동, 남녀평등을 위한 여성해방운동에 능동적으로 참여하는 의식적인 노력을 하는 여성이다. 배운 여성으로서 나눔과 섬김의 삶을 살아야 한다는 이화정신은 동창회 활동을 통해 구현되었다.

  1925년 이화여자전문학교가 출범한다. 첫 교장은 배재학당을 세운 아펜젤러가 한국에서 낳은 딸, 앨리스 아펜젤러(Alice Rebecca. Appenzeller, 1885~1950)다. 그는 이 땅에서 태어난 최초의 백인 아기다. 그의 어머니가 이화의 창설자 스크랜턴과 함께 제물포에 도착했을 때 이미 어머니의 태중에서 자라고 있었다. 아버지 아펜젤러가 세운 정동교회에서 세례를 받았고 한국에서 유년 시절을 보냈다. 웨슬리대학을 졸업한 그는 이화여전을 모교와 닮은 여자대학으로 키우고 싶어 했다. 오늘날 이화여자대학교는 세계 최대의 명문 여대 중 하나로 성장했다. 이화여고와는 뿌리를 같이 하지만 이후 다른 법인으로 분리되었다.

  "고종은 배재학당과 마찬가지로 이화학당(梨花學堂)이라는 교명을 내려줍니다. 그런데 그 현판은 물론 초창기의 유물들을 제대로 보전하지 못했습니다. 정말 아쉬운 일이 아닐 수 없습니다."

  이종용 박물관장은 기획 전시 유물 확보와 복원의 필요성을 재차 강조했다. 이화학당은 한국 여성 교육사의 중심이다. 초창기 터전을 지켜내지 못하고 변두리로 밀려난 대부분의 학교들과 달리 이화여고는 정동 터에서 더 확장하며 발전해왔다. 이화가 서울시민과 온 국민에게 이화의 정신에 서린 한국 여성 교육사를 소곤소곤 이야기해 줘야 할 때다.

● 이화여자고등학교

주소 서울특별시 중구 정동 32번지

역사 1886년 5월 31일 창립(한국 최초 여성 교육기관)
1887년 고종이 교명 '이화학당' 하사
1904년 4년제 중학과 설치
1910년 한국최초 여자대학과 신설
1925년 대학과를 이화여자전문학교로 개칭
1935년 전문학교와 보육학교 신촌으로 이전 분리(이화여자대학교)
1950년 3년제 중학교와 고등학교로 개편
1953년 이화예술고등학교 신설(서울예고 전신)
1966년 예원중학교 설립(예원학교 전신)
1988년 서울예술고등학교와 예원학교 분리
1968년 중학교 폐교
1992년 이화여자외국어고등학교 신설

● 심슨기념관

분류 등록문화재 제3호
준공 1915년 준공
규모 지하 1층, 지상 3층
현재 이화박물관으로 사용

● 찾아가는 길

지하철 시청역에서 도보로 10분(정동교회 옆)

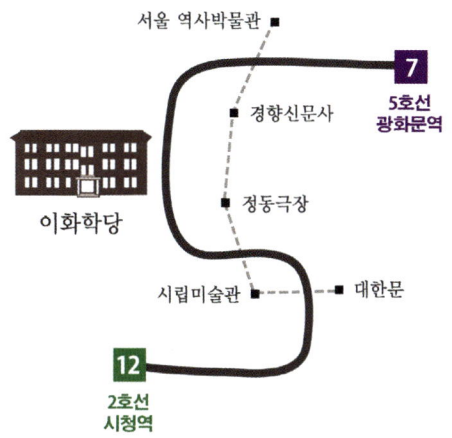

성균관

수령 500년 은행나무에 스민 퇴계, 율곡, 다산, 추사의 숨결

서울 종로구 명륜동 성균관대학교 정문으로 들어서면 오른편에 조선 왕조 최고의 교육기관 성균관(成均館)이 자리 잡고 있다. 성균관은 학궁(學宮) 혹은 반궁(泮宮)이라고도 한다. 들어오는 이 누구건 말에서 내리라는 표석인 하마비(下馬碑)를 지나면 임금의 가마를 내려놓는 하연대(下輦台)가 나온다. 왼편 커다란 동삼문(東三門)은 임금만 드나들 수 있어 평상시에는 굳게 닫혀 있다.

돌계단에 올라 작은 문 안으로 들어선다. 우뚝 선 두 그루의 노거수(老巨樹)가 시선을 붙든다. 수령이 500년이나 된 은행나무다. 곁가지에는 축 늘어진 유주(乳柱)가 달려 있다. 숨쉬기를 돕는다는 팔뚝만 한 돌기다. 다른 은행나무들에서는 좀처럼 볼 수 없는 이색적인 풍경이다. 잎이 노랗게 물든 가을철이 아니라도 천연기념물 제59호 성

균관 은행나무는 많은 상념을 자아내게 한다. 이곳에 이 나무가 심어진 이래 아홉 번 장원한 율곡(栗谷) 이이(李珥, 1536~1584)도, 대석학 다산(茶山) 정약용(丁若鏞, 1762~1836)도, 추사(秋史) 김정희(金正喜, 1786~1856)도 그리고 역대 제왕들도 이 나무를 보거나 만졌을 것이다.

일찍이 공자(孔子, B.C. 551~B.C. 479)는 은행나무 아래서 강학(講學)했다. 이후로 선비들이 모여 학문을 익히는 곳을 행단(杏壇)이라고 부르게 되었고 은행나무는 유학(儒學)을 상징하는 나무가 되었다. 서원이나 향교에는 '학자수'라고도 불리는 회화나무와 함께 은행나무가 서 있곤 한다.

공자의 위패를 모신 대성전(大成殿)은 은행나무 남쪽에 있다. 공자의 위패를 중심으로 4성(聖)과 제자 10철(哲), 송조 6현(宋朝六賢), 우리나라 18현(賢) 등 모두 39위패가 동서로 봉안돼 있다. 매년 양력 5월 11일과 9월 28일, 두 차례에 걸쳐 석전제(釋奠祭)를 올린다. 중요 무형문화재 제85호로 지정된 석전제는 세계에서 유일하게 한국에만 원형이 보존돼 있다. '공자의 나라'인 중국이 잃어버린 원형을 복원할 당시, 한국의 석전을 많이 참고했다고 한다. 우리나라를 '종만물 시만물(終萬物 始萬物, 모든 것이 마치고 새로 시작한다)의 땅'이라고 일컬을 만하다. 천하의 만물이 이 땅에 들어와 그쳐 올곧게 보존되었다가 새롭게 시작된다고 하는데 그런 일례를 이곳에서 확인하는 셈이다.

대성전 앞뜰에는 두 그루의 향나무가 서 있다. 가지가 세 개로 나눠진 동쪽 것은 '삼강목(三綱木)'이고 5개로 나눠진 서쪽 것은 '오륜목(伍倫木)'이다. 이런 삼강목, 오륜목은 전국 234개의 향교 앞마당에 거의 어김없이 심어져 있다.

명륜당을 비롯한 성균관의 부속 건물들. 조선 최고의 교육기관 성균관은 왕조 시절, 이 땅 지식인들의 수양 공간이었다. 유생 가운데는 이따금식 왕세자도 있었다.

은행나무 앞에서 북쪽을 향해 섰다. 오래된 왕립대학 성균관의 종합 강의실 명륜당(明倫堂)이 웅장하다. 1,000원 권 지폐의 앞면에 있는 바로 그 건물이다. 화폐의 주인공 퇴계(退溪) 이황(李滉, 1501~1570)은 이곳 성균관 대사성(大司成, 정3품 벼슬)을 세 차례나 지냈다. 대사성은 요즘으로 치면 대학 총장이다.

성균관에서는 전국에서 선발된 유생들이 유교 경전과 과거 과목을 커리큘럼으로 삼아 공부에 정진했다. 성적은 통(通), 약(略), 조(粗), 불(不)로 구분했다. 오늘날의 A, B, C, F 학점과 같다. 정원은 200명이었지만 나중에 126명으로 조정했고 말기에는 100명으로 축소했다. 학생들은 생원(生員), 진사(進士), 사부학당(四部學堂, 성균관 부속 중등교육기관)과 문음자제(門蔭子弟) 가운데서 뽑혀 올라온 승보생(陞補生)으로 구성되었다. 입학 연령은 15세 이상의 남자였는데 50세의 중년 입학생도 있었다.

성균관 유생들은 조선 팔도에서 뽑혀 올라온 생원, 진사 시험에 합격한 수재들이다. 요즘으로 치자면 수능 0.1퍼센트 이내에 든 젊은 지성들이다. 그들의 일상을 보면 요즘의 대학생들과 크게 다르지 않다. 정조(正祖, 1752~1800) 때 문신 윤기(尹愭, 1535~1607)가 대학 시절을 회고하며 220편의 한시로 읊은 『반중잡영(泮中雜詠)』을 보면 신입생 환영회, 음주 강요, 시험 부정행위, 패싸움, 성폭행, 구기대회, 데모, 농성 등 있을 것은 다 있었다.

성종(成宗, 1457~1494) 12년인 1481년 성균관에 재학 중이던 학생 14명이 쓴 필사본 시문집 『동방록(同房錄)』에는 15세기 대학인들의 우정론이 들어 있다. "벼슬길에 나가서도 학창 시절에 사귄 우정을 잊지 말도록 시문집을 책상에 놓아두고 친구 본 듯이 하자."는 최부

(崔溥, 1454~1504)의 제안에 13명의 친구가 흔쾌히 응한 것이다. 나이는 21세에서 27세까지로서 "두 사람이 마음을 뭉치면 그 힘은 쇠(金)라도 끊는다(斷金之交)."며 철학서『주역』의 구절을 인용하는가 하면 "도(道)가 같고 뜻이 같고 시대(時代)가 같아야 친구(朋友)로 사귈 수 있다."는 논리를 전개하기도 한다. "수신(修身)을 했다 해도 높은 벼슬에 오르면 명예를 훼손하기 쉬우니 모두 주의하자."는 내용도 있다.

시문집을 맨 처음 제안한 최부는『동방록』에다 "군자의 사귐은 물처럼 담담하고 소인의 사귐은 단술처럼 달다(君子之交 淡如水 小人之交 甘若醴)."며 "자기보다 나은 친구를 원망치 않고 사람의 선함을 취하기를 좋아해야 한다."고 썼다. 그는 22세 때, 문과에 합격한 후 제주에서 벼슬살이를 했다. 부친이 별세하여 나주 고향으로 가던 중 일행 40여 명이 탄 배가 표류하여 해적 등을 만나는 등 천신만고 끝에 중국 산둥성 어느 해안가에 정박했다. 그때마다 필담(筆談)으로 담대한 기개를 보이니, 중국의 하급관리들이 "동방예의지국(東方禮義之國)의 선비라 역시 다르다."며 놀랐다는 내용이 그가 쓴『표해록(漂海錄)』에 전한다. 이 책은 그가 6개월 만에 북경을 거쳐 한양으로 돌아와 임금의 명령으로 쓴 표류기다.

명륜당 뜰 양편에 남북으로 서 있는 동재(東齋)와 서재(西齋)는 유생들이 묵는 기숙사다. 양현재(養賢齋)라고도 한다. 모두 28개의 방이 있는데 한 방에 많게는 4명이 기거했다고 한다.

유생 가운데 이따금씩 왕세자도 있었는데 가장 먼저 입학한 왕세자가 태종(太宗, 1367~1422)의 장자 양녕대군(讓寧大君, 1394~1462)이다. 연산군(燕山君, 1476~1506)과 광해군(光海君, 1575~1641), 소현세자(昭顯世子, 1612~1645)와 사도세자(思悼世子, 1735~1762)도 입학했으며

1882년 순종(純宗, 1874~1926)이 마지막으로 입학했다. 왕세자들은 기숙사 대신 성균관 인근에 원자학궁(元子學宮)을 지어 묵게 했다.

동재 협문 근처에 있는 북이 식고(食鼓)다. 유생들에게 기상과 식사 때를 알렸다. 동재 동쪽 건물이 진사식당(進士食當)으로 유생들은 독상을 받고 마주 앉아서 밥을 먹었다. 하루 두 끼 식사가 제공되었는데 흉년이 들어도 오첩반상을 고수해 면학에 차질이 없게 했다. 300만 평에 달하는 농토와 300명의 노비가 딸려 있었던 것이다.

명륜당 뒤편 존경각(尊經閣)은 우리나라 대학 도서관의 효시다. 1475년(성종 6년) 한명회(韓明澮, 1415~1487)의 건의로 세웠다. 각종 역사서와 성리학 중심의 유가(儒家)서적 위주의 장서였다. 수만 권의 장서 가운데 불교, 도교 도서와 기타 잡류의 도서, 기술 서적은 소장하지 않았다. 1895년(고종 32년)에 성균관 학제 변경으로 경학과가 설치됨에 따라 존경각은 근대 교육기관의 도서관으로 계승되었다. 그러다가 경성제국대학(현 서울대학교)의 설립과 동시에 대부분의 도서가 경성제국대학으로 옮겨지고 나머지는 성균관대 도서관으로 옮겨지게 되었다. 성균관대 도서관은 우리나라에서 족보, 개인 문집 등을 가장 많이 보유하고 있다.

1910년 일제는 성균관과 향교의 재산을 분리하고 교육을 금지시킨다. 명칭도 경학원(經學院)으로 바꿔버렸다. 성균관은 1942년 명륜전문학교가 되지만 일본의 변질된 황도유학(皇道儒學)을 강요하게 되었다. 그마저 1943년 폐교 조치에 따라 청년연성소(靑年鍊成所)로 바꾸고 만다. 해방 후 1946년 9월 25일 성균관대학이 정식으로 설립되었다. 현재 성균관은 성균관대학교와 분리되어 운영되고 있다.

고려와 조선 최고의 국립 고등 교육기관이었던 성균관이 왜 오늘

500여 년 동안 수많은 인재를 지켜본 성균관 은행나무. 팔뚝만 한 크기의 유주가 보인다(왼쪽).

날 사립대학이 되었을까. 그리고 국립 서울대 격의 위상과 역할을 갖지 못하게 된 이유가 뭘까. 많은 이들이 궁금해하는 바다. 일제강점기로 인한 역사 단절이 원인이다. 일제의 성균관 폐지는 조선 500년 역사를 이끌었던 유교 이념의 폐기이기도 하다.

해방되고 대한민국 정부가 수립된 이후로도 유교는 나라를 망친 이념으로 배척되었다. 성균관의 회복 문제는 당시 유림 사회의 큰 숙원 사업이었다. 성균관을 최고의 국립대학으로 만들지 못한 데는 '유교 이념을 계승한 대학'이라는 굴레가 장애 요인이었다. 그보다 차라리 일제강점기 때 만든 경성제국대학을 서울대학교로 전환하는 게 훨씬 수월하고 국민정서에도 맞는다고 판단했던 것이다. 개화기 때, 성균관이 발 빠르게 신학문을 수용하고 전통과 현대를 아우르는 역할을 했다면 600년 전통을 자랑하는 국립 성균관대로 자연스럽게 맥을 잇게 되지 않았을까. 참 아쉬운 대목이다.

현재 성균관대학교는 과거 성균관이 있던 자리 뒤편에 자리 잡고 있으며, 유교대학이 있는 유일한 대학교로 동양학 연구의 중심이 되고 있다.

성균관 기숙사 양현재에는 성균관대 유학부, 동양학부 장학생이 2인 1실로 기거하다가, 2005년 민간인이 문화재 시설을 이용할 수 없다는 이유로 학생들을 추방했다. 사람의 숨결이 떠난 건축물은 빈 껍데기다. 문화재 보존과 활용 차원에서 어느 편이 더 옳은지 재고할 필요가 있다. 이탈리아 피렌체의 경우를 보자. 몇 백 년 된 건축물이라도 외관을 훼손하지 않는 범위에서 얼마든지 자유롭게 활용한다.

우리도 문화유산을 고품격 관광 상품으로 개발하는 것을 생각해야 할 때다. 가령, 진사식당 공간에서 성균관 유생 체험 프로그램을 진행하면서 독상으로 점심을 내놓는 것도 매력적인 관광 상품이 될 수 있다. 한국관광공사와 문화재청, 성균관이 머리를 맞대면 얼마든지 가능한 일이다.

"성균관대는 성균관의 정통성을 이어받았습니다. 그 자리에서 그 시설과 그 정신을 계승해 올해로 건학 600년이 넘었지요."

성균관대 대외협력팀 최영록 홍보전문위원은 세계적인 자랑거리라며 자부심이 넘친다.

한국사를 빛낸 숱한 위인들의 발자취가 서린 성균관 뜰. 품 넓은 은행나무 그늘 아래서 새삼 큰 배움, 곧 대학(大學)의 참뜻을 생각한다. 밝은 덕을 더욱 밝히고 국민을 새롭게 하고 지선(至善)의 경지에서 멈추고자 애쓰던 시절의 대학인들은 행복했을까. 2010년 3월 10일이던가. 어느 경영학도의 '대학 거부 선언'에 밤잠을 설친 적이 있다. 젊은 날, 우리는 진리라는 말에 전율하고 아픈 역사를 생각하며 뜨거운 눈물을 흘린다. 그러다 취업을 위해 교문을 나서고부터는 세상이 요구하는 대로 능력껏 소비하는 한편 스스로도 속절없이 소모되는 나날을 산다.

일본에 나라의 주권을 빼앗긴 지 어언 100년이 넘었다. 국가 이념인 유교를 바탕으로 정치와 사회 질서를 잡아가고자 했던 나라가 조선이었다. 조선 최고의 교육기관 성균관은 인재 양성소였다. 조선 왕조 내내 그토록 인재가 많았건만 개화기 무렵에는 국가 체제를 시대에 맞게 재정비하는 인물이 없었다. 나라의 동량을 길러내던 성균관이 그때만큼은 제 구실을 다하지 못한 아쉬움이 크다. 유학의 커리큘럼만으로는 더 이상 문명개화된 제국주의에 맞설 수 없었던 것이다.

성균관大 초대 총장,
그가 있기에 조선 유교 500년 헛되지 않았다

"김창숙만 한 인물이 있기에 조선 유학 헛되지 않았다."
100번 꺾어도 꺾이지 않았던 민족 지사 심산(心山) 김창숙(金昌淑, 1879~1962) 선생. 그는 종합대학 성균관대의 설립자이자 초대 총장(1953~1956)이다. 해방 뒤 미 군정청은 경성제국대학을 국립 서울대학교로 만든다. 고려시대부터 전통을 계승한 성균관이 일제가 만든 대학에 정통성이 밀린 것이다. 반대 운동을 했지만 아무 소용이 없었다. 이에 심산은 전국 유림인 대회를 소집, 성균관 내 친일파들을 숙청하고 대학 설립의 기초를 다진다.

심산 김창숙과 북한산 수유리 유택.

    1919년 3·1운동 민족 대표 33인 명단에 유림 대표가 빠진 걸 천추의 한으로 여긴 심산은 중국 상하이로 망명해 줄기찬 항일운동을 전개했다. 그 와중에 두 아들과 전 재산을 역사에 바쳤다. 대한민국 임시정부 의정원 부의장, 만주 독립군조직의 군사부 고문을 지낸 그는 네 차례에 걸친 옥고로 앉은뱅이가 되고 만다. 벽옹(躄翁, 앉은뱅이 늙은이)이라는 호가 거기서 유래했다. 모진 고문에도 굴복할 줄 몰랐던 그는 감옥에서 일본인 전옥(典獄, 지금의 교도소장) 미야사키에게 절하지 않은 것으로 유명했다. "무릇 절이라고 하는 것은 경의를 표하는 것인데 나는 일본인 너희에게 경의를 표할 만한 아무런 이유도 없다."는 게 심산의 생각이었다. "포로로서 당당히 죽겠다."며 무료 변호사도 거절했다.

    끝이 보이지 않던 암흑기에 심산처럼 시종 곧은 절개를 지키기란 쉽지가 않다. 총독부 반대 방향으로 집을 지은 만해(萬海) 한용운(韓龍雲, 1879~1944), 허리를 굽히기 싫어 꼿꼿한 자세로 세수한 단재(丹齋) 신채호(申采浩, 1880~1936)와 더불어 심산은 일제강점기 '3절(三節)'로 불린다. 하지만 만해나 단재에 비해 상대적으로 덜 알려져 있다.

해방을 맞고 남북 분단이 계속되자 심산은 "통일이 아니면 차라리 죽음이여 빨리 오라."는 내용의 절창(絶唱,『김창숙문존』, 심산사상연구회, 2001)을 남겼다. 1958년 이승만 대통령은 공병대에 명하여 김구(金九, 1876~1946), 윤봉길(尹奉吉, 1908~1932), 이봉창(李奉昌, 1900~1932) 등 일곱 열사의 묘를 이전하고 그 자리에 운동장을 조성하려 했다. 심산은 불편한 노구를 이끌고 가서 "차라리 나를 죽이라."며 일인 시위를 벌였다. 그 덕분에 축소된 형태로나마 지금의 효창공원이 유지될 수 있었다.

김창숙은 민족의 제단에 한 생애를 오롯이 바쳤다. 사회장으로 치러진 장례식장에서 당시 박정희(朴正熙, 1917~1979) 국가최고회의 의장은 "선각자이자 직언거사(直言居士)인 선생의 정신을 이어받자."고 추도했다.

심산은 외세와 독재, 불의에 맞서 죽는 순간까지 꼿꼿하게 살았다. 장례식장에 등장한 '백세의 사표, 천하의 법(百世師 天下法)'이라는 만장(輓章)이 그의 불굴의 삶을 웅변한다.

고은 시인은 "조선 유교 이만한 사람 있기 위하여 500년 수작 헛되지 않았다."(『만인보 1』, 1983)고 기록하고 있다. 지난 2000년 5월, 제13회 심산상을 받은 고 김수환(金壽煥, 1922~2009) 추기경은 수유리 김창숙 선생의 유택을 찾아가 큰절을 올려서 화제가 되었다. 당시 일흔여덟이던 추기경의 이런 파격적 행보는 "나이 일흔에 마음 가는 대로 해도 세상 이치에 어긋남이 없었다(從心所欲不踰矩)."던 공자의 말씀을 연상시킨다. 종교의 벽과 형식의 틀을 넘어선 추기경의 진심 어린 큰절에 김창숙 선생의 영령은 추기경과 똑같은 마음으로 나라 위해 기도했을 것 같다.

● 성균관

주소	서울특별시 종로구 명륜동 3가 53번지
총면적	1만 1,673㎡
역사	조선 태조 7년(1398) 7월 창건
명륜당	보물 제141호

● 찾아가는 길

지하철 4호선 혜화역 4번 출구에서 성균관대입구 사거리 지나 도보 10분, 성균관대학교 내

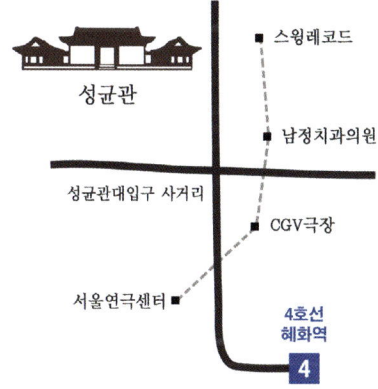

교보문고

최초의 서점 '회동서관' 맥 잇는 도심 속 지식의 오아시스

다수의 독자가 신간 도서를 전국에서 거의 동시에 소리 내지 않고 읽는 것, 그것이 바로 근대의 풍경이다. 철도가 놓이고 활판 인쇄소가 들어서면서 가능해진 일이다. 소리 내지 않고 책을 읽는 묵독 습관 또한 근대의 산물이다. 근대 이전에는 개인이건 단체건 주로 낭독하는 것이 관례였다. 깊이 침잠된 상태에서 눈으로만 책을 읽는 행위는 일종의 주술로 여겨져 금기시되었다. 전체주의 정권은 그런 책 읽기를 두려워했는데 그것은 묵독하는 사람이 도대체 무슨 생각을 하며 무엇을 도모하는지 알 수 없었기 때문이다. 묵독 습관은 근대성의 지표인 개인의 발견과 사적 영역의 탄생을 불러왔다.

근대적 출판 활동은 공간을 좁힌 철도와 함께 개화의 견인차다. 1883년 10월 조선 정부가 출판 기관 박문국(博文局)을 설치한 이후

교보문고 광화문점. 정치와 문화의 중심지 광화문 세종로에 자리 잡고 있다.

신식 활판소들이 생겨났고 서울 종각과 남대문 일대에 서포(書鋪), 서사(書肆), 책사(冊肆) 등으로 불린 서점들이 들어섰다. 회동서관(匯東書館), 광학서포(廣學書鋪), 대창서원(大昌書院), 수문서관(修文書館), 운림서원(雲林書院) 등이 대표적이다. 이들 개화기 서점들은 출판을 겸하는 경우가 많았다.

그 전까지 조선에는 일반 독서인들이 책을 살 수 있는 서점이 없었다. 국가 주도로 간행되고 보급된 서적들은 대부분 유교적 통치에 이바지하기 위한 것들일 뿐 백성들의 오락거리가 아니었다. 책은 소수 특권층만이 누릴 수 있는 전유물이기도 했다. 정보를 독점하고 통제할 필요가 있었던 지배계급은 관 주도로 엄격한 출판 활동을 했고 책의 자유로운 유통을 막아왔다. 역사를 보면 서점의 필요성을 주장하는 관리가 가끔 등장하지만 여지없이 묵살되었고 관직을 빼앗기

기조차 했다.

개화기 서울 종각과 남대문 일대에 들어선 서점들은 독점적 정보의 해금을 의미하는 신호였다. 특수층이 독점했던 정보는 서점을 통해서 차차 일반화되기 시작했다. 바로 그 역사의 현장에 대한민국 최대의 서점인 교보문고가 자리 잡고 있다.

서울의 중심 종로1가 1번지 교보문고 광화문점은 100여 년 전 근대화 시기의 서점가 계보를 잇고 있다. 대한민국 대형 서점의 대명사가 되어버린 교보문고는 국민 정신문화를 이끌어온 도심 속 문화 공간이다. 하루 80만 명이 바쁘게 오가는 세종로 네거리 교보생명 건물 정면에는 시민들의 눈길을 끄는 대형 '광화문 글판'이 걸려 있다.

'길이 없으면 길을 만들며 간다. 여기서부터 희망이다'
'아침에는 운명 같은 건 없다. 있는 건 오로지, 새날'
'얼굴 좀 펴게나 올빼미여, 이건 봄비가 아닌가'

철따라 바뀌 거는 글판을 보며 일상에 쫓기는 사람들은 잠시 자신을 돌아보며 사색에 젖곤 한다. 대한민국을 대표하는 서점이 있는 건물답다.

교보문고는 1980년 12월 교보생명 자회사로 등록하고 이듬해 6월 오픈했다. 창업자 신용호 회장은 해방 직후 '민주문화사'라는 출판사를 만들어 『여운형 선생 투쟁기』를 출간한 바 있다. 민주문화사는 악조건 속에서 곧 문을 닫고 말았지만 훗날 출판사까지 갖춘 국내 최대의 서점 기업으로 거듭난다. 일본의 기노쿠니야(紀伊國屋)나 산세이도(三省堂) 같은 서점을 꿈꾼 신용호 회장의 책 사랑은 유별나다.

세종로 네거리 교보생명 빌딩은 입지적인 여건이 좋아 준공되기 전부터 지하 1층을 임차하겠다는 기업체가 많았다. 하지만 신 회장의 소신은 분명했다. 처음부터 이 나라 젊은이들과 지성들에게 양서를 공급하는 번듯한 직영서점을 염두에 두고 있었다. "사람은 책을 만들고 책은 사람을 만든다."는 글귀를 서점 입구 벽면에 새기도록 한 이도 신 회장이다.

1981년 6월 1일 교보문고 광화문점이 문을 열었다. 678평의 공간에 60만 권의 도서가 비치되었다. 교보문고는 독자들이 직접 책을 뽑아볼 수 있도록 개가식 진열 방식을 채택했다. 번거로운 절차를 거쳐 구매하는 불편을 줄이기 위해서다. 독자가 마음대로 책을 뽑아볼 수 있는 개가식 시스템은 믿음과 배려를 전제로 한다. 도난과 훼손의 여지를 감수하면서 개가식을 택한 건 책 살 돈이 없는 독자에게도 지식을 공급하자는 취지였다.

678평 가운데 200평은 외국 서적 코너였다. 학술서적과 과학기술 서적을 수입해와 대학과 연구소·기업체의 연구 활동에 도움을 주기 위함이었다. 이도선 초대 사장은 담당 직원을 데리고 직접 미국과 유럽의 저명한 출판사를 찾아다니며 책을 구입했다. 외국 서적 코너는 선진국의 고급 정보에 목마른 지식인들이 즐겨 찾는 옹달샘이 되었다.

신간이 늘어나고 방문 고객 수가 증가하면서 광화문점은 확장을 거듭해왔다. 개업 8년째인 1988년 매장 면적을 두 배로 늘렸고 1991년에는 1년 동안 문을 닫고 전면 개보수 공사를 했다. 그리하여 국제규격 축구장보다 넓은 2,708평, 서가 길이 25킬로미터의 단일층 매장이 들어서 도심 속의 열린 도서관이 되었다. 이후 대전, 성남, 대구,

교보문고 강남점 내부 모습. 수많은 책들이 빼곡히 들어서 있다.

부산, 부천, 인천 등 전국 22개 오프라인 매장과 인터넷 교보문고로 발전했다. 2003년에 오픈한 강남점은 국내 최대 규모(3,600평)다. 강남 '교보타워' 붉은 벽돌 건물은 멋스럽다. 세계적인 건축가 마리오 보타(Mario Botta, 1943~)의 설계도를 17번이나 퇴짜 놓으면서 완성한 명작이다. 최고를 추구했던 교보문고 창업자 신용호 회장의 각별한 애정이 담긴 건물이다.

교보문고의 오프라인 매장은 북 카페와 음반점, 문구점을 갖춰 '복합지식 문화 공간'을 지향한다. 인터넷 교보문고는 '없는 책이 없는 서비스'를 제공하는데 절판된 책을 찾으면 도서관 장서 목록으로 연결해준다.

우리나라 최초의 근대식 서점과 출판사는 회동서관이다. 1897년에 서울 중구 남대문로 1가(당시 주소는 경성부 남대문통南大門通 1정목 17번지) 전 조흥은행 본점 자리에 고제홍(高濟弘, 1860~1933)이 창업했고 그의 아들 고유상(高裕相, 1884~1971)이 대를 이었다. 회동서관은 우리 근대 출판사와 서점 역사에서 상업 출판과 서점 기업의 선구와 전범이라는 특별한 의미를 지니고 있다. 1909년 고유상이 출판한 『자전석요(字典釋要)』는 종두법을 도입한 개화기 지식인 지석영의 저술로 우리나라 최초의 베스트셀러다. 초판을 무려 5,000부나 찍었고 20여 쇄를 거듭하여 판매부수 10만 부를 돌파했다. 오늘날에도 인문학 서적의 초판 5,000부 발행은 좀처럼 시도할 수 없는 어마지두한 일임을 감안할 때 당시 사람들의 지적 욕구를 짐작하게 한다.

만해 한용운의 시집 『님의 침묵』과 춘원(春園) 이광수(李光洙, 1892~)의 『재생(再生)』도 1926년 회동서관이 발행했다. 당시 일제의 출판 탄압은 극심했다. 초대 총독 데라우치(寺內正毅, 1852~1919)는

회동서관터 표지.

문화 악법 '출판법'을 내세워 위인전과 역사서들을 불사르고 판금 조치했다. 무장한 헌병이 서점 앞을 지키고 서 있는 상황에서도 왕성한 출판 활동과 서적 판매를 해오던 회동서관은 1932년께 은행에 넘어가고 만다. 고유상이 광산에 투자했다가 결정적인 손실을 보고 만 탓이다. 지금도 출판인들이 출판계에서 번 돈을 다른 데 투자했다가 망하는 예가 종종 있다.

회동서관의 발행 도서는 총 201종으로 조사(이종국 교수)됐는데 중복되고 미발굴된 것이 있어 확실치는 않다고 한다. 문학류가 91종 (45%), 실용서 20종(10%), 동양고전과 교과서류가 각각 14종(7%) 순이며 경제, 산업, 예술, 의학, 약학, 사전 등 종합 출판을 지향했다. 물론 공익성보다는 상업성을 지향했는데 출판 계약 시 창작물이나 저작물에 한해 저작권료를 지불했다.

오늘날 대한민국에는 100년 된 서점이나 출판사가 하나도 없다. 서점이나 출판업이 오랫동안 국민의 사랑을 받는 기업이 되는 것처럼 바람직한 일도 없다.

교보문고 광화문점은 '드림스퀘어'로 새롭게 단장하여 독자를 맞았다. 어머니의 젖을 떼면서 옹알옹알 배운 모국어와 글로 낙원을 찾아 떠나는 지식 여행자들에게 '복합 지식 문화 공간'인 서점은 도심 속의 천국이다. 일찍이 "내 이 세상 도처에서 쉴 곳을 찾아보았으되 마침내 찾아낸, 책이 있는 구석방보다 나은 곳은 없더라."라고 말한 이는 책 읽기가 곧 지복(至福)임을 알아채고 즐긴 문화인이다. 번다한 세상사를 잊고 책 속에 파묻혀 진리의 샘물을 퍼 올리는 행위는 지식인들의 영원한 로망이다. 10세기 초 페르시아 총리 압둘 카셈 이스마엘은 책과 떨어지기 싫어서 여행을 할 때면 11만 7,000권에 달하는 책들을 400마리의 낙타에 싣고 다녔다고 한다. 참으로 지독한 독서광이다. 그러나 그 누구도 흉내 낼 수 없을 정도로 사치스러운 삶을 살았던 그를 비난하고픈 마음이 없다. 괴짜인 그의 탐독이 마냥 부러울 뿐이다.

책은 지식의 곳간이자 상상력의 날개

"책과 함께해온 부정할 수 없는 '교보문고인'이 저랍니다. 지난 30년 세월은 어디다 내놔도 전혀 부끄럽지 않은 인생, 보람찬 나날이었다고 자부하지요."

교보문고 김성룡 전 대표는 모든 사람이 역량을 키워 더 나은 세상을 만들도록 도와주는 것이 공기업 개념을 중시하는 교보문고인의 미션이라고 했다.

그는 모기업인 교보생명에서 자산 관리 업무를 하다가 교보문고 설립 직후 외국 서적 담당자로 차출되었다. 영어교육과 출신에다 무역회사 근무 경력이 고려되었던 것이다.

"3개월쯤 일했는데 이도선 사장이 아예 교보문고로 적을 옮기라고 강권했습니다. 그렇게 외국 서적 수입 과장서리가 되었지요. 개점일에 맞춰 200평 외서 코너 서가를 채우던 일을 생각하면 지금도 진땀이 납니다."

사장, 외서 담당 부장이 미국, 유럽 10여 개국을 돌면서 공급 계약을 체결하는 한편 닥치는 대로 책을 사들였다. 그렇게 어렵사리 준비를 마치고 조심스럽게 개점했다. 외서 수요는 가히 폭발적이었다. 전국에서 원서를 찾아 몰려든 교수와 연구자 들로 서점은 북새통을 이뤘다. 앞다퉈 책을 뽑아가자 서가는 폭탄을 맞은 것처럼 넘어진 책들로 어지럽게 되었다. 선진 지식을 국민에게 원활히 공급하겠다는 취지가 대성공을 거두는 순간이었다.

"기쁨보다는 걱정이 태산 같았습니다. 저 빈 공간을 무슨 수로 다시 채우지 하는 생각부터 들더군요. 재주문한 도서는 선박 화물을 통해 오기 때문에 3개월이나 걸렸거든요. 신용호 회장님의 유일한 채근은 왜 책이 없느냐, 당장 들여오라는 것이었습니다. 제가 일본 도매시장 창고로 날아가 현물 보고 뽑아오는 일이 대안이었지요. 20일 정도면 도착했으니까요."

하지만 현상 유지였지 이익을 내지는 못했다고 한다. 현지 가격에 30퍼센트 정도를 얹은 싼 가격으로 공급했고 반품이 되지 않았기 때

회동서관의 옛 모습.

문이다. 잘나가는 책은 며칠 후면 어김없이 해적판이 나돌았다. 지금과 달리 외서는 저작권법에서 자유로웠다.

"출판사 사장이 교수를 동반하고 와서 잽싸게 신간을 뽑아갑니다. 얼마 있다 그 책을 해적판으로 만들어와 팔아달라며 납품하던 시절이 있었답니다."

한국 산업 브랜드 파워 서적 판매 부문과 고객 만족도 1위를 자랑하는 교보문고지만 인터넷서점 부문에서는 국내 3위에 그친다. 1997년 9월에 개설하고 3년 뒤 후발 주자들이 가격 할인 정책을 들고 나왔다. 김성룡 전 대표는 가뜩이나 어려운 국내 출판계에 끼칠 부정적인 영향을 우려했다.

대한민국 최고의 서점 CEO를 지낸 그는 책을 좋아하는 이라면 누구라도 부러워할 대상이 아닐 수 없다. 그에게 있어 책은 무엇이며 인생을 바꾼 책이 있느냐고 물었다. "책은 길이며 무수한 책의 영향을 고루 받는 게 우리 인생"이라는 답이 돌아왔다.
 그렇다. 우리는 대개 책을 통해 먼저 현실감을 느끼고 나중에 실제 대상을 체험하곤 한다. 이 신비하고 광대한 우주로 열린 길 혹은 내면세계로 향하는 길이 책 속에 있다. 때로는 나침반, 때로는 안경, 때로는 거울이 되기도 하는 책은 지식의 곳간이자 상상력의 날개다. 그전에 읽었던 책들과 비교하고 자유로이 연상 작용을 하는 독서 행위는 보르헤스(Jorge Luis Borges, 1899~1986)의 표현대로 '가장 세련된 형태의 간통'이기도 하다. 이 오래된 간통은 전적으로 무죄며 적극 권장사항이다.

● **교보문고 광화문점**

주소   서울특별시 종로1가 1번지
등록   1980년
설계   시저 펠리(Casar Pelli, 아르헨티나 生 1926~)
총면적 8,952㎡

● **찾아가는 길**

지하철 5호선 광화문역 3, 4번 출구 연결통로 이용

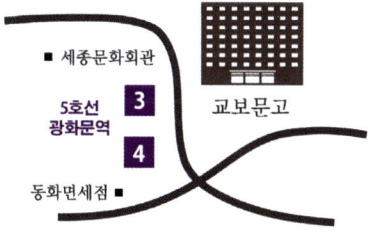

한국고전번역원

우리 문화 콘텐츠 자산을 쌓아온 비봉 산자락 끝 지혜의 샘

북한산은 서울시민들과 경기도민들의 사랑을 받는 녹지이다. 둘레길이 생기고부터는 평일에도 산책 나온 시민들의 발길이 잦다. 비봉길은 평창마을길 구간에서 옛 성길 구간으로 넘어가기 직전인 구기터널 삼거리에서 시작된다. 비봉(碑峰)은 봉우리에 비석이 서 있어 유래된 이름이다. 무학대사(無學大師, 1327~1405) 비석이라는 설이 전해왔다. 1816년과 1817년, 금석학자인 추사 김정희가 이 봉우리에 올라 비문을 판독했다. 그때서야 비로소 신라 진흥왕(眞興王, 534~576) 순수비라는 사실이 밝혀졌다. 현장을 발로 찾아다니며 확인하는 학문풍토의 역사가 그만큼 짧기도 했지만 마모가 심한 한문이어서 판독이 어려웠다. 새삼 한자 문화유산의 바른 해석이 얼마나 중요한가를 상기시킨다.

향로봉, 비봉을 잇는 북한산 능선에 둘러싸인 한국고전번역원. 포근함을 느낀다. 이곳에서는 옛 성현의 지혜를 한글로 번역하는 작업을 하고 있다.

비봉길 초입, 버스 정류장 근처 오래된 건물이 한국고전번역원이다. 정문으로 들어서 비좁은 뜰을 몇 발자국 걸으면 바로 현관이다. 한국고전번역원은 2007년 11월 재단법인 민족문화추진회(이하 민추)를 계승해 설립한 교육부 산하단체로 그간 『조선왕조실록』『고전국역총서(古典國譯叢書)』『한국문집총간』 등을 국역, 출간했다. 우리가 접하는 우리 고전의 상당수가 바로 이 민추의 수집, 정리, 번역 작업으로 이루어졌다.

한국고전번역원 홈페이지에 들어가면 갖가지 고전 열람은 물론, 고전 종합 데이터베이스에서 까다로운 고전 용어의 출전과 뜻까지 쉽게 알아볼 수 있다. 2005년 350책으로 완간된 『한국문집총간』은 중국의 『사고전서(四庫全書)』에 필적하는 민족문화총서다. 이 땅에서 살다 간 선조들의 생각과 사상이 담긴 문집이야말로 가장 한국적인 정신문화유산이다. 통일신라시대의 『계원필경(桂苑筆耕)』(최치원 崔致遠, 857~?), 고려시대의 『동국이상국집(東國李相國集)』(이규보李奎報, 1168~1241), 조선시대의 『퇴계집(退溪集)』(이황), 『율곡전서(栗谷全書)』(이이), 구한말의 『매천집(梅泉集)』(황현黃玹, 1855~1910)에 이르기까지 시대순으로 위인들의 문집을 집대성했다. 2012년까지 속편 150책을 추가로 발간, 모두 500책으로 완간할 계획이다. 근래에 발족한 '권역별 거점 연구소 협동 번역 사업'은 국역본 발간을 가속화하게 될 전망이다.

정보의 홍수 시대를 사는 현대인에게 전통 고전은 어떤 가치를 지닐까. 선인들의 지혜가 담긴 고전이 어둔 밤의 횃불이자 강을 건너는 뗏목으로 여겨지던 때가 있었다. 그러다 발 빠른 정보화 사회를 맞으면서 고전은 시부저기 뒷전으로 밀려났다. '누구나 그 이름과 유익함을 알지만 재미가 없어서 안 읽는 책이 고전'이라고 한다. 우스갯소리 같지만 뼈 있는 통찰이 배어 있다. 재밌고도 유익한 책 만들기가 어디 그렇게 쉽던가.

독서법에도 '고칠현삼제(古七現三制)'가 적용된다. 검증된 고전 7할, 신작 3할로 안배해서 책을 읽어야 균형 잡힌 지성이 된다고 한다. 고전 읽기는 안목을 키우고 품격을 높이는 데 더없이 좋은 양식이다. 실용서나 말랑말랑한 이야기, 판타지만 골라 읽으면 사상적인 뼈대가 세워지지 않는다. 서울대를 비롯한 명문대 학생들이 도서관에서 대출하는 책 1위가 '해리포터' 시리즈였던 적이 있다. 2, 3위권도 가벼운 소설들이었다. 대학생들의 독서 습관을 탓하지만 말고 우리 고전을 쉽고 재미있는 창작물로 만들어내야 할 필요가 있다. 그러자면 고전의 쉽고 바른 번역이 우선돼야 한다.

1894년 갑오개혁은 전통적인 한문 문화권의 일대 전환점이라고 할 수 있다. 일반적으로 그 이전에 발간한 문헌을 고전으로 친다. 갑오개혁을 기점으로 어문 생활이 한문 중심에서 국한문을 병용하는 것으로 바뀌었다. 그리고 일제강점기와 해방공간, 한국전쟁으로 이어진 격동기는 국학(國學)의 불모지였다. 사람들에게 열패감을 심어 준 불행한 역사는 우리 것에 대한 냉소주의를 낳았고 우리 고전은 외면당했다. 게다가 순 한글 전용 세대는 원전(原典)을 이해하지 못해 필연적으로 전통문화와 단절되었다. 전통 양식을 버리고 하루바삐 서구화하는 것이 근대화라고 여겨온 세월이 한국 현대사다. 오늘날 우리의 생활 문화에서 동양 문물과 서양 문물을 구별하는 건 무의미하다. 정신문화 역시 혼재돼 있다. 그나마 우리말과 글로 하는 어문 생활을 유지하고 있는 게 다행이다.

위기의식을 느낀 당대의 학계, 예술계의 원로들이 모였다. 박종화(朴鍾和, 1901~1981), 박종홍(朴鍾鴻, 1903~1976), 신석호(申奭鎬, 1904~1981), 이병도(李丙燾, 1896~1989), 이해랑(李海浪, 1916~1989), 최현배(崔鉉培, 1894~1970) 등이 주축이 되어 1965년 11월 6일 서울대학교 의과대학 강당에서 민추 창립 총회를 열었다. 창립회원은 각계를 대표하는 50명으로 구성되었다. 박정희 대통령을 방문한 이들은 학·예술원 신축, 세종대왕 기념관 건립, 국립중앙도서관 이전, 국사편찬위원회 청사 마련 등 대정부 건의문을 제출했다. 초창기 민추가 학계와 예술계의 청사진을 그린 것이다. 고전국역편집위원회도 이때 발족했다. 민추 초대회장으로 소설가 박종화가 선출되었다.

사회단체로 출발한 민추는 1970년에 재단법인으로 개편된다. 그러나 업무 환경은 열악했다. 국가보조금으로 번역 사업과 국역자 양성 사업, 고전 영인 사업, 출판 등을 해오면서 더부살이와 셋방살이를 전전했다. 1986년에야 가까스로 지금의 공간을 확보할 수 있었다.

건물 외부나 내부는 전혀 화려하지도 않고 고풍스럽지도 않다. 비좁은 터에 옹색하기까지 한 이곳에서 민족문화와 한국인의 정체성을 생각한다. 근대화 시기 이전까지만 해도 우리는 세계 최고 수준의 인쇄 문화와 독서, 저술 풍토를 누려왔다. 물론 한문을 자유자재로 구사하는 사대부 중심의 인문적 토양이었다. 한문은 동아시아인들이 공유해온 문자이다. 하지만 한문은 이제 연구자나 특수한 부류의 문자가 돼버렸고 대중은 번역본에 의존할 수밖에 없는 입장이다.

"글을 쓸 때나 말을 할 때, 전거(典據)가 중국이나 서양 고전이 아닌 우리 고전이 될 때 비로소 민족문화가 꽃피는 것입니다. 그러자면 인터넷으로 누구나 쉽게 열람할 수 있는 『조선왕조실록』부터 다시 번역해야 합니다. 한자어도 많이 풀어 써야지요. 조상들의 생각이 담긴 문집들, 방대한 『승정원일기(承政院日記)』 등이 제대로 번역돼야 문화 콘텐츠로 활용할 수 있습니다. 고전 번역 사업은 우리를 찾는 작업입니다. 100년 계획을 가지고 해야 합니다."

성균관대 문헌정보학과 신승운 교수는 지금도 번역원이 표어로 삼고 있는 '우리 가슴에 우리 고전을'이라는 문구를 만든 민추 출신 학자다.

민추 50여 년 역사는 국학 대가들의 땀과 혼이 배어 있다. 역대 회장과 이사장, 사무국장 들은 우리 고전을 품에 안고서 소명을 다해왔다. 이우성(제4대 회장), 조순(제6~7대 회장), 박석무(초대원장)는 고전번역원 설립의 산파 역할을 했다. 부설 번역교육원은 국역자를 양성하는 교육기관으로 초창기 1970년대에는 이병도, 성낙훈(成樂熏, 1911~1977), 신호열(申鎬熱), 조규철(趙圭喆), 임창순(任昌淳, 1914~1999) 등의 쟁쟁한 원로 학자들이 교수진으로 활동했다.

난해한 한문을 한글처럼 막힘없이 술술 읽고 해석했다는 방은(放隱) 성낙훈 선생의 일화는 민추 사람들의 단골 회고담이다. 걸어다니는 고전이요 해설집으로 통한 선생은 몸소 토를 달아가며 번역 교육을 하면서 "내가 지금 글 종자를 뿌린다."고 했다 한다. 한문을 아는 사람들이 점점 사라져가는 걸 글 종자가 떨어져간다고 본 것이다. 애주가인 방은 선생은 폭음을 즐겼고 자유분방한 삶을 살았다. 하지만 '씨앗으로 쓸 열매는 먹지 않는다.'는 석과불식(碩果不食)의 도리를 알았기에 대학교수 직보다 민추에서 번역 사업과 후진을 양성하는 일에 더 힘썼다.

선생은 민추 초창기 번역을 주도했는데 놀라운 일이 있었다. 당시

한국고전번역원 내부. 연구원들이 일에 몰두하고 있다.

한국고전번역원 서가엔 그동안의 성과가 오롯이 담겨 있다.

선생이 주석을 구술(口述)하면 노영수 편수 담당이 적어놓았다가 나중에 확인하는 과정을 거쳤다. 나중에 『이십오사(二十伍史)』에서 찾아 대조해보면 모두 정확했다. 방은 선생은 어릴 적에 신동이라 불렸다더니 과연 허명이 아니었다. 선생의 회갑연이 서울대 교수회관에서 개최되었는데 두계(斗溪) 이병도 박사는 "회갑 잔치에 말이 좀 지나치지만 방은은 한문 귀신이다."라고 축사했다. 그만큼 방은의 한학은 당대 최고였다. 그는 불교 경전에도 해박해서 동국대 부설 불경·번역 기관인 동국역경원의 대장경(大藏經) 번역도 감수했다. 연민(淵民) 이가원(李家源, 1917~2000) 선생이 『열하일기(熱河日記)』를 번역했을 때 그 오류를 꼼꼼히 지적했고, 『동문선(東文選)』을 번역하던 때 무애(无涯) 양주동(梁柱東, 1903~1977) 박사가 방은 선생이야말로 진짜 한문 선생님이라며 큰절을 올린 일화는 너무도 유명하다. 유교와 불교, 도교의 경전까지도 두루 밝았던 선생은 생일날인 양력 1월 1일에 생을 마감했다.

민추에는 방은 선생 말고도 숱한 대가들의 일화가 전한다. 일석(一石) 이희승(李熙昇, 1896~1989) 선생은 평소 말씀이 적고 당당한 성정이었다. 그런데 식사를 마치고 차 마시는 시간에 고사성어를 섞어가며 고품격(?) Y담을 하면 모두가 박장대소를 했다고 한다. 외솔 최현배 선생은 근엄한 학자였다. 한번은 노영수 편수 담당이 한글학회 사무실로 결재를 받으러 갔는데 팔순에 가까운 연세에 똑바른 자세로 국어사전용 원고 카드를 깨알같이 작성하고 있었다. 그 모습이 너무도 의연하여 보는 이를 감동케 했다. 부실한 결재 서류를 들이밀자 선생은 꼼꼼히 읽어보더니 서류를 집어던지며 꾸지람했다. 칼 같은 성품과 국어학자로서의 세심함을 엿볼 수 있는 장면이다.

민추의 고전 번역자 양성 프로그램은 정평이 나 있다. 민추 출신 글종자들은 거듭 열매를 맺어 이 나라 한문 고전 번역가의 8할을 차지한다고 한다. 동문도 1,300명을 넘어섰다.

"고전 국역 사업 못지않게 번역자 양성 교육, 시민과의 소통도 중요합니다. 업무의 효율성을 고려할 때, 은평구 신사동 건물을 임대해 쓰고 있는 교육원(원생 202명)은 본원과 같은 건물에 있어야 합니다. 전주분원(원생 45명)은 그대로 두고요. 그런데 본원 건물이 너무 협소해서 어림도 없어요. 장애인 시설조차 갖추지 못하는걸요. 터라도 넉넉하다면 증축하겠는데 300평 남짓해서 곤란해요."

2010년 11월 취임한 이동환 원장은 업무 생산성을 높이고 시민강좌와 고문서 해독 서비스 같은 부대 사업을 위해서는 보다 넓은 청사가 절실하다고 말한다. 고려대 한문학과 교수를 지낸 이 원장은 오랫동안 민추 일을 겸해왔다. 열악한 업무 환경에서 일해온 직원들은 좀 더 넓고 쾌적한 터에 신청사 신축을 소망한다. 50년 동안 애써 쌓아온 지적 자산을 시민들과 나누기 위해서는 접근성도 충분히 고려해야 한다.

문화가 국가 브랜드가 되는 시대다. 우리가 그간 외면해왔던 전통문화 유산을 바탕으로 새로운 문화 콘텐츠를 만들어야 할 때다. 우리는 으레 군사독재 시절에 반문화 정책이 시행된 걸로 안다. 그런데 박정희 대통령은 고전 국역 사업에 남다른 애정을 가져, 연두 순시 때면 꼭 번역서를 챙겼다고 한다. 국역 『목민심서(牧民心書)』 제자를 직접 쓰기도 했다. 『한국문집총간』 발간 사업비와 민추 건물 구입비는 모두 전두환 대통령 시절에 국고를 보조받아 마련했다. 정작 교육부는 월권하지 말라고 호통을 쳤는데 노신영 총리의 주선으로 대통령이 결재했던 것이다.

개인적으로 고전번역원을 가끔 들르는 편이다. 민추에서 발간한 책들도 두루 구입했고 '고전의 향기' 메일링 서비스도 받아본다. 그래서 고향집처럼 정겹다. 글 읽는 학자들, 우리 시대 군자들의 일터 환경이 좀더 나아지길 바란다.

● **한국고전번역원**

주소	서울특별시 종로구 비봉길1
규모	지상 5층
대지	1,006m²
건평	1,321m²
역사	1965년 민족문화추진회 창립
	1970년 재단법인으로 개편
	1986년 현 청사로 이전
	1993년 『조선왕조실록』 번역 완료(12종 229책)
	2005년 『한국문집총간』 정편 350책 완간
	2007년 한국고전번역원 설립

번역 및 교육 기관이므로 일반 관람이 힘들고, '고전의 향기' 메일링 서비스나 '고전의 향연' 강연 신청을 통해서 교류할 수 있다.

● **찾아가는 길**

지하철 3호선 경복궁역 3번 출구, 또는 불광역 2번 출구에서 버스 환승 후 한국고전번역원 정류장 하차

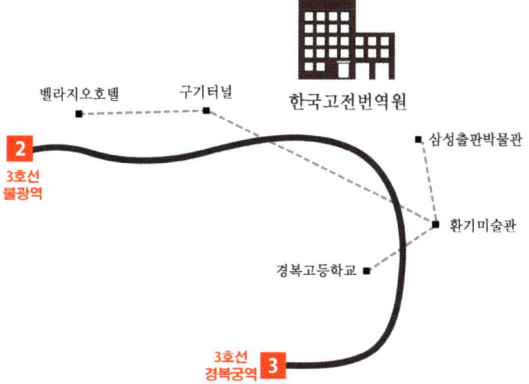

매일신보사 터

일제와 맞선 1만 3,000부의 힘, 사람과 세상을 바꾸다

"한 장에 한 푼인 신문이오! 읽고 나면 창호지도 되고 밥상 덮는 상보도 되는 신문 한 장에 한 푼이오!"

10대 소년들이 한글로 된 신문 뭉치를 겨드랑이에 끼고 서울 거리를 활보하며 외친다. 길거리 가게에서는 신문을 돌려가며 읽던 사람들이 열띤 토론을 벌인다. 철로를 달리는 기차의 기적 소리가 가까이서 울린다. 개화기 서울의 풍경이다. 거의 같은 무렵 기차역이 있는 지방 도시에서도 비슷한 광경을 볼 수 있었다. 이전까지의 전통 농경 사회에서는 전혀 경험하지 못한 새로운 사회현상이었다.

구한말에 등장한 신문은 사회변동을 주도한다. 그 전까지는 일반 국민이 제대로 알 수 없었던 정치, 사회 이슈들을 신문을 통해 비로소 알게 되었다. 신문 독자들은 서로 모르는 상태에서도 전국적으로

수송공원 전경. 독립선언서를 인쇄했던 보성사 사장 이종일의 동상이 서 있다. 동상 너머 공원 가장자리에 「대한매일신보」 창간 사옥 터 표석이 있다. 지금은 연합뉴스가 들어서 있다.

자연스럽게 공통된 의제를 형성했고 여론을 확산시켜 사회운동을 이끌어냈다. 국채보상운동이나 3·1운동에 신문과 인쇄 미디어의 힘이 작동했음은 물론이다. 공간을 좁힌 철도는 신문을 신속하고 정확하게 보급하는 데 기여했다. 다수의 독자가 동시에 정보를 공유하는 동시성의 네트워크가 형성된 것이다.

서울 종로 조계사 후문과 연합뉴스 사이 쌈지공원(수송공원)은 바른말과 곧은 글의 공간이다. 자투리 시간에 들러서 작은 숲을 거닐거나 벤치에 앉아 있으면 여러 개의 표석과 기념물들이 이내 말을 걸어온다. 100년 동안 읊조린 이 땅, 이 터의 말씀에 우리는 좀처럼 귀 기울이지 않았다. '신문의 날'을 맞아 다시 찾은 이곳에서 정론(正論)을 펼친 선구자들을 떠올린다. 1898년 「제국신문(帝國新聞)」을 창간했던 이종일(李鍾一, 1858~1925) 선생의 동상이 보인다. 왼손에 신문을 들고 오른손은 불끈 쥐어들었다. 동상이 선 자리는 3·1독립선언서를 인쇄하고 지하신문 「조선독립신문(朝鮮獨立新聞)」을 발행했던 보성사(普成社) 터다. 1904년 7월 18일 영국 출신의 언론인 베델(Ernest Thomas Bethell, 裵說, 1872~1909)과 양기탁(梁起鐸, 1871~1938)이 창간한 「대한매일신보(大韓每日申報)」 터는 공원의 서쪽 가장자리다.

> 그런즉 오늘날 일본이 무엇을 믿고 한국을 집어삼키고자 하느뇨. 장창 대포를 믿을 뿐이오. 육군 해군을 믿을 뿐이로다. 일본이 한국의 독립을 보전한다고 열강국에 성명하면서 한인을 농락하여 누에가 뽕잎을 먹듯 하는 계교를 이루었거니와 지금에 또 동양평화니 한국인민의 행복이니 하는 등 설로 합병을 실행코자 하는가. 오호라 일본아 제국주의의 헛된 영화를 탐내다가 스스로 우환 두통을 사지 말지어다.

올곧은 논설은 역사에 묻히고 지금은 표석만 남았다. 1907년 1월 대한매일신보가 시청 앞으로 옮겨가자 중동학교가 들어왔다. 중동학교는 1984년 강남으로 이사했고 지금은 '연합뉴스'가 들어서 있다.

"일제의 탄압이 심했지만 발행인 베델이 가지고 있던 치외법권적 지위를 이용하여 마음껏 필봉(筆縫)을 휘두를 수가 있었어요. 항일 투쟁으로 일관된 삶을 살았던 언론인 양기탁의 소신, 박은식(朴殷植, 1859~1925), 신채호 선생의 논설도 주효해 당시 신문 가운데 발행 부수가 제일 많았고 독자들로부터 절대적인 신뢰를 받았지요. 국한문판과 한글판, 영문판을 합쳐 1만 3,000여 부를 발행할 만큼 호응이 컸으니까요. 「대한매일신보」는 정부가 어떤 일을 하는지도 몰랐던 일반 독자들에게 국가와 사회, 세계를 바라보는 창(窓) 같은 역할을 했다고 봅니다. 그리고 독자들의 가치관과 세계관 형성에 큰 영향을 끼쳤지요. 1910년 8월 일제는 우리나라를 강제 병합하면서 '대한'을 떼어내고 「매일신보」로 바꿔 총독부 기관지로 만들어버립니다."

『한국사회의 미디어 출현과 수용』의 저자 김영희 박사는 "그 때문에 근대적인 매체 수용자들의 의식이 더 진보하지 못하고 뒤틀렸다."며 아쉬워했다. 자생적인 근대화의 싹은 그렇게 잘렸다.

당시는 독자 투고를 기서(寄書)라고 했는데 학생, 시골 선비, 농부, 승려 등 다양한 계층이 기서했다.

> 우리 2,000만 동포 자매들이여. 깊이 생각할지어다. 생존 경쟁하는 시대를 당하여 […] 이 천한 여자의 생각으로는 결단코 교육이 완전히 성취치 못하여 남의 웃음을 취할까 하노라. […] 경인철도 제2번 열차로 경성에 도착하여 각처 유명한 연회장과 각 사회와 각 학교를 차례로 심방하여 […] 국문매일신보를 축호열람하온즉 언론이 공명정대하며 무편무당하여 한국동포로 하여금 독립자유의 감발심을 격동케 하니 나는 하루 밥은 궐할지언정 신문은 궐하지 못하나이다.

제물포 기생 롱운은 신문 구독으로 자극을 받아 공부를 결심하고 일본으로 유학 가는 사연을 밝히고 있다. 1908년 5월 22, 23, 28일자로 세 번에 걸쳐 게재된 기서 내용이다. 당시 신문이 지녔던 영향력을 엿볼 수 있다.

「대한매일신보」를 창간한 베델은 한국 언론인 명예의 전당에 헌정된 독립 유공자다. 1904년 러일전쟁이 일어나자 「데일리메일(Daily Mail)」 특파원으로 한국에 온 그는 을사늑약의 무효를 주장하고, 고종의 친서를 「대한매일신보」와 「런던 트리뷴(London Tribune)」지에 게재하는 등 항일 언론 활동을 벌였다. 일제는 그를 추방하고자 영국 상하이고등법원에 제소하였다. 3주간의 금고형, 6개월간의 근신과 벌금형이 내려졌다. 서울에 돌아온 뒤 그는 1909년 5월 1일 심장병으로 병사해 서울 양화진 외국인 선교사 묘원에 묻혔다.

양기탁은 기상이 대쪽 같은 언론인이었다. 영어와 일어에 능통했던 그는 일찍이 게일 목사의 『천로역정』 번역을 도왔고 베델과 함께 「대한매일신보」를 공동으로 창간했다. 일제가 '매일신보'로 제호를 바꾸고 그를 포섭하려 했지만 사표를 던지고 나와 독립운동에 투신한다. 이로써 1910년 8월 28일 지령 1461호로 민족지의 명맥이 끊기고 만다.

일제가 만든 「매일신보」는 8월 30일 지령 1462호를 시작으로 1945년 11월 10일까지 35년간 1만 3737호에 이른다. 11월 23일 제호가 '서울신문'으로 바뀌지만 지령은 1만 3738호로 이어받는다. 그러다가 자유당 말기 「매일신보」의 역사를 도려내고 지령을 역산해 1998년 제호를 '대한매일'로 바꾸고 지령도 재조정한다. 그리고 2004년 '서울신문'으로 재환원하기에 이르렀다. 「대한매일신보」의 역사성을 계승하는 일이 쉽지 않음을 짐작하게 한다. 1995년 발간된 『서울신문 50년사』에는 해방 이후에 창간된 것으로 규정돼 「대한매일신보」와의 역사성을 단절한다.

「대한매일신보」가 창간된 곳, 그 장소성을 계승한 언론사는 '연합

「대한매일신보」가 창간된 곳.

「대한매일신보」 창간 사옥 터 표석.

뉴스'다. 같은 장소에서 80여 년의 시차를 두고 들어선 두 언론사는 상반된 역정을 밟아왔다. 「대한매일신보」가 창간 당시 치외법권적 자유를 누리다 일제의 제재를 받고 총독부 기관지로 전락했다면 연합뉴스는 신군부의 강압적인 언론 통폐합과 통신사 통합으로 출발, 점차 자율성을 확보하면서 국가기간뉴스 통신사로 발전해왔다. 전국의 신문, 방송과 정부 부처와 기관, 기업체, 인터넷 매체는 물론 해외 계약사에도 뉴스를 공급한다.

"포털사이트나 인터넷신문은 선정적인 제목으로 '낚는 기사'를 쏟아냅니다. 인터넷을 통해 연합뉴스가 많이 성장한 것도 사실입니다만 연합뉴스는 인터넷의 선정성과 폭력성을 가장 경계하는 매체이기도 합니다. 국익이 충돌하는 뉴스 정보 시장에서는 국가를 대표해 외국 언론사와 경쟁하고 국제 정세를 파악할 수 있도록 해주는 국가

기간 언론사가 필요합니다. 우리 연합뉴스가 그런 역할을 하려고 노력하고 있습니다. 사실 「대한매일신보」가 중심이 됐던 구한말, 우리는 국제 정세에 너무 눈이 어두웠습니다. 만일 일제와 강제병합 전에 제대로 된 뉴스 통신사가 활동하고 있었더라면 국권 침탈과 강제병합은 막을 수 있었을 겁니다."

연합뉴스 관계자는 연합뉴스가 권력과 자본으로부터 상대적으로 자유로운 '뉴스의 총본산'이라고 주장한다. 연합뉴스는 현재 신사옥 건축 프로젝트를 추진 중이다. 100여 년 전 「대한매일신보」가 자리 잡고 있던 터에 보도 채널과 인포맥스(실시간 금융 정보 서비스) 등 멀티미디어 시스템을 구축해 대한민국 뉴스허브를 만들겠다는 목표를 갖고 있다.

대중매체는 우리 삶에 결정적인 영향력을 행사한다. 정치적으로는 크고 작은 합의들을 창출하고, 경제적으로는 정보와 광고를 통해 자본주의 체제를 발전시킨다. 파편화된 개개인을 하나로 묶는 사회 통합 기구로 작동하기도 하고, 대중문화의 보급을 통해 의식의 평준화를 낳기도 한다.

> 남자의 검은 밤과 검은 낮이, 무수히 지나간다.
> 남자의 검은 TV는 언제나 켜 있고
> 검은 구두의 현관 앞은 검은 신문으로 넘쳐흐른다.
> 검은 신문에서 검은 활자가 쏟아졌지만 아무도 그것을 본 사람은 없었다.

조동범의 시, 「검은 TV와 신문의 날들」 구절을 읊조려본다. 24시간

방송과 포털사이트, 소셜네트워크 붐으로 실시간 뉴스 검색이 가능해진 오늘날 종이신문들은 생존의 위기를 겪고 있다. 신문, 방송을 융합해 미디어그룹으로 거듭나려는 몸짓도 있다. 정보가 넘쳐나는 디지털 시대에 정보 수용자들의 가치 판단은 어느 때보다 중요하다. 독자의 판단력을 강화시키는 심층 취재 기사와 인문학적 사유가 담긴 명(名)칼럼의 필요성은 과거보다 더 커졌다고 할 수 있다. 품격 높은 콘텐츠를 읽기 쉽게 편집하는 기능은 종이신문이 지닌 미덕이다. 기사의 중요도를 가늠하면서 종이를 넘겨가며 읽고 사색하는 즐거움은 인류의 오래된 정보 수용 방식이다. 종이신문은 당대 지성들이 향유하는 정통 저널리즘의 근간이다. 신세대 가운데는 종이신문을 보지 않고 인터넷으로만 정보를 얻는 경우가 많다고 하는데 평면적으로 구성된 정보는 가치가 떨어진다. 입체적으로 구성된 정제된 정보를 수용해야 시야가 넓어지고 좌표 설정에 도움이 된다.

　한 세기 전 개화기를 겪던 이 땅에서 정론을 펼치다 일제에 의해 맥이 끊긴 「대한매일신보」. 그 표석 앞에서 우리 시대의 신문 독법을 다시 생각해본다.

● 개화기 주요 신문의 창간일

1883년 10월 1일(음력) 「한성순보(漢城旬報)」(박문국 기관지)
1896년 4월 7일 「독립신문」(최초의 민간신문)
1898년 4월 9일 「매일신문」(최초의 일간지)
1898년 8월 10일 「제국신문」
1898년 9월 5일 「황성신문(皇城新聞)」
1904년 7월 18일 「대한매일신보」
1919년 3월 1일 「조선독립신문」(지하신문)

● 연합뉴스 역사

1980년 12월 19일 연합통신 창립
1981년 1월 4일   창간호 발행
1987년 2월 12일 수송동 신사옥(지하 3층, 지상 12층) 기공
1993년 9월 14일 연합TV뉴스(YTN) 설립
1997년 12월 2일 YTN 매각 분리
1998년 11월 19일 인터넷 연합뉴스 창간
2011년 10월 재건축 시작(지하 4층, 지상 17층) 2013년 10월 완공예정

● 찾아가는 길

지하철 5호선 광화문역 2번 출구, 또는 지하철 3호선 안국역 6번 출구에서 도보 5분

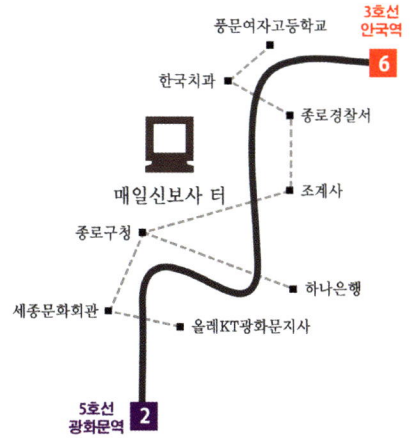

국립중앙도서관

영혼에 산소를 공급하는 대한민국의 '지식 수도'

지하철 3, 7, 9호선 서울 고속버스터미널역 5번 출구에서 누에다리가 있는 서리풀공원 쪽으로 걸어서 10분. 공원 북쪽 능선 요지에 이 땅 최고의 문화 궁전이 있다. 이 문화 궁전은 대한민국 수도 서울 속의 지적 수도다. 이 나라와 세계의 역사가 쌓아온 지식과 문화의 총체를 저장해두고서 찾는 이들로 하여금 꿈을 설계하고 만들어가게 도와주는 곳이다.

국립중앙도서관은 1945년 10월, 서울 중구 소공동 조선총독부 도서관 건물과 장서를 그대로 인수해 국립도서관으로 개관했다. 1947년 개인 문고 제1호인 위창[葦滄, 오세창(吳世昌, 1864~1953)의 호]문고를 설치했다. 개인이나 단체가 발간한 도서, 음반, DVD 등을 의무적으로 제출하는 납본 제도는 1965년부터 시행되었다. 1974년 남산 어린이

가톨릭대학교 서울성모병원 옥상에서 본 국립도서관 야경. 세상 모든 책들이 있을 것만 같다.

회관으로 이전했다가 1988년 현재의 자리로 옮겨 '반포동 시대'를 열었다.

  인류 문명사의 편린과 기억 들이라 할 책과 각종 음향, 영상물 자료들을 소장하고 있는 국립중앙도서관. 대한민국 국민은 물론 외국인이라도 교통비와 식비만 들고 가면 이 편리한 지식의 백화점에서 마음껏 지적 자산을 이용할 수 있다. 시청각 장애인은 좀 더 세심한 배려를 받는다. 지하철 고속터미널역, 서초역, 교대역에서 약속한 시간에 도서관 직원이 택시로 모셔가기 때문이다. 교통비는 도서관 측이 부담한다. 냉난방 시설이 갖춰진 장애인 정보누리터에 도착하면 책 읽어주는 자원봉사자가 3시간 동안 대면 낭독을 해준다. 물론 연장도 가능하다. 이용이 끝나면 지하철역으로 다시 데려다주기까지 한다. 이쯤 되면 읽기를 즐기는 이들에게 국립중앙도서관은 가히 천국이나 마찬가지다.

소규모 세미나실, UCC나 영상 콘텐츠 제작 시설, 음향 스튜디오도 무료로 제공한다. 퇴근하고도 정보 봉사실에서 저녁 10시까지 도서관 자료를 이용할 수 있다.

사람들은 단지 책을 빌려 읽으려고 도서관에 오는 건 아니다. 도서관을 찾는 건 삶의 스타일 중의 하나다. 일과 세상사에 묻혀 허덕이면서도 한 달에 몇 번이라도 영혼에 불을 밝히거나 산소 공급을 해주려고 찾는 것이다.

이 말은 도서관이 책, 그 이상의 가치를 담은 문화 공간임을 뜻한다. 선진국에서는 집을 살 때, 가장 먼저 고려하는 것이 도서관이다. 도서관 프리미엄, 상상만 해도 유쾌한 문화 선진국 풍조다. 도서관 이용자의 연령층이 높아지고 있는 우리나라도 머잖아 그렇게 될 것 같다.

강남의 탑골공원, 만년 취업 준비생들의 놀이터, 노숙자들의 휴식 장소라는 뚱딴지같은 비판적 시각이 있다. 도서관이 그런 복지 공간이 되기도 한다면 그 또한 미덕이 아닐까. 열심히 책을 읽고 정보를 찾는 대다수 이용자들이 너무 불편해하지 않는다면 말이다.

세계적인 도서관들은 저마다 귀중한 자료를 소장하고 우아한 건축물로 도시의 이정표 구실을 한다. 첨단 시설과 편의성을 갖춘 우리나라 국가 대표 디지털 도서관도 세계적인 주목을 받고 있다. 하지만 노서관 전제의 수나 규모, 내용은 선신국에 훨씬 못 미친다. 우리나라 공공 도서관은 모두 783군데이지만 일본은 3,200군데, 독일은 8,000군데가 넘는다. 미국은 1만 3,000군데의 맥도널드 가게보다 공공 도서관이 4,000개나 더 많이 있다. 소장 자료 분야에서도 우리나라는 빈약하다. 국립중앙도서관 소장 자료에다 국회도서관 소장 자료 366만 책(점)을 합쳐도 미국 의회도서관 한 곳의 10분의 1에 지나지 않는다. 직원이 3,600명에 달하는 미국 의회도서관은 1억 5,000만이 넘는 책을 소장한다. 200년 이상의 역사를 지닌 이 도서관은 "지구가 어느 날 갑자기 붕괴되더라도 미국 의회도서관만 건재하다면 복구는 시간문제다."라는 말이 있을 정도로 세계 최고, 최다의 지식 정보를 소장하고 자랑한다.

일제강점기로 인해 우리 도서관의 역사가 고작 67년밖에 되지 않지만 인쇄 문화와 전통적인 장서 문화의 역사는 결코 뒤지지 않는다. 국립중앙도서관은 보물 『석보상절(釋譜詳節)』과 유네스코 세계기록유산 『동의보감(東醫寶鑑)』을 소장하고 있다. 프랑스 국립도서관에 있는 『직지심체요절(直指心體要節)』은 세계에서 가장 오래된 금속활자 인쇄본이다. 2001년 유네스코에 세계기록문화유산으로 등재된 이 책은 구한말 초대 주한 프랑스 공사를 지낸 플랑시(Collin de Plancy, 1853~1922)가 정식으로 구매한 것으로 몇 단계를 거쳐 프랑스 국립도서관으로 흘러 들어갔다. 이 책을 처음으로 발견한 이가 프랑스 국립도서관 사서였던 박병선(朴炳善, 1928~2011) 박사다. 우리가 까맣게 몰랐던 세계적인 기록문화유산이 한 사서의 집념으로 100년 만에 그 존재 가치를 자리매김하게 되었다. '직지 대모'로 통하는 박 박사는 우리의 문화 영웅이다.

구한말 국가 체제가 혼란한 틈에 안타깝게도 많은 고서들이 해외로 반출되었다. 1866년 병인양요(丙寅洋擾) 때 프랑스 군대가 강화도에서 약탈해간 강화도 외규장각 도서 의궤류, 일본에 밀반출된 한국 고서 등이 대표적이다. 다행히 강화도 외규장각 도서 의궤류 191종 297권은 2011년에 임대 형식으로 145년 만에 한국에 돌아왔다. 미테랑(Francois Mitterrand, 1916~1996) 대통령이 외규장각 도서 중 한 권을 우리나라로 반환할 때 프랑스 국립도서관 사서의 반대에 부딪혔던 그 의궤다. 영구 반환이 아닌 5년 단위 갱신 조건의 영구 대여 형식으로나마 고국의 품에 돌아왔으니 다행이다.

일본 궁내청 소장 한국 고서 150종 1,205책 또한 인도라는 형식으로 돌아왔다. 2010년 간 나오토(菅直人, 1946~) 일본 총리가 직접 반환을 약속한 이후 2011년 도서반환 협정이 발효됐기 때문이다. 프랑스와 달리 소유권 자체를 넘겨받아 우리나라 문화재가 되었으니 경하할 일이다.

도서관에서 사서는 정보 중개자로 통한다. 국립중앙도서관 직원 309명 가운데 173명이 사서다. 이들은 자료 수집과 분류, 목록 작성 등은 물론 국제 교류나 홍보, 이용자 안내까지 도맡아 한다. 인터넷 서비스로 제공되는 '사서에게 물어보세요'를 통하면 정보 자원이나 도서관 소장 자료에 관한 궁금증을 쉽게 해결할 수 있다.

도가의 창시자 노자(老子)는 중국 주나라 국립도서관에서 수석 사서를 지냈다. 실학자 정약용과 박제가(朴齊家, 1750~1805), 유득공(柳得恭, 1749~1807), 이덕무(李德懋, 1741~1793) 역시 오늘날 사서에 해당하는 규장각 검서관(檢書官)을 지냈다. 정약용은 규장각 도서를 참고로 기중기를 만들어 화성 축성 공사비를 줄였다. 사서에 얽힌 에피

첨단시설을 갖춘 도서관 내부 모습.

소드는 동서양의 도서관마다 즐비하다. 조지 W. 부시(George Walker Bush, 1946)는 사서 출신 로라(Laura)를 만나 대통령이 된 행운의 '텍사스 카우보이'다. 로라는 부시에게 '도서관에서 책을 많이 읽을 것'을 교제 조건으로 내세웠다고 한다. 마오쩌둥(毛澤東, 1893~1976)은 베이징대 도서관이 키운 인물이다. 청년 시절 마오는 베이징대 도서관에서 사서 보조로 일했다. 도서관의 많은 책들을 탐독하며 사상을 정립한 그는 중국 천하를 거머쥔다.

"도서관은 인생입니다. 어릴 적부터 도서관을 찾아다니며 공부해서 도서관학과를 나왔고 도서관에서 일하게 되었지요. 정년퇴임한 뒤에도 도서관 근처에 살면서 봉사할 거예요."

책과 함께해온 조재순 사서의 말은 작가 보르헤스를 떠올리게 한다. 보르헤스는 우주를 도서관이라고 정의했다. 우주가 지식의 집합체인 도서관이라면 인간은 모두가 도서관 사서다.

문득, 세상의 모든 책들이 다 있을 것만 같은 도서관이라는 곳을 처음 들어갔을 때 맛보았던 그 가슴 벅찬 감동과 아득한 현기증이 떠올랐다. 아무 책이건 마음껏 뽑아볼 수 있는 개가식 서가 앞에서 보았던, 세상으로 열린 무수한 길들……. 쪼그려 앉아 펼쳐든 작은 종잇장 사이에 어른들이 간섭하지 못하는 독립된 나라가 있었다. 사건과 인물 들의 행적을 추적해 들어가자면 숨이 가빠지고 빛의 속도보다 더 빠른 상상의 날개가 펼쳐지곤 했다.

책을 사 모으고 책 속에 파묻혀 지내다가 어느덧 저술가가 되었다. 작가와 기자로 현장 취재를 나갈 때마다 사전에 꼭 서재에서 자료를 찾는다. 부족하면 도서관에 들러 관계 서적과 논문 등을 찾아 보완해야만 안심이 된다. 그러다가 국립중앙도서관을 취재하게 되었다. 가슴 설레는 일이었다. 개인적으로 오래 묵은 작은 소원이 하나 있다. 바로 도서관 사서가 돼보는 일이다. 나는 이참에 꼭 일일 사서 체험을 하고 싶었다.

2010년 8월 18일 나는 드디어 사서가 되었다. 아침 정시에 중앙도서관으로 출근했다. 홍보실 관계자에게서 한 시간 단위로 쪼개진 빡

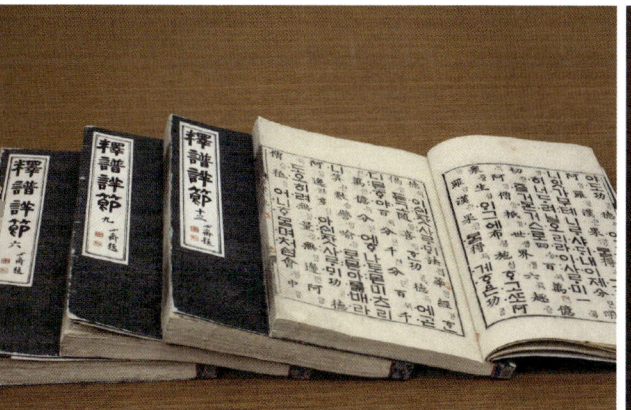
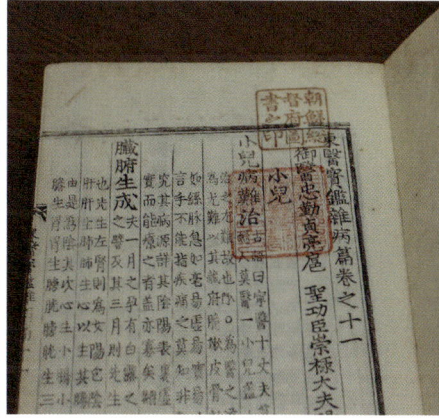

국립중앙도서관 소장 『석보상절』 6, 9, 13, 19권. (왼쪽) 보물 제523호로 지정되어 있다. 『동의보감』(오른쪽). 보물 제1085호로 2009년 세계기록유산으로 등재되었다.

빡한 일정표를 받았다. 그 일정대로 충실히 사서 업무를 했다. 그야말로 맛보기 체험이었지만 그렇게라도 가능하면 온 도서관을 샅샅이 톺아보고 싶었다.

서지정보센터 추진단에서 자료 조직 업무를 배웠다. 자료 조직은 이용자가 도서관 장서에 쉽게 접근하여 원하는 자료를 신속하게 찾을 수 있도록 수집한 자료를 일정한 규칙에 따라 주제로 분류하고 목록을 작성하여 조직적으로 체계화하는 과정을 말한다. 사람으로 치면 호적을 정리하고 주민등록번호를 부여하는 작업인데 꽤 복잡했다.

"사서는 책의 성격을 파악하고 앞뒤를 열심히 뒤적거립니다. 하지만 내용을 읽을 시간이 없어요. 풍요 속의 빈곤이죠. 만일 김 선생님이 사서가 됐더라면 그렇게 책을 많이 읽지도 쓰지도 못했을걸요."

웃으면서 던진 이근숙 사서의 그 말은 농담 같지가 않았다. 매일같이 들어오는 수많은 납본을 분류하고 목록을 작성해서 컴퓨터에 입력하는 일은 분명 격무였다. 그렇게 일에 쫓기다보면 교양 도서는 고사하고 유행하는 베스트셀러도 제대로 읽을 여유가 없을 것 같았다.

세종대왕(世宗大王, 1397~1450)은 집현전을 설치한 뒤 우수한 학사들을 선발하여 휴가를 주고 일정 기간 독서와 연구에만 전념할 수 있게 했다. 사가독서(賜暇讀書) 제도다. 사서들에게 1년에 열흘쯤 휴가를 주어 마음껏 책을 읽게 하면 어떨까 하는 생각을 해봤다. 귀중한 문헌 자료들이 보관돼 있는 중앙도서관 지하 서고에 전문 사서를 배정하여 자료 발굴을 하는 것도 좋을 것 같다. 활용되지 못하고 보관만 하는 것은 소모적이다.

르네상스 시대 프랑스의 사상가인 몽테뉴(Michel Eyquem de Montaigne, 1533~1592)는, "세상에 꼭 필요한 글이 아니면 쓰지 마라. 꼭 필요한 글이라 하더라도 너 아니면 쓸 사람이 없는 경우에만 써라."라는 말을 남겼다. 책을 낼 때마다 내가 유념하는 잠언이다. 잘 읽히지도, 별 소용도 없는 책을 중복해서 내느라 세상의 숲이 사라진다. 가치 없는 책일 때보다 차라리 나무일 때가 훨씬 친환경적이다.

책의 일생은 인생과 닮았다. 인기 많은 책들은 자주 불려나가고 인기 없는 책들은 서가에 꽂혀 쓸쓸한 노년을 맞는다. 인기 여부와 상관없이 책은 수명이 있다. 그 가운데 값진 책은 헤어지거나 파손되었을 때 특수 장비로 감쪽같이 복원해낸다. 세월이 더 흐르면 보물로 지정되기도 한다. 하지만 별 볼일 없는 책들은 시나브로 사라져버리고 만다. 책의 운명 역시 사람의 운명과 닮았다.

일일 사서 노릇을 옹골차게 수행하느라 그야말로 옴나위없었지만 하루 종일 행복했다.

　독서는 국가 지식 경쟁력을 높이고 개인에게는 생각의 힘을 키워 준다. 우리 국민 10명 중 4명이 1년 내내 책 한 권도 안 읽는다고 한다. 학창 시절 이후 시나브로 책과 멀어져 바람 부는 세상 한복판에 선 우리는 지금 행복한가.

　국립중앙도서관은 가끔 세상 밖으로 나간다. 인문서 저자와 독자가 현장을 찾아가서 인생을 이야기한다. '길 위의 인문학' 프로그램이 그것이다.

　태어나면서부터 자연스럽게 책을 접하고 책의 향기 속에 파묻혀 사는 인생처럼 행복한 삶이 또 있을까. 1992년 영국에서 시작된 북스타트(book start) 운동은 책과 함께 하는 일생을 꿈꾸는 시민운동이다. 우리나라에도 여러 자방자치단체에서 운영하여 좋은 성과를 거두고 있다.

　'기적의 도서관'은 어린이 도서관을 확산시키는 계기가 됐다. 2003년 시민단체 '책 읽는 사회 만들기 국민운동'과 MBC의 '느낌표' 프로그램의 '책책책 책을 읽읍시다' 코너가 함께 진행했던 어린이도서관 짓기 프로젝트는 전남 순천시 1호점을 시작으로 서귀포시, 제주시, 청주시, 울산시, 금산, 부평, 정읍 등에 차례로 '기적의 도서관'을 개관했다. 인구 27만, 도서관 48개를 자랑하는 도시 순천시는 성공 사례의 표본이다. '기적의 도서관' 1호점은 순천시 육아 문화를 바꿨다. 이 땅에 이른바 '도서관 키드'가 출현한 것이다. 전체가 온돌바닥인 데다 3세 미만의 아기를 위한 '아그들방'에는 '코~하는방'까지 있어 아기와 엄마들이 책을 보다가 수유도 하고 낮잠도 잘 수 있다. '별나라다락방'은 우주를 여행하는 기분으로 책을 읽도록 설계된 공간이

도서관 지하 서고에서 고서를 읽고 있는 저자와 내부 보관 모습.

다. 젖먹이 아기 때부터 책과 놀이하면서 자연스럽게 상상력을 키우게 배려했다.

    영상 문화의 전폭적인 확산은 책 읽는 시간과 풍토를 앗아갔다. 지금은 쉴 새 없이 오락거리를 쏟아내는 영상매체들과 스마트폰이 지배하는 세상이다. 깊이 생각하며 수고로이 읽어야 하는 책은 아예 경쟁 상대가 되지 않는지도 모른다. 하지만 유익함이야 처음부터 비교 대상이 아니다. 책을 통해 지식을 쌓아가고 사고를 훈련시키지 않고서는 조화로운 삶을 경영할 수 없기 때문이다. IT 강국 대한민국의 명성이 시간이 흐를수록 눈에 띄게 퇴색하는 추세다. 소프트 파워의 개발은 독서를 빼놓고서는 불가능하다. 국가의 성장 동력 역시 국민 독서 풍토가 저력이다.

"고대 이집트의 파라오 람세스 2세(Ramses II)는 무덤 옆방에 지성소(至聖所)를 두고 파피루스 두루마리를 얹어두었답니다. 영혼이 책을 보면서 쉴 수 있는 '영혼의 요양소', 곧 사후의 개인 도서관이지요. 감동적이더군요. 그럴진대 살아 있는 동안의 우리에게는 얼마나 도서관이 필요하겠습니까. 도서관에 나라의 미래가 있습니다. 책 읽는 국민에게 희망이 있습니다."

인터뷰했던 모철민 전 국립중앙도서관장은 도서관 체험이야말로 그 여운이 길게 남는 고품격 문화 충격이라고 했다. 2년 사이 관장이 두 번이나 바뀌었다. 2012년 3월 부임한 심장섭 관장은 제38대 관장이다. 2012년 기준으로 67년 도서관 역사에 38대면 임기가 2년이 채 안 되는 셈이다. 200년 역사의 미국 의회도서관 관장의 임기는 평균 16년이 넘는다. 현직 제임스 빌링턴 박사(James Hadley Billington, 1928~)는 제13대 관장인데 1987년 9월 임명된 이래 지금까지 25년 동안 관장 직을 맡아왔다. 책을 사랑하고 도서관을 아끼는 문화계 원로나 전문 사서가 도서관장을 맡는다면 어떨까. 장관급으로 격상해야 한다는 의견도 있지만 도서관장은 명예직이므로 직급이 문제가 아니다. 지혜롭게 늙어가는 당대 최고의 지성들이 종신제에 가까운 도서관장이 된다면 그 자체로 하나의 문화 상징이 될 것이다.

휴일 어느 하루, 맘먹고 중앙도서관에 가서 그냥 시간을 보내보라. 이제까지와는 전혀 다른 세계의 문이 열린다. 어쩌면 도서관 천국의 중독자가 되어버릴지도 모른다. 하지만 걱정하지 않아도 좋다. 세상에서 가장 아름답고 행복한 중독이므로 굳이 치료할 필요가 없을 테니까.

● **국립중앙도서관**

주소	서울특별시 서초구 반포대로 201
준공	1988년 5월 1일
규모	본관 지상 7층, 지하1층
대지	8만 8,190㎡
건평	9만 7,723㎡(본관, 디지털도서관 등)
소장 자료	850만 책(외서 106만 책 포함)

● **찾아가는 길**

지하철 3,7,9호선 고속터미널역 5번 출구에서 예술의전당 방면으로 도보 10분

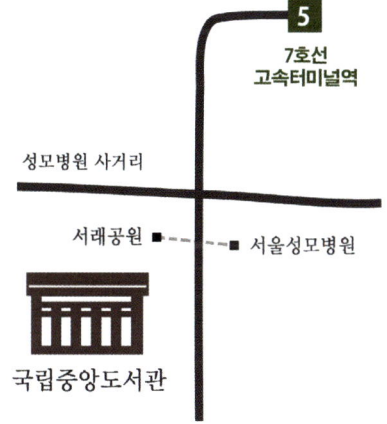

남산 서울애니메이션센터

대한민국 방송 현대화의 출발점, 일제 땐 총독부 자리

서울 남산 위에는 서울의 랜드마크 N서울타워가 서 있다. 맑은 날에는 이곳 전망대에서 북한의 개성이 보인다. 이곳은 화려한 서울의 야경을 보는 관광 명소이기도 하다. N서울타워는 1975년 TV와 라디오 방송을 송출하기 위해 종합 전파탑으로 시작됐다. 지금도 KBS, MBC, SBS를 포함해 여러 케이블TV와 FM 송신 안테나가 설치되어 전국 시청자의 절반가량이 N서울타워 전파탑을 통해 방송을 시청하고 있다.

남산은 방송과 인연이 깊다. KBS는 1976년 여의도 새 청사로 이사하기 전까지 남산에 있었다. 퇴계로 세종호텔 건너편으로 남산에 오르자면 대한적십자사 지나 왼편에 서울애니메이션센터(SBA)가 있다. 이 알록달록한 청색 건물이 KBS 옛 청사다.

2011년 5월 5일 어린이날, 〈로보카 폴리 구조대작전〉 체험 행사가

서울애니메이션센터 전경.

열린 현장은 발 디딜 틈이 없을 만큼 활기가 넘쳤다. 로봇으로 변신이 가능한 자동차들의 구조 이야기 '로보카 폴리'는 2010년 2월 말부터 EBS에서 인기리에 방영한 국산 애니메이션 작품이다. 해마다 어린이날 즈음해 다른 주제를 가지고 아이들과 엄마 아빠가 함께 참여할 수 있는 체험 전시, 공연 및 상영, 그리고 페이스페인팅, 캐릭터 소품 제작 등 다양한 체험 행사를 연다.

  1999년 5월에 서울시가 설립한 서울애니메이션센터는 만화, 애니메이션, 게임, 캐릭터 산업을 지원하고 인력 양성과 저변 확대 사업을 해왔다. 애니메이션 전용 극장(예전 KBS 공개홀)과 전시실, 도서정보실, 영상 녹음 편집실을 갖추고 있고 사무 공간을 저렴하게 임대해주는 창작 지원실도 운영한다.

꽃이 진 자리에서 돋아난 신록이 마냥 싱그러운 봄날, 해맑은 아이들이 상상력을 키우며 즐거운 시간을 보내는 이곳은 평화가 넘쳐난다. 세계 최고 수준의 교육을 받고 자라는 아이들, 저 아이들이 만들어가는 세상은 분명 복되고 아름다울 터이다.

그러나 100년 전, 이 나라 이 터전은 그늘이 깊었다. 1906년 이곳에 일본 통감부가 들어서면서 임진왜란 때 왜군이 진을 쳤던 '왜성대(倭城臺)'라는 이름이 되살아났다. 한일 강제병합 후에 통감부는 총독부로 간판을 바꾸고 1926년 광화문으로 옮겨갔다. 지금은 표석만 남아서 나라가 당한 치욕을 일깨워주고 있다. 애니메이션센터 정문 오른쪽에는 1921년 의열단 김익상(金益相, 1895~1925) 의사가 조선총독에게 폭탄을 던졌던 곳이라는 표석도 있다. 그런데 KBS가 있었던 곳이라는 표석은 없어서 대부분 그 사실을 잘 알지 못한다.

"현대식 방송 시설로 남산 시대가 열렸고 서울의 새 명소가 되었습니다. 애니메이션센터 자리에는 KBS라디오(국내)와 국제방송국(대북, 대외)이 있었고 그 맞은편에 '산길다방'이 있었는데 아마 1960, 1970년대 우리나라에서 가장 많이 알려진 다방일 겁니다. 방송국 직원들은 물론 연예인이나 작곡가, 작가 들이 꽉 들어찼으니까요. 밤에는 데이트하는 남녀들이 즐겨 찾았고요. '계란반숙'과 '위티'가 인기 메뉴였는데 위티는 홍차에 위스키를 두어 방울 떨어뜨린 것이지요. 그 명소가 흔적도 없이 사라진 건 유감입니다."

한국일보 출신 연예 기자 1호 정홍택 단국대 초빙교수는 당시 방송국 사람들과 연예인들에 얽힌 흥미로운 이야기들을 생생히 풀어놓았다. 예나 지금이나 방송가에는 세상 사람들의 관심거리가 넘쳐난다. 특히 유명 가수나 배우, 탤런트에 얽힌 비화는 호기심을 자극한다.

첫 방송 송출을 기념하는 '첫 방송 터' 앞에 선 정홍택 교수.

    리라초등학교와 숭의여자대학교 언덕배기에서 옛 방송국 자리를 보며 한국방송 80여 년의 역사를 되짚어본다. 방송(Broadcast)이라는 말이 처음 사용된 것은 제1차 세계대전 때다. 해군에서 각 함정 앞으로 동일한 전보를 개별적으로 불러내지 않고 한꺼번에 전송하는 것을 일컬었다. 라디오 방송은 미국이 1920년에 처음 했다. 프랑스, 영국, 독일이 그 뒤를 이었고 일본은 1925년에 방송국을 개국했다.

    라디오는 무선 과학의 아버지 영국의 맥스웰(James Clerk Maxwell, 1831~1879), 그 이름을 주파수의 단위로 삼은 독일의 헤르츠(Heinrich

Rudolf Hertz, 1857~1894), 고주파 유도 코일(고주파 고전압의 진동 전류를 얻는 데 쓰이는 장치)을 발명한 세르비아계 미국인 테슬라(Nikola Tesla, 1856~1943), 안테나를 발명한 러시아의 포포프(Aleksandr Stepanovich Popov, 1859~1906)의 업적을 총체적으로 결합해 만든 작품이다.

1927년 2월 16일 오후 1시. 서울 중구 정동 1번지에서 경성방송국(JODK) 정규방송 첫 전파가 발사되었다. 당시 라디오 수신기는 부의 상징이었다. 전국에 5,000대 정도가 등록돼 있었고 대부분 일본인들이 소유했다. 조선인이 소유한 수신기는 1,000대가 채 되지 않았다. 확성기 달린 라디오 가격이 50원이나 했는데 기업 근무자의 평균 월급이 30원이었으므로 여간해서는 장만할 수 없었다. 게다가 매달 전지와 소모비 2원, 청취료 2원이 별도로 추가되었다. 청취료가 너무 비싸다는 원성에 얼마 있다 1원으로 내리지만 1원도 적은 돈이 아니었다. 그 돈을 내지 않으려고 도둑처럼 몰래 듣는 사례가 많았다. 1928년 1월, 경성방송국은 전략적으로 라디오 도청자 1명을 관계 기관에 고발하고 이것이 신문에 보도되자 그다음 날, 하루 평균 20건 정도였던 계약자 수가 무려 50건에 이르렀다.

> 삼한사온의 그 사온, 바람 없고 따뜻한 날, 남향한 대청에는 햇빛도 잘 들고, 그곳에 시어머니와 며느리-귀돌어멈과 할멈이, 각기 자기들의 일거리를 가지고 앉아 육십팔 원짜리 '콘써톤'으로 '쩨 오 띠 케(JODK)'의 주간 방송, 고담이라든가 그러한 것을 흥미 깊게 듣고 있는 풍경은, 말하자면 평화 그 물건이었다.(박태원, 『천변풍경』, 1936~1937)

상상력을 자극하는 서울 애니메이션센터 내부 모습.

당시 소설에 반영된 1930년대 경성 한약국집의 풍경이다. 이때는 일본어와 한국어로 이중방송을 해서 해마다 1만 대 가량씩 라디오가 늘어가던 때였다. 일본어 방송을 제1방송, 한국어 방송을 제2방송으로 불렀다. 이중방송이 실시된 1933년부터 태평양전쟁이 일어나기 전까지 경성방송은 화려한 문화를 꽃피웠다. 한국어 강좌 시간은 물론 국악과 동화, 역사 이야기까지 있어서 방송이 한민족의 얼과 긍지를 일깨웠다. 1941년 태평양전쟁이 일어나면서 사상 단속이 강화되고 한국어 방송에도 가혹한 제약이 가해졌다. 그해 말 수신기 보급 대수는 27만 1,994대나 되었다.

전세가 불리해져가던 일제는 전쟁에 총력을 결집하기 위해 정보를 차단한다. 일제 총독부는 방송 전파 관제를 실시하고 일반 청취자들의 단파 수신기와 외국인 신부나 목사 들이 가지고 있던 고급 수신기를 압수한다. 해외 방송을 듣지 못하게 하기 위함이었다. 단파는 음질이 고른 중파에 비해 음질이 나쁘지만 파장이 멀리까지 간다. 단파 수신기는 해외에서 날아온 전파도 잡을 수 있었다.

1942년 12월 세밑, 단파 수신 사건이 터진다. 경성방송국 한국인 기술자들이 단파 수신기를 조립하여 미국 샌프란시스코와 중국 중경 임시정부에서 보내는 우리말 방송을 몰래 듣는다. 이승만 박사와 김구 선생의 육성으로 '고국 동포에게 고함'을 듣고 일본은 패전국이 될 것이며 조선은 해방된다는 내용을 암암리에 퍼뜨렸다. 이 사건으로 300여 명이 경찰에 붙잡혔고 75명이 실형을 선고받았다.

퇴직 방송인들의 친목 모임인 방우회 회원들은 1991년, 여의도 KBS 안에 항일 단파방송 연락 운동을 기념하는 물망비(勿忘碑)를 세우고 이를 기리기 위해 해마다 모인다. 그들은 우리나라 방송의 발상지인 정동 경성방송국 자리(덕수초교 교정)에 첫 방송 터 유허비(遺墟碑)를 세웠다.

민족 지도자들 가운데 일제강점기 말기에 친일파가 되었던 변절자들이 많다. 그들은 "일본이 패망할 거라고는 생각지도 못했다."고 변명하지만 사실과 다르다. 항일 단파 방송 연락 사건은 지식층 사회에 일본 패망설이 암암리에 퍼져 있었음을 뜻하기 때문이다.

1945년 8월 15일 정오. 도쿄방송국(JOAK)을 통해 일왕의 항복 담화가 방송되었다. 경성방송국은 이것을 동시 중계했다. 12시 정각에 "기립!"이라는 외침과 함께 모두가 일어서서 일왕의 방송을 들었다. 일본인 직원들은 정신 나간 사람들 같았고 여자 아나운서는 훌쩍거렸다. 하지만 일본군이 지키던 방송국에서 제1방송은 여전히 일본어 방송이 차지했다. 8월 20일 평양에 소련군이 진주했다. 그들은 24일 한반도 내 전국 방송국을 연결하고 있던 방송 전용 노선을 38선에서 절단했다. 이때부터 이북 방송국들은 경성방송국이 편성한 방송을 중계할 수 없게 되었다. 인천에 상륙한 미군이 9월 9일 경성방송국에 도착하고 그때 주둔하고 있던 일본군이 철수했다. 오후 5시, 시보가 울리는 것과 동시에 일본어 뉴스 대신 우리말 뉴스를 방송하기 시작했다. 드디어 한국어 방송이 제1방송 지위를 찾은 것이다.

경성방송국은 KBS 중앙방송국으로 바뀌어 한국전쟁으로 폭파될 때까지 정동에 있었다. 부산 전시 방송 시절을 거쳐 정동으로 다시 돌아와 임시 방송 시설로 급조해 쓰다가 1957년 12월 10일 남산 시대를 연다.

1961년 5월 16일 새벽 4시 5분, 남산 KBS 직원들 앞에 군인들이 총을 쏘며 들이닥쳤다. 직원들은 담 넘어 도주하거나 책상 밑에 숨었다. "안심하라. 우리는 혁명군이다." 무장 군인들은 급박하게 아나운서를 찾았다. 박종세 아나운서가 불려나왔다. 한 장군이 다가와 협조를 요구했다. 박정희 소장이었다. 5시 정각에 혁명의 당위성을 설명하는 전문에 이어 혁명 공약이 낭독되었다.

"높은 담에 둘러싸여 외부와 단절되어 있던 이 자리는 1999년 우리나라 최초의 문화 지원 기관 서울애니메이션센터가 자리 잡으면서 열린 문화 공간으로 바뀌었습니다. 서울의 중심 남산, 유행의 중심 명동과 가까운 지리적 장점도 있지요. 우리 문화 콘텐츠 산업의 발전과 육성을 위해 다양한 지원 사업을 하는데 머잖아 결실을 맺게 될 겁니다." 방중혁 서울애니메이션센터장은 학창 시절 이곳이 방송국일 때, 퀴즈 대회에 나갔었다며 낡은 건물에 정감을 표했다.

● **서울애니메이션센터**

주소	서울특별시 중구 소파로 126
준공	1957년
규모	지상 4층
총면적	4,235㎡

● **한국의 방송 역사**

1927년	라디오 방송 개시(KBS 전신 JODK)
1947년	국제전기통신 연합(ITU)에서 한국에 호출부호 "HL' 할당
1947년	국영 서울중앙 방송국 출범
1957년	남산 방송국 신청사 준공
1961년	서울 국제방송국, 서울 텔레비전방송국 개국 문화방송(MBC) 창사 (라디오 개국)
1963년	동양방송(TBC) 창사(한국 첫 민영TV)
1969년	MBC 지상파 전국 TV 방송(채널 11) 개국
1973년	한국방송공사(KBS) 창립(공영 방송 출범)
1976년	KBS 여의도 스튜디오 준공
1981년	컬러TV 전국 동시 시작
1982년	MBC 여의도 스튜디오 준공
1990년	서울방송(SBS) 창사
1995년	인터넷 방송 개시
2001년	지상파 디지털TV 방송 개시

● **찾아가는 길**

지하철 4호선 명동역 1번 출구에서 도보 10분

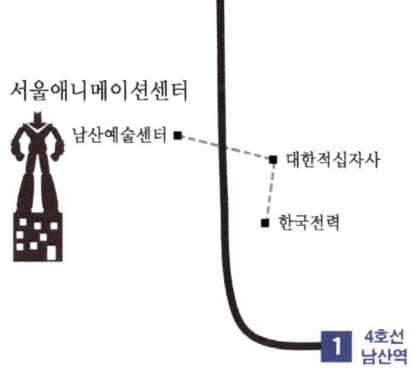

2장
종교

양화진과 절두산 성지

조선을 깨운 푸른 눈의 이방인들, 한국인의 혼이 되어 잠들다

내게 천 번의 삶이 주어진다면, 그 삶 모두를 한국에 바치겠다
(If I had a thousand lives to give, Korea should have them all).

서울 합정동 양화진 외국인 선교사 묘원에 있는 어느 묘비명이다. 미국 텍사스 출신 25세 처녀 선교사 루비 켄드릭(Ruby Kendrick, 1883~1908)을 아는가. 켄드릭의 신념은 한국인의 가슴을 뜨겁게 덥힌다. 이기적인 삶을 살아갈 수밖에 없는 우리에게 이타적인 삶의 고귀함을 일깨운다.

100여 년 전 이 땅의 근대화 시기에 파송되어 열악한 환경에서 병마와 싸우던 그이는 1908년 6월 19일, 흔히 맹장염이라고 하는 충수염으로 죽는다. 서울에 입성한 지 불과 아홉 달 만이었다. 루비 켄드

양화진 외국인 선교사 묘역. 그 너머로 멀리 한강과 양화대교가 보인다.

릭은 생전 그이의 고향집 정원에 화초 씨앗을 심었듯 한국 땅 양화진에 자신의 심장을 묻었고 한 알의 밀알이 되었다.

켄드릭 외에도 수많은 서양 선교사들이 한국을 개화시키는 데 일생을 바쳤다. 우리에게 너무도 친숙한 이름 언더우드, 아펜젤러, 헐버트(Homer Bezaleel Hulbert, 1863~1949), 헤론(John W. Heron, 1856~1890), 베델 등이 그들이다. 그들은 이역만리에서 박해와 멸시, 천대와 인습의 한계를 극복하고 신명(身命)을 오롯이 바쳤다. 조선이 봉건시대의 깊은 잠에서 채 깨어나기도 전이었다. 그들은 이 땅에 서양식 학교와 병원, 교회를 세우고 신문을 창간했다. 서울 합정동 절두산 순교성지, 버들꽃나루 양화진은 한국 근대사의 아이콘이다. 개화기 전야의 굵직굵직한 사건들이 이곳에서 벌어졌다. 이 역사의 현장에는 한국인보다 더 한국을 사랑했던 푸른 눈의 이방인들이 잠들어 있다. 태평양과 현해탄을 건너 이 땅에 들어와 개화기 풍경을 만들었던 그들은 죽어서도 그때 그 시절 사람들의 이야기를 전한다.

겸재 정선이 그린 조선시대 양화진의 모습(위)과 현재 모습(아래). 잠두봉은 이름이 절두산으로 바뀌었고 천주교 순교성지가 되어 병인박해 100주년 기념 성당이 세워졌다.

양화진(楊花津) 잠두봉(蠶頭峰)에 서서 유유히 흐르는 한강을 조망하며 도전과 응전의 문명사를 생각한다. 당산철교와 양화대교가 놓여 더 이상 나루 구실이 필요치 않은 현장에서 역사로 떠나는 시간여행을 한다. 양지바른 외국인선교사묘원을 거닐며 이타적인 위대한 삶에 숭경을 표한다. 그들은 이 땅의 오래 묵은 가난과 무지와 절망을 보듬고 순박한 백성들의 눈물을 닦아주었다.

북한산 줄기가 남으로 뻗어내려 청와대(靑瓦臺) 뒷산 북악산을 만들고 그 서쪽에 인왕산을 맺는다. 인왕산에서 무악재를 지나면 안산이 연세대를 감싼다. 안산에서 한강 유역 충적평야로 흐르는 지맥은 손가락 형국으로 나지막이 기복한다. 그중 누에머리처럼 도드라진 봉우리는 한강과의 접점에서 단애를 이루고 수려한 풍광을 자아낸다. 강변의 버들과 잠두봉의 살구꽃, 울창한 솔숲은 드넓은 강 건너

선유봉과 어우러져 사대부들이 정자에서 시회를 열고 뱃놀이하기에 더없이 좋은 승경이었다. 또한 중국 사신들을 위한 연회가 곧잘 베풀어진 곳이기도 하다. 겸재(謙齋) 정선(鄭敾, 1676~1759)의 그림에 묘사된 양화진은 산수화의 극치를 보일 만큼 절경이다.

『조선왕조실록』 세종조에는 호랑이를 잡아 그 머리를 양화진 강물에 집어넣고 기우제를 지낸 기록이 나온다. 삼각산, 목멱산(남산)과 더불어 신성시되는 장소였던 셈이다.

양화진은 도성의 서교(西郊, 서쪽 교외) 십여 리 밖에 있다. 서울이 나라의 수도(首都), 곧 머리라면 양화진은 인후부에 해당하는 곳. 삼남지방에서 올라오는 세곡선(稅穀船, 나라에 곡식을 바치러 오가는 배)과 상업용 수송선들이 서울로 들어오는 교통의 요지다. 게다가 통행이 빈번하여 기찰(譏察, 과거에 범인을 체포하려고 수소문하고 행인을 검문하던 일)과 군사적 요충지이기도 하다. 양화진 일원은 강폭이 넓고 물살이 완만하여 병선들의 훈련장으로 용이했다. 1419년 대마도 정벌을 꾀했던 태종(太宗, 1367~1422)은 소형 삼판선(三板船)을 건조하게 하고 이를 양화진에서 시험했다. 세종은 이곳에서 병선에 화포를 장착하고 실전 훈련을 시켰으며, 임진왜란(壬辰倭亂) 때는 이곳이 행주산성 전투에서 병참기지 역할을 했다. 병자호란(丙子胡亂)의 경우에서 보듯이 한강 자체가 전란 시에는 하나의 방어선이었다. 인조(仁祖, 1595~1649)는 강화도 파천 계획을 세웠다가 청나라 선봉 기병대가 양화진 일대를 장악하고 길을 차단하자 남한산성으로 피난할 수밖에 없었다.

양화진 잠두봉이 지금의 절두산으로 명칭이 바뀐 것은 1866년 병인박해(丙寅迫害) 때부터다. 가톨릭교 탄압 교령(敎令)이 포고되자,

프랑스 선교사 12명 중 9명과 신도 8,000여 명이 학살되었다. 이때 탈출에 성공한 리델(Félix Clair Ridel, 1830~1884) 신부가 톈진(天津)에 있는 프랑스 해군사령관 로즈(Pierre Gustave Roze) 제독에게 이 사실을 알렸고 로즈는 군함 3척을 거느리고 인천 앞바다를 거쳐 양화진에 정박했다. 음력 9월 18일의 일이었다. 리델 신부는 스스로 통역관이 되어 프랑스 함대의 침략을 도왔다. 한국인 신도 최선일(崔善一, 1809~1878), 최인서(崔仁瑞), 심순녀(沈順女) 등 3명이 물길 안내인으로 고용되었다.

이 사건은 흥선대원군(興宣大院君, 1820~1898)이 천주교인 처형지를 새남터나 서소문 네거리에서 양화진으로 옮긴 결정적인 계기가 되었다. 그때부터 양화진은 '머리 잘린 산(절두산切頭山)'으로 지명이 바뀌었고, 나루터 행인들의 본보기로 효시(梟示)되었다.

"천주교인들 때문에 오랑캐들이 여기까지 왔다. 그들 때문에 우리의 강물이 서양의 배로 더럽혀졌다. 그들의 피로 이 더러움을 씻어내야 한다."

대원군은 비이성적인 포고(布告)를 내렸고 절두산에서 무려 178명이 처형된다.

강화도를 점령했던 프랑스 함대는 정족산성 전투에서 패주하여 한 달 만인 11월 11일 중국으로 물러갔다. 이때 프랑스군이 외규장각에서 탈취해간 많은 서적과 자료는 뒷날 유럽이 한국을 연구하는 데 도움이 되었으니 전쟁이 문화 교류 기능을 한 역사의 아이러니다.

국제 정세에 어두웠던 섭정 대원군은 이 병인양요를 계기로 쇄국의 기치를 더욱 높였고 "오랑캐들이 침범하니 싸우지 않으면 화친하는 것이요, 화친을 주장하는 것은 나라를 팔아먹는 것(洋夷侵犯, 非

절두산 순교자 기념탑(위), 형구돌(아래 왼쪽)과 김대건 신부 동상.

戰則和, 主和賣國)"이라는 억지 논리로 밀어붙였다. 5년 뒤인 1871년, 대원군은 전국에 척화비(斥和碑)를 세운다. 양화진에도 척화비를 세웠다. 개국의 창구에 자물쇠를 채운 것이다. 외세에 맞서거나 외국 문물을 수용하는 초기 과정에서 발생하는 자연스러운 수순이다. 하지만 구한말의 조선은 이른바 당시의 글로벌 스탠더드를 능동적으로 받아들이는 것을 너무 지체했다. 이 '잃어버린 30년'이 메이지유신(明治維新)으로 거듭난 일본과의 격차를 불러왔고 결국 그들의 식민지를 자초하는 결과를 낳았다.

1882년 8월, 한일 간에 체결된 제물포조약과 한일수호조규 속약(續約)에 양화진을 개시장(開市場, 조선 후기 교역시장)으로 삼는다고 명기하였다. 중국 역시 같은 해 10월에 양화진 개시장을 요구하여 계약을 체결한다. 이후 영국, 독일, 이탈리아, 러시아, 프랑스 등 서구 열강들과의 조약문에도 양화진 개시장이 반드시 언급되고 있다.

갑신정변(1884년)의 주동자이자 개화당의 영수였던 김옥균(金玉均, 1851~1894)의 시신이 1894년 4월 중국 상해에서 운구해와 능지처참과 효시가 된 곳도 양화진이었다. 갑신정변은 서구식 입헌군주제를 도모한 정변이었지만 청군의 개입으로 '3일천하'에 그치고 만다. 일본으로 망명한 김옥균은 1894년 상해로 건너갔다. 그해 3월 28일, 근왕(勤王, 임금이나 왕실을 위하여 충성을 다함)주의자 홍종우(洪鍾宇, 1854~1913)에게 권총으로 암살당한다. 효시된 김옥균의 시신 앞에는 대역부도옥균(大逆不道玉均)이라 쓴 푯말이 세워졌다. 효시 장소로 양화진이 결정된 이유는 병인박해 때 천주교 신자를 처형한 것과 같이 통행인이 많은 나루였기 때문이었다. 백성들에게 널리 알리고자 하는 목적에서다. 개국에 대한 백성들의 공포심은 더욱 커졌다.

양화진에 최초로 안장된 인물은 헤론 박사다. 그는 알렌(Horace Newton Allen, 1858~1932), 에비슨(Oliver R. Avison, 1860~1956)과 함께 제중원(濟衆院)에서 의사로 일하다가 풍토병에 걸려 1890년 7월 26일 하늘의 부름에 응했다. 그의 나이 40세 때였다. 당시 한국은 위생 환경이 나빠서 천연두나 장티푸스 같은 전염병이 창궐했고 그로 인해 마을이 쑥대밭이 되곤 했다. 헤론은 테네시 의과대학을 수석으로 졸업한 유능한 의사였지만 의료 시설이 열악해 동료 의사들은 속수무책이었다.

해론이 죽자 장지 문제가 대두되었다. 도성 안의 분묘는 엄격히 금지돼 있었다. 장례를 주관했던 선교회 측에서는 임시방편으로 집 안에 무덤을 쓰기로 했다. 사람들이 들고 일어나 난리 소동이 벌어졌다. 조선 정부는 뒤늦게 서교 한강변의 넓은 땅을 내주었다. 미국 공사관 대리 공사가 된 알렌이 교섭했다. 이후로 14개국 414명이 안장되었으며 그중 선교사는 가족을 포함해 143명이다.

한국을 식민지로 삼으려는 일본을 신랄하게 비판했던 「대한매일신보」 발행인 베델(1968년 건국훈장 대통령장), 조선의 독립을 위해 평생 힘썼던 헐버트 박사(1950년 건국훈장 독립장)도 양화진에 묻혔다. 한국 최초의 장로교회인 새문안교회와 조선기독교대학(연세대 전신)을 설립한 언더우드를 포함해 4대에 걸쳐 가족 7명이 묻혀 있다. 배재학당을 세우고 한국 감리교회의 초석을 놓은 아펜젤러, 이화학당을 설립하여 한국 근대 여성 교육의 선구자로 추앙받는 스크랜턴 여사, 복음에는 신분 차별이 있을 수 없다며 백정을 전도한 무어(Samuel Foreman Moore, 1860~1906)도 잠들어 있다.

무어는 승동교회의 전신인 곤당골교회(롯데호텔 부근)를 세우고 낮

대원군이 양화진에 세운 척화비.

은 데로 임하는 선교를 시작한다. 백정 박성춘이 콜레라에 걸리자 고종의 주치의 에비슨을 불러 치료한다. 이에 감동한 박성춘이 교회에 나오자 천민과 같이 예배 볼 수 없다며 양반들이 따로 교회를 차려 나갔다. 하지만 무어의 소신은 분명했다. 박성춘은 양반을 앞서 초대 장로가 된다. 당시로서는 파격적인 일이었다. 그의 아들 박서양(朴瑞陽, 1887~1940)은 세브란스병원 의학교를 나와 국내에선 최초로 의사가 되었고 모교의 교수로 활동했다. 무어와 에비슨, 박성춘은 내각 총서 유길준에게 탄원서를 보내 '백정 차별 금지법'을 공포하여 백정들도 갓과 망건을 쓰게 해달라고 요구하여 관철시킨다.

특별히 주목받는 인물이 하나 더 있다. 일제강점기 때, 한국의 진정한 친구가 된 일본인 소다 가이치(曾田嘉伊智, 1867~1962)다. 그는 한국 정부로부터 일본인 최초로 문화훈장을 받았다. 소다 가이치 부부는 1921년부터 1945년까지 1,000여 명의 고아를 자식처럼 돌봐서 고아들의 아버지, 어머니가 되었다. 일본 패망 직후 일본으로 돌아간 소다는 조국 일본의 회개를 외치고 다녔다고 한다. 한경직(韓景職, 1902~2000) 목사의 초청으로 1961년 한국으로 돌아온 소다는 영락보린원에서 95세에 세상을 떠났고 먼저 떠난 아내의 곁에 묻혔다.

절두산 성지와 외국인선교사묘원을 나서며 한국 근대사의 음영에 대한 소회에 젖는다. 능동적이지 못했던 구한말의 개화기는 우리 역사의 개기일식과도 같다.

일제에 나라를 빼앗겼던 경술국치 100년이 지났다. 인간은 대부분 이기적이다. 그렇기 때문에 이타적인 삶을 살다간 사람들을 우리는 기린다. 푸른 눈의 이방인들이 이 땅에 건너와 밀알로 썩은 지도 100년 안팎이 되었다. 조선의 잠을 깨운 그들은 한국인의 혼이 되어 여기에 잠들었다. 절두산 성지와 외국인선교사묘원을 가로질러 놓인 2호선 지하철 철로를 보며, 우리가 참으로 무심하다 못해 무례하기까지 하다는 생각을 해본다. 이 땅에 신명을 바친 그들의 유택(幽宅) 하나 편안하게 돌봐주지 못했다. 교세 확장에만 애썼지 성지 위로 철로가 지나가는 것에는 무관심했던 한국 기독교. 뒤늦게라도 100주년 기념 교회가 묘지기를 하게 된 건 그나마 다행인가.

한국적 기독교의 주창자 게일, 한글판 『성경』과 하나님이라는 칭호를 만들다

게일 동상(종로 연동교회 앞)

2011년은 한국인이 한글로 된 성경 전체를 한 권의 책으로 읽을 수 있게 된 지 100년이 되는 해다. 꼭 100년 전인 1911년 3월 6일 『성경전서』가 발간되었고 이후로 '번역위원회'는 '개역위원회'로 바뀌면서 보완 작업을 하게 된다.

번역하면서 가장 어려웠던 문제가 절대자에 대한 칭호였다.

"신(神)이 어떻겠소?"

"막연하오. 절대자 야훼가 지닌 유일신의 개념을 담아야 하오."

"한국인들이 모시는 토착신과 혼동되면 안 되고요."

구한말 한국 개척 선교사들과 한국인 학자들이 히브리어 원전 성경을 놓고 머리를 맞댔다. 성서에 빈번히 등장하는 'God'을 뭐라고 번역해야 한단 말인가. 무수한 담론과 논쟁이 이어졌다.

"상제(上帝)나 천주(天主)가 좋을 듯하오."

초대 '번역위원회' 위원장 언더우드가 신중하게 말했다.

"그보다는 한국인들이 모시는 하늘에 존칭을 붙이면 어떨지요? 세계 어느 민족보다 종교적인 심성이 깊은 한국인들은 우상이 아닌 무형의 하늘을 떠받드니까요."

유창한 한국어를 구사하는 게일이 다른 의견을 냈다. 그는 한국인들이 우주의 주재자로서의 하늘을 모시는 심성에 주목했다.

"전능하신 하나님! 어떻습니까? 유교나 불교 그리고 도교와도 친숙하지요."

그는 국어학자 주시경의 연구에 근거하여 '하눌'에 님을 붙이고 다시 유일신이라는 의미까지 담아 '하눌님', '하나님'이라는 칭호에 도달한다. 전례를 찾아보니 일찍이 중국 선양(瀋陽)에서 활동하던 스코틀랜드 출신 중국 선교사 존 로스(John Ross, 1842~1915)가 1882년 3월 한글판 『예수셩교누가복음젼서』를 출간하면서 'God'을 '하나님'이라고 번역한 바 있었다.

"좋습니다. 하나님으로 합시다!"

결국 언더우드가 이 칭호를 수용하면서 논쟁은 종결되었다.

게일은 한국인보다 더 한국적이었던 선교사다. 『구운몽(九雲夢)』과 『춘향전(春香傳)』을 영어로 번역하여 서양에 소개했고 한국 최초로 『한영대자전(韓英大字典, *Korean-English Dictionary*)』을 출판했으며 존 버니언(John Bunyan, 1628~1688)의 『천로역정』을 한글로 번역했다. 게일은 한국인이 살아가는 방식대로 살았으며 한국인의 얼을 지닌 참으로 기이한 캐나다 출신 선교사였다. 그는 본명 게일보다 한국 이름 기일(奇一)로 불리기를 원했다. 게일은 근대화 시기 이 땅을 찾은 푸른 눈의 서양인 가운데서 가장 애정이 가는 매력적인 인물이다. 서양 문화를 받아들이는 창구였던 정동에서 그는 우리 고유문화를 서방에 적극적으로 소개하여 문화상대주의를 실천했다. 편견 없는 나눔과 섬김으로 점철된 그의 삶에 외경을 느낀다. 자료를 찾다가 그의 이름을 만나면 그렇게 반갑고 고마울 수가 없었는데 하나같이 감동을 주는 행적들이었다.

　게일은 1893년부터 언더우드, 아펜젤러, 레이놀즈(William D. Reynolds, 1867~1951), 윌리엄 스크랜턴, 이승두(李承斗), 김정삼(金鼎三) 등과 함께 성서 번역위원으로 31년간 봉사했다. 그동안 그는 히브리어 원전 신약성경의 대부분과 구약성경의 상당량을 번역했다.

　한글판 『성경』은 훈민정음 창제 이후 한글을 명실상부한 국민 문자로 보급하는 데 기여했다. 이것은 신앙 문제를 떠나 문맹 퇴치와 개화의 차원에서 매우 중요하게 다뤄야 할 사건이자 공적이다. 실제로 그 전까지만 해도 한글은 중인이나 사대부가의 아녀자 정도나 쓰고 있었기 때문이다. 실제로 그즈음 한국 최초의 여성 교육기관 이화학당에서 가르치던 국어 과목 명칭은 '반절(反切)'이었다.

　"한국 사회가 유교라는 폭군을 몰아낸 후 기독교라는 폭군으로 대치한 것은 슬픈 일이다." 게일은 「한국 기독교 사상총론」이라는 논문에서 이렇게 역설하고 한국 고유의 전통문화와 서구 기독교 문명의 조화와 통섭을 꾀했다. 고유의 찬란한 문화유산을 지닌 한국을 내면 깊숙이 이해하고 인정한 지성이기에 가능한 일이었다. 그의 이러한 시각은 일본 제국주의를 비난하고 일제가 한국인의 마음을 절대 얻지 못할 거라는 신념에 다다른다.

　선교사 하디(R. A. Hardi)의 1903년 원산에서 일어난 기독교부흥운동은 서구 중심적인 교만한 선교의 한계를 돌아보고 참회하여 일대 부흥을 일으키는 계기가 된다. 하디는 게일과 함께 부산에서 초기 선교 활동을 한 동료다. 뒤늦게나마 게일 식의 선교 방식을 취한 것이다.

　게일은 일찍이 한반도 전역을 돌며 순행 전도를 한 것으로도 유명

소다 가이치, 사무엘 무어, 헨리 아펜젤러, 존 헤론(왼쪽 위부터 시계방향).

하다. 도로 사정이 좋지 못한 여건 속에서 걷거나 말을 타고 다니며 스물다섯 차례나 전국 순회를 했다. 매번 다른 길을 택했음은 물론이다. 그러는 사이에 한국의 산하에 매료되고 한국인의 심성에 물든 것이다.

게일은 1905년 종로 연동교회에 부임하여 27년 동안 목회했다. 그가 추대한 초대 장로 고찬익(高燦益)은 갓바치 천민 출신이었다. 광대 출신 임공진(林公鎭)을 장로로 세우고 「양산도」 가락에 「마태복음」 내용을 가사로 붙여 부른 찬송가 이야기는 게일의 열린 사고를 예증한다.

독립협회 간부들이 감옥에 들어가자, 게일은 옥중학교와 도서실을 운영하여 그들을 감화시킨다. 월남(月南) 이상재(李商在, 1850~1927)를 비롯한 수많은 민족 지도자들이 연동교회 성도가 되고 이승만이 기독교로 개종한다. 이승만은 게일이 써준 소개장을 가지고 미국 유학을 떠났다. 그 전에 제중원 의사 알렌은 소개장을 써달라는 이승만의 청을 거절한 바 있다. 한국인을 미국에 유학 보내지 말라는 선교 지침이 있었는데 알렌은 그 지침을 따랐던 것이다. 그러나 게일은 이 지침을 무시하고 인재 양성에 뜻을 두었다.

진리의 사람이라고 추앙받는 다석(多夕) 유영모(柳永模, 1890~1981) 선생도 그의 아버지 유명근(柳明根)를 따라 다닌 연동교회에서 게일의 영향을 받았다. 다석은 무조건 믿음을 강조하는 표층 차원을 넘어 '참나'를 발견하는 심층 차원의 기독교를 보여주었다는 평을 받는 사상가다. 그는 하느님을 '없이 계신 이'라고 정의했다. 있음과 없음을 동시에 아우르는 이 절묘한 우리말의 조합은 불교의 진공묘유(眞空妙有)를 떠올리게 한다.

1892년 4월 7일 게일은 해리엇 여사와 결혼한다. 해리엇은 게일이 부산 선교 시절에 찾아가 서울로 불러올렸던 제중원 의사 헤론의 미망인이다. 헤론의 집에 기숙했던 29세 청년 게일은 세 살 위인 미망인과 두 자매를 기꺼이 가족으로 받아들였다. 해리엇은 1908년 결핵으로 사망한다. 게일은 사랑하는 아내 해리엇을 전 남편 헤론 곁에 안장하는 끈끈한 우정을 표현한다. 뿐만 아니라 자신과 해리엇 사이에서 태어난 아들 비비안이 영아 때 죽자, 헤론과 해리엇 묘역에 함께 묻는다. 게일의 따뜻한 심성과 가족관을 엿보게 하는 대목이다.

　게일은 또한 고려시대의 위대한 문인 이규보에 대한 애정이 각별했다. 그의 시를 영어로 번역하고 강화도에 있는 무덤을 직접 찾을 정도였다. 한국적 기독교를 꾀하고 기독교 문명 때문에 한국 고유의 전통문화가 훼손되는 걸 우려했던 그는 한국인의 마음을 서양 언어로 번역한 개화기 최고의 문인이었다. 게일 연구의 권위자인 캐나다 토론토대학교 유영식 교수는 『게일 평전』 출간을 준비하고 있다.

● **찾아가는 길**
지하철 2, 6호선 합정역 7번 출구에서 도보 10분

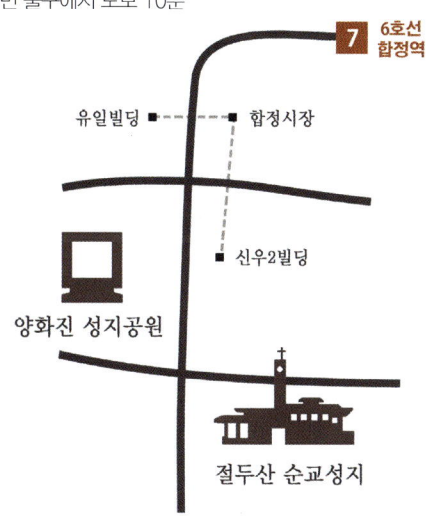

승동교회

천한 백정들과 함께한 역사 속의 한국 교회,
대형화 · 권력화보다 예수를 봐야

인사동 네거리는 늘 붐빈다. 휴일이면 전국에서 그리고 멀리 해외에서 몰려든 인파로 인산인해를 이룬다. 하루 평균 10만여 명의 외국인이 인사동을 찾는다. 전통 고미술품들을 소장한 골동 가게와 고서점, 화랑이 밀집했던 거리는 어느새 카페와 음식점, 화장품 가게가 즐비하고 중국산 공예품을 파는 장소로 뒤바뀌었다. 서울특별시의 대표적인 문화 지구가 국적불명의 난장으로 변질돼간다는 느낌이다.

인사동 네거리에서 남쪽으로 내려가다 보면 오른쪽 골목 안에 인간 해방의 성소가 자리 잡고 있다. 골목이 다하는 지점, 좁은 뜰에 선 3·1운동 기념터 표석이 역사 탐방 나온 시민들의 발길을 멈추게 한다. 교회당 건물 역시 서울특별시 유형문화재 제130호로 지정된 사적지다. 승동교회는 1893년에 설립된 곤당골교회를 계승하여 어언

서울 종로2가 YMCA 건물 쪽에서 바라본 승동교회와 그 주변. 붉은 벽돌로 지은 예배당이 인사동의 낮은 한옥들과 높은 빌딩 사이에서 당당하게 서 있다.

120년의 역사를 이어왔다. 언더우드 목사가 세운 새문안교회 다음으로 오래된 교회인데 2009년 봄 보수한 현재의 건물은 고졸하다. 시멘트를 바르고 흰 페인트를 칠했던 출입구 쪽을 옛날 벽돌과 꼭 맞춰 덧쌓았기 때문이다. 여기에 교인들의 각별한 노력이 있었다.

   1913년 헌당식을 올린 승동교회 예배당은 중국인 모(毛)씨가 중국서 들여온 24센티미터짜리 붉은 벽돌로 쌓은 건물이다. 그런데 지금은 그런 벽돌이 자취를 감추고 모두 19센티미터 벽돌 일색이어서 옛 벽돌과 짜임새 있게 복원하려면 주문 생산을 해야만 했다. 문제는

2장_ 종교 125

주문 생산한 벽돌이 제작 연도가 너무 다르고 색상이 달라서 고졸한 맛이 없다는 점이었다. 보수하면서 백방으로 알아보고 고민을 거듭하던 차에 제보가 들어왔다고 한다. 경기도 평택 고벽돌 집하장에서 승동교회 붉은 벽돌과 똑같은 벽돌을 발견했다는 것이다. 확인해보니 2008년 중국 쓰촨성(四川省) 대지진 때 나온 것으로 추정되는 24센티미터 옛 벽돌이었다. 벽돌 2만 5,000장을 확보하는 바람에 교회 건물을 완벽하게 보수할 수가 있었다. 때마침 숭례문 화재 사건이 일어나 문화재 보존에 더 많은 관심을 기울이게 된 정부의 지원금을 받아 낡은 전기 시설도 전격 교체했다. 한웅일 장로를 비롯한 교인들은 그때 일을 기적으로 여긴다.

승동교회는 드라마 같은 역사를 품고 있다. 갑오개혁이 시작되기 한 해 전인 1893년, 관잣골(종로 관철동)의 백정 박씨가 장티푸스에 걸려 앓아누웠다. 제중원 의사 에비슨이 사무엘 무어 목사와 함께 왕진했다. 백정 박씨는 혼미한 중에도 황송하여 어쩔 줄 몰랐다. 에비슨은 고종의 시의(侍醫)였기 때문이다. 임금의 주치의가 천하디 천한 백정을 찾아와 치료해준다는 게 믿기지가 않았다. 가슴 깊은 곳에서 뜨거운 것이 올라왔다. 이름도 없고 호적도 없으며 거주지도 제한받는 천민 백정이었다. 갓은 고사하고 상투조차 틀지 못했다.

감화받은 박씨는 병석에서 일어나자 곤당골교회에 나가기 시작했다. 곤당골(고운 담 고을)교회는 지금의 소공동 롯데호텔과 웨스틴조선호텔 중간쯤에 있었다. 백정이라는 사실을 숨기고 교회에 나간 박씨는 무어 목사로부터 성춘이라는 이름을 얻고 세례까지 받았다. 백정의 입교(入敎), 이것은 한국 근대사의 일대 사건이었다. 중인이나 평민도 아니고 백정이 감히 양반들과 동등한 자리에서 예배를 보고 세례까지 받았다는 사실이 밝혀지자 파란이 일었다. 남녀칠세부동석 문제는 강단 아래로 가운데에 휘장을 치는 것으로 충분했지만 백정 따위는 애초부터 그렇게 할 대상이 아니었다.

양반들은 곧장 교회를 박차고 나갔다. 세례교인 20명 가운데 절반이 넘는 교인이 이에 가담했다. 이들은 광교 근처 어느 양반집을 빌려 예배 모임을 가졌다. 목회자도 없고 장로와 집사도 없는 평신도 중심의 임시 교회였다. 이 교회는 3년 뒤 홍문섯골교회로 인정받는다.

백정들이 중심이 된 곤당골교회는 박성춘과 무어 목사의 전도에 힘입어 세례받은 교인이 57명으로 늘어난다. 박성춘은 신분을 철폐하고 백정도 갓을 쓸 수 있게 해달라고 조정에 청원한다. 그리고 마침내 그 뜻이 관철된다. 때마침 갑오개혁이 단행된 것이다. 박성춘을 비롯한 곤당골교회 백정들은 너무도 기쁜 나머지 밤에 잘 때도 갓을 벗지 않았다. 그 모습을 지켜본 무어는 "링컨 대통령의 노예해방 선언을 들은 흑인들도 갓을 쓸 수 있게 된 조선 백정들처럼 기뻐하지는 않았을 것"이라고 말한다.

박성춘은 시골에 사는 백정들에게 편지를 냈다. "신분 해방의 날이 다가오고 있다. 이 위대한 축복은 곤당골교회로부터 왔다. 너무 기뻐하다가 양반들이나 평민들과 충돌하지 말라." 무어도 고무되어 전국 방방곡곡에 보낼 포고문 360장을 자비로 제작했다.

"목사님, 전국의 3만 백정에게 전도하고 싶습니다."

갑오개혁에 을미개혁(乙未改革)이 이어졌지만 관습은 쉽게 바뀌지 않았다. 박성춘은 무어와 함께 경기도 일대의 백정들을 대상으로 전도 순행을 떠났다. 모든 경비는 백정들이 자발적으로 대주었다. 박성춘은 백정의 해방을 히브리 노예들의 출애굽에 견주면서 '신분 철폐,

영혼 구원!'을 외쳤다. 한 손에는 조정에서 내린 백정 해방 포고문을 들고 다른 한 손에는 성경을 들었다. 사람들을 모아놓고 열정적으로 간증하는 그는 모세를 연상케 했다. 봉건의 구습을 깨트리고 인간평등을 역설하는 박성춘의 전도 순행에서 무어는 참으로 가장 낮은 자가 위대하다는 걸 똑똑히 보았다.

무어는 박성춘을 앞세워 수원, 안산, 영종도 일대를 돌며 백정에게 세례를 해주었다. 박성춘의 백정 해방운동은 줄기차게 이어졌다. 신문에 기고도 하고 독립협회가 주관한 만민공동회에서 연설도 했다. 억울하게 투옥된 백정을 석방시키고 무적자로 살아온 백정을 호적에 등재하여 한풀이를 해주었다.

1898년 곤당골교회에 화재가 발생하여 이듬해 자연스럽게 홍문섯골교회와 재결합한다. 그 후 제중원 예배 처소를 거쳐 지금의 인사동 승동교회에 이른다.

민족 지도자 몽양(夢陽) 여운형(呂運亨, 1886~1947)이 1908부터 1913년까지 조사(組師, 종파를 세우고 널리 퍼뜨린 사람을 공손히 부르는 말)로 시무했고 이동녕(李東寧, 1869~1940), 노백린(盧伯麟, 1875~1926) 등 우국지사들이 교회에 나와 활동했다. 고종의 재종형제 이재형(장로)과 대원군의 외손자 조남복도 독실한 교인이었다.

승동교회 청년면려회장이었던 김원벽(金元璧, 1894~1928)은 3·1운동에 참여했던 학원 세력의 핵심 인물이었다. YMCA 위원이자 연희전문학교 기독학생회 회장이었던 김원벽은 YMCA 간사 박희도(朴熙道, 1889~1951), 보성전문학교 강기덕(康基德, 1886~?)과 졸업생 주익, 경성의전 김형기(金炯綺, 1892~?) 등과 1919년 2월 20일 승동교회에서 제1회 학생간부회의를 열고 독립선언을 하기로 결의한다. 학생들

승동교회 전경(위). 승동교회는 2008년에 중국의 옛 벽돌 2만 5,000장을 구해 건물을 완벽하게 보수했다.
승동교회 입구(아래). 마치 한국의 근대화 과정을 역설하듯이 전경의 한옥과 후경의 빌딩들이 보인다.

은 윌슨(Thomas Woodrow Wilson, 1856~1924)의 민족자결주의의 영향을 받아 한껏 고무된 상태였다. 2월 23일, 김원벽은 박희도에게서 3월 1일의 민족적 거사 계획을 통고받고 미리 준비했던 학생 독립선언서를 승동교회에서 소각한다. 대아(大我)를 위해 소아(小我)를 버리기로 한 것이다.

28일 밤, 승동교회에 모인 전문학교 대표들은 저마다 3·1 독립선언서를 100장, 200장씩 교부받았다. 3·1 독립만세 운동은 대대적으로 일어나 일제는 물론 세계가 깜짝 놀랐다. 학생들은 제2차 시위를 결의하고 김원벽과 강기덕을 최고 지도자로 추대했다. 3월 5일 남대문역(지금의 서울역) 광장에 학생 수천 명이 집결하여 시위했다. 고종의 장례식에 참가했던 시민들마저 합세해 시위 군중은 수만 명으로 불어났다. 그러나 인력거 위에서 태극기를 흔들며 진두지휘하던 김원벽은 시가행진을 하다가 일본 경찰대에 체포된다.

3·1운동 직후, 제5대 차상진 목사는 '12인 등의 장서(狀書)'를 작성하고 총독부를 찾아가 하세가와(長谷川好道, 1850~1924) 총독에게 제출한다. 그는 그 자리에서 체포된다. 문일평(文一平, 1888~1939) 등은 서울 종로 보신각 앞에서 장서를 낭독하고 조선의 독립 정신과 의지를 공포한다. 차상진은 김원벽 등과 함께 재판을 받고 징역 8개월을 선고받는다. 보안법 제7조 위반 혐의였다.

한국 교회의 대형화와 권력화가 새삼 뉴스의 초점이 되고 있다. 100년이 넘는 역사 속의 승동교회, 교회 이름보다 예수의 가르침이 더 빛나야 하고 교세보다 알곡 같은 성도가 더 값지다는 박상훈 담임 목사의 넉넉한 미소가 긴 여운을 남긴다.

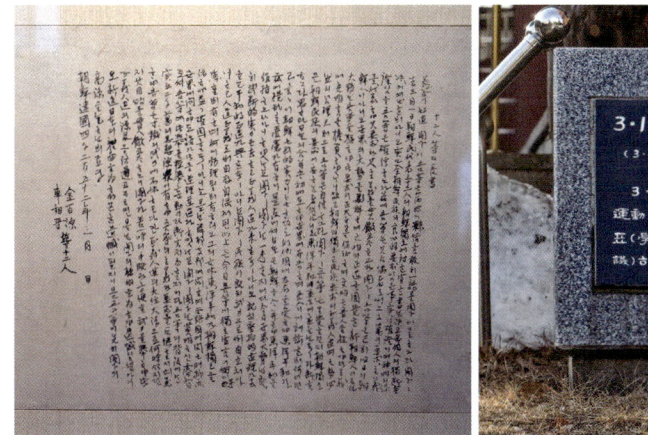

승동교회는 3·1운동에서 주도적인 역할을 했다. 사진은 당시 차상진 목사가 하세가와 총독에게 제출한 '장서'(왼쪽)와 본당 앞에 서 있는 3·1독립운동 기념비(오른쪽).

백정들이 성자로 모시고자 했던 사무엘 무어

미국 시카고의 매코믹신학교 출신인 사무엘 무어(한국 이름 모삼열牟三悅)는 1882년 부인과 함께 제물포를 거쳐 서울에 입성했다. 날이 저물어 남대문에 다다르니 성문이 굳게 닫혀 있었다. 일행은 성벽에 로프를 걸고 벽을 넘어 성안으로 들어왔다. 그 후로 무어는 드높은 신분 차별의 벽을 넘는 사역을 펼친다.

"우리는 천한 백정과 더 이상 예배를 드릴 수 없소이다. 당장 백정을 내보내시오."

세례받은 박성춘이 백정이라는 사실을 뒤늦게 알게 된 양반들은 무어 목사를 압박했다.

"양반만 하늘나라에 갈 수 있는 게 아닙니다. 하나님의 자녀는 모두 똑같습니다."

소신이 분명했던 무어는 박성춘을 감쌌다.

"그럼 도리가 없군요. 우리가 떠나는 수밖에."

지체 높은 양반들은 곧바로 교회를 떠나 다른 예배소를 차렸다. 교세가 미약했던 초창기 개척 교회에서 절반 이상의 신도들이 떠나자, 무어는 당혹스러웠다. 하지만 박성춘을 내보낼 수는 없었다. 곤당골교회 근처에는 작은 실개천이 흐르고 있었고 그 천변에 백정과 머슴, 행랑아범 등 하층민이 살고 있었다. 무어는 그들에게 복음을 전하는 걸 자신의 소명으로 알았다.

노방전도(路傍傳道)를 기꺼이 선택한 무어는 월요일에 떠나 목요일에 돌아오곤 했다. 그는 한강변에 있는 마을을 배타고 순행했는데 그가 타고 다니던 배는 '기쁜 소식'이라는 이름이 붙었다. 그는 곤당골교회 말고도 마포의 동막교회와 서대문의 대현교회도 설립했다.

"나는 가장 낮은 계층에서 시작해 위로 올라가기를 원합니다."

백정에게 전도하면서 뜨거운 감동을 받았던 그는 고종 황제에게 편지를 올려서 말씀을 전하고자 했다. 하지만 제중원 의사 출신의 외교관 알렌의 제지로 무산된다. 알렌은 미 국무성에 보낸 서신에서 '백정에서 황제라니 말이 되는가? 도약도 너무 지나친 도약이다.'라며 무어를 비판한다.

박성춘의 아들 박서양은 국내 최초의 양의사이자 교육가요, 독립운동가였다. 한국 근대사의 상징적인 인물인 그는 아명이 봉출이었고 무어가 세운 곤당골소학교에 다녔다. 제중원 원장 에비슨과 절친했던 무어는 백정의 아들 봉출이 의사가 되는 데 일조했다.

낮고 천한 자들과 서로 즐거이 나누고 섬겼던 그의 길지 않은 생애에서 말년은 순탄치 못했다. 폐결핵에 걸린 아내의 치료를 위해 미국에 가 있는 사이 선교사회는 홍문섯골교회를 폐쇄 조치한다. 곤당골교회로부터 떨어져나가 독자적으로 교회를 운영한 것을 양반들이 뒤늦게 문제 삼았던 것이다. 무어는 선교사회의 명령에 따랐다. 하지만 그는 결코 좌절하지 않았다. 평양신학교에서 강의했고 「그리스도신문」 사장 직을 맡아 사역했다. 병으로 세브란스 병원에 입원한 무어는 1906년 12월 22일, 46세를 일기로 세상을 떠 양화진 외국인선교사묘원에 영원히 잠들었다. 그를 따랐던 백정들은 무어를 천주교의 관습처럼 성자(聖者)로 모시려 했다.

● **승동교회**

주소 서울특별시 종로구 인사동 137번지
분류 서울특별시 유형문화재 제130호
역사 1893년 곤당골교회 설립
1905년 인사동 137번지로 옮겨 승동기독학교 시작
1913년 예배당 헌당식

● **찾아가는 길**

지하철 1호선 종각역 3번 출구,
지하철 1, 3호선 종로3가역 3번 출구,
지하철 5호선 종로3가역 5번 출구,
지하철 3호선 안국역 6번 출구에서 도보 10분 내외

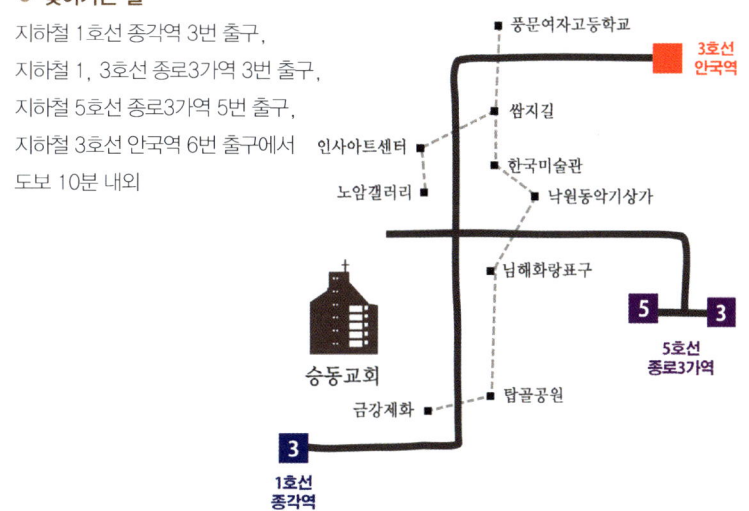

명동대성당

신선이 책 읽는 선인독서혈(仙人讀書穴) 명당,
인권 신장과 민주화를 이끈 '한국의 바티칸'

2010년 5월 10일, 서울 명동대성당에서 시국 미사가 열렸다. '4대강 사업 저지를 위한 천주교연대'가 정부의 4대강 사업 중단을 촉구한 대규모 시국 미사였다. 천주교 사제 300여 명과 신도 7,000명이 본당과 꼬스트홀, 성당 앞마당과 비탈길을 가득 채웠다. 명동성당에서 정부 정책에 반대하는 시국 미사가 열린 것은 1987년 6월항쟁 이후 23년 만이다.

해마다 6월이 오면 명동대성당을 민주화의 성역으로 만들었던 6월항쟁이 떠오른다. 당시 전투경찰의 최루탄과 몽둥이에 밀려 학생들이 명동대성당 안으로 몸을 피했고, 경찰들이 그들을 잡으러 쫓아왔다. 그때 김수환 추기경이 나섰다.

명동대성당 종탑과 남산 N서울타워가 성(聖)과 속(俗)을 교감이나 하듯 나란히 보인다.

경찰이 성당에 들어오면 제일 먼저 나를 만나게 될 것입니다. 그다음에는 시한부 농성 중인 신부들을 보게 될 것입니다. 또 그 신부들 뒤에는 수녀들이 있습니다. 당신들이 연행하려는 학생들은 수녀들 뒤에 있습니다. 학생들을 체포하려거든 나를 밟고, 신부와 수녀 들을 밟고 지나가십시오.

추기경의 단호한 언명은 기적을 불러냈다. 경찰이 썰물처럼 철수했고, 농성을 푼 학생들은 학교로 돌아갔다. 그 뒤 6·29 선언이 발표됐고 직선제 개헌이 단행됐다.

2009년 2월 16일 김수환 추기경이 선종했다. 나는 크리스천은 아니지만 추기경을 숭경했기 때문에 18일 오후 1시 40분, 명동역 근처

기나긴 조문 행렬 끝자락에 섰다. 행렬은 세종호텔 블록을 한 바퀴 돌아 가톨릭회관을 감돌았다. 춥고 다리가 아팠다. 그것은 고행의 순례길이었다. 장장 3시간 20분을 기다려 비로소 연도실 유리관 안에 누워 계신 추기경을 참배할 수 있었다. 자신의 물리적인 삶을 진리 인식의 질서에 바친 분, 스스로 바보이기를 자처했지만 그분은 시대의 횃불이자 국민의 스승이었다.

다시 6월이다. 명동대성당 사거리에서 예전과는 사뭇 다른 심경으로 명동길에 접어든다. 언덕배기 아래, 주차장 바로 못 미쳐 느티나무 그늘 밑에 표석 하나가 서 있다. 1909년 12월 23일, 오전 11시 30분께 이재명(李在明, 1890~1910) 의사가 매국노의 대명사 이완용(李完用, 1858~1926)을 칼로 찌른 곳이다. 명동대성당에서 있은 벨기에 황제 추도식에 참석했던 이완용은 인력거를 타고 내려오고 있었다. 군밤 장수를 가장한 청년 이재명은 비수를 들고 삽시에 달려들었다. 제지하는 인력거꾼 박원문을 단칼에 쓰러뜨리고 이완용의 허리를 찔렀다. 이재명 의사는 혼비백산해 인력거에서 떨어진 이완용을 그대로 올라타고 앉아서 두 번 더 비수를 찔렀다. 이완용은 늑간 동맥이 절단됐으나 일본인 의사 스즈키 고노스케(鈴木謙之助)의 수술을 받고 목숨을 건진다. 이재명 의사는 1910년 9월 13일 서대문형무소에서 교수형에 처해진다.

이후 이완용은 1926년 자택에서 자연사할 때까지 더 이상의 테러나 린치를 당하지 않는다. 일경의 보호 아래 온천도 다니고 금강산 유람까지 한다. 이완용이 죽자 고종 인산 이래 최대 조문 인파가 몰려서 애도했다. 바로 이런 역사의 아이러니 속에 망국의 책임 소재를 찾는 복잡한 진실 게임이 들어 있다.

우리는 우리 역사의 개기일식기인 구한말을 다분히 감정적으로만 봐왔다. 피압박 민족으로서 어쩌면 당연한 건지도 모른다. 하지만 망국 100년이 넘은 만큼 돋보기와 졸보기를 양손에 들고서 역사의 진실 찾기에 나서야 하지 않을까. 나라는 개인이 팔아먹는 게 아니라 힘이 없어서, 혹은 체제에 적응하지 못해서 빼앗기는 그런 결사체이기 때문이다.

가증스러운 인물 이완용은 분명 대표적인 반민족주의자다. 하지만 그간 우리가 너무도 당연시해온, 이완용이 나라를 팔아먹었다는 주장은 아무리 생각해봐도 설득력이 부족하다. 당시 시대 상황을 냉철하게 꿰뚫어보자. 1905년 을사늑약으로 조선은 이미 나라 구실을 하지 못했다. 더는 버텨내지 못할 상황에서 총리대신 이완용은 조선의 마지막 황제 순종의 위임을 받아 한일 강제병합 문서에 서명한다. 순종은 그런 그에게 최고 훈장을 내린다. 황제는 왜 거부하지 못했을까? 믿기지 않지만 부인할 수 없는 역사적 사실이다. 체제의 문제를 특정 개인의 잘못으로 몰아세우는 건 속죄양 만들기를 넘어 명백한 역사 왜곡이다. 물론 이완용 같은 기회주의자를 두둔하고 싶은 마음은 추호도 없다. 하지만 그에게 모든 책임을 뒤집어씌우는 건 책임 소재를 흐리게 한다. 황실과 지도층들, 그리고 국민 모두의 잘못이 가려지기 때문이다. 불행한 역사를 되풀이하지 않기 위해서라도 국민 모두가 냉정해질 필요가 있다. 그래야 '탓의 역사관'을 넘어 '책임 있는 역사의 주체'가 될 수 있다.

본당의 뾰족한 종탑을 보며 가풀막을 오른다. 첨탑 앞 성모 마리아상 근처에서 성역 밖을 둘러싼 고층 빌딩 숲을 본다. 성(聖)과 속(俗)의

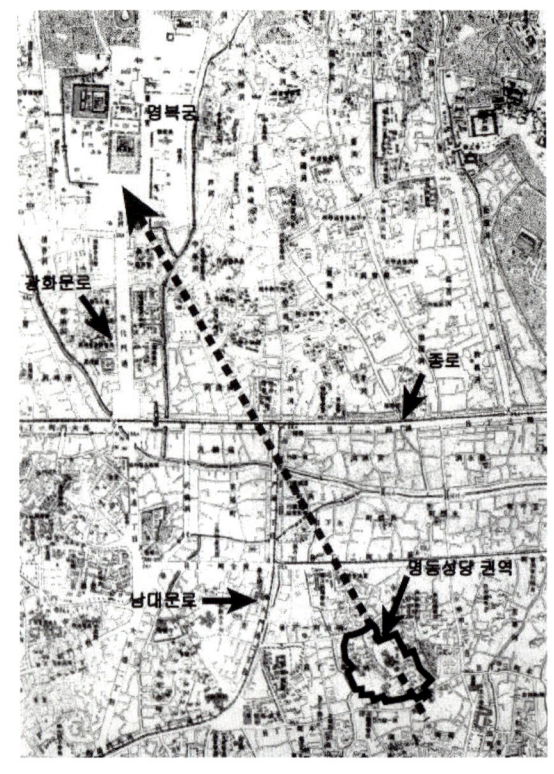

명동성당의 입지와 교회의 방향을 조선총독부에서 1915년에 제작한 지도 위에 표시했다.

경계가 별반 구별되지 않는다. 사방이 초가집이나 저층 기와집 일색이었던 구한말의 풍경과는 딴판이다.

조선시대 한양의 명례방(明禮坊)에 속한 이 구릉의 지명은 종현(鐘峴)이다. 원각사(圓覺寺)의 종을 선조 30년 정유재란(丁酉再亂) 때 이곳에 옮겨 단 이래 '북달재', 곧 종현으로 불리게 되었다. 지금은 한국 가톨릭의 상징인 명동대성당의 종탑이 우뚝 솟구쳐 있으니 지명과 절묘하게 걸맞다. 본래 이곳은 남산 4대 명당으로 신선이 책을 읽는 형국의 선인독서혈(仙人讀書穴)의 길지로 알려져 있다. 책상에 해당하는 안산은 광화문(光化門) 동아일보 구 사옥 자리 일대에 있었던 황토 마루였으나 일제가 남대문까지 곧게 도로를 내면서 지금은 사라지고 없다.

1784년, 이곳 명례방에서 가톨릭 신앙 공동체가 성립되었다. 그후 1882년 파리외방전교회 소속 제7대 교구장 블랑(Marie Jean Gustave Blanc, 1844~1890) 주교가 성당 터를 매입하기 시작한다. 블랑 주교는 한불 수호통상조약을 체결한 이듬해인 1887년 5월, 대지를 마저 구입하면서 그해 겨울부터 언덕을 깎아내는 정지 작업을 한다. 그러다가 풍수지리설과 관련해 성당의 위치 문제로 조선 정부와 토지 분쟁이 일어난다. 종현 마루 성당 건물은 경복궁을 위압하는 형국이었고, 뾰족한 종탑은 첨창(尖槍)이라 하여 풍수지리설에서 극히 꺼리기 때문이다. 5년 가까운 분쟁 끝에 1892년 5월 8일, 어렵사리 정초식(주축돌 놓는 것을 기념하는 행사)을 하게 된다.

명동성당의 방향 축은 경복궁을 의도적으로 향하고 있으며 종탑은 왕궁을 겨누는 첨창 형국 그대로다. 김기성 씨는 2003년 서울시립대 건축과 석사학위 논문 「1890~1910년대 천주교 교회의 도시건축적 특성에 관한 연구」에서 그 사실을 상세히 논증하고 있다.

> 도시 내에서 교회의 위계를 왕궁의 위계보다 높은 것으로 보았기 때문에, 외국인 선교사들은 공공연히 교회의 우월함을 강조하기 위해, 성당을 크고 높은 곳에 궁과 대응해 지었던 것으로 생각해볼 수 있다. 따라서 명동대성당에 있어서 교회의 방향성은 교회의 정면이 도시의 중심지를 향하면서도 경복궁이라는 도시적 상징물에 대응하는 방식을 취한다고 할 수 있다.

명동대성당은 한국 천주교뿐만이 아니라 80년대 민주화운동의 밝은 빛이었다. 앞날에는 어떤 빛을 보여 줄 수 있을까?

김기성의 관점은 개연성이 매우 높다. 비슷한 사례로 전주 전동성당을 들 수 있다. 조선을 건국한 태조(太祖) 이성계(李成桂, 1335~1408)의 어진(御眞)이 모셔진 경기전(慶基殿, 사적 제339호) 바로 앞에 위압적인 뾰족 첨탑을 지었다. 한옥마을의 명소이기도 한 이 유서 깊은 성당을, 전주 사람들은 물론 관광객들도 즐겨 찾는다. 하지만 거기서 '서양의 신성 권력'이 '동양의 세속 전제 권력'을 누르고 승리했다는 상징을 읽어내는 이는 드물 것이다. 세울 때의 의도가 어떠했든 전동성당은 사적지로 지정되어 근대 문화유산이 되었다. 성당과 사제관을 제외한 건물들을 뒤로 옮기고 탁 트인 '태조 광장'을 만들어 시민들에게 돌려준 것은 미담이다. 배타적인 종교 공간이라도 열린 생각으로 주변과 조화를 모색하면 얼마든지 자연스럽게 어우러질 수 있는 좋은 예다.

하늘을 찌를 듯한 명동대성당의 첨탑은 고딕 양식의 전형이다. 중세 스콜라 철학을 대표하는 토마스 아퀴나스(Thomas Aquinas, 1225?~1274)의 "신에 의해 창조된 모든 사물은 자신의 근원인 창조주에게로 돌아가고자 한다."는 말은 뾰족한 상승형 건축양식이 갖는 의미를 함축하고 있다. 고딕은 중세 암흑기 야만의 양식으로 간주돼 오다가 19세기에 고딕 부활 운동이 일어난다. 그래서 자연스럽게 개화기 서울에 등장한 것이다. 이런 건물 형태는 사람을 편안하게 위무시키기보다 압도한다.

100여 년 전, 조선은 제국주의의 침탈에 시달렸다. 명동대성당 사례를 보면 종교 분야에서도 예외가 아니었던 듯싶다. 일제는 우리 땅 곳곳에 쇠말뚝을 박아 이른바 풍수 침략을 자행했다. 프랑스 제국주의는 교회 건축물로 그 기능을 대신했던 셈이다. 한국 교회는 박해 속에서 공격적인 선교를 해왔다. '한국의 바티칸' 명동대성당은 이후로 거듭나면서 현대사에 끼친 순기능이 참으로 크다. 명동대성당은

1970년대와 1980년대 한국 민주화운동의 중심이 되어 한국 사회의 발전과 인권 신장을 위해 중요한 역할을 담당했다. 미래에는 어떤 성역으로 자리 매겨질지 자못 궁금하다.

이 유서 깊은 도심 속의 성역은 현재 재개발 사업을 진행하고 있다. 입구 쪽에 빌딩과 지하 주차장이 들어설 예정이다. 지하 깊숙히서 암반을 깨고 건축 공간을 연다. 종교적인 성소의 원형대신 자본주의 효용성을 선택한 것이다. 과연 신(神)이 보시기에 좋을지 모르겠다. 근대 건축을 보존하고자 하는 건축가들은 종교의 물질화, 세속화라며 비판하고 있다.

이제 명동대성당 건물은 100년 전 낡은 풍경 사진과 달리 주변을 압도하지 못한다. 명동대성당 근처를 지날 때면 문득문득 뾰족 첨탑이 보고 싶을 때가 있다. 하지만 주변의 고층 건물들이 겹겹이 가로막아서 좀처럼 보이지가 않는다. 가톨릭회관도 뾰족 첨탑 풍경을 가리는 건물이다. 명동대성당 관계자들 스스로 이 오래된 고딕양식 사적의 가치를 잘 모르는 것 같아 안타깝다.

뮈텔 주교, 일제 환심 사려 데라우치 암살 정보 밀고

1892년(고종 29년) 8월 5일 블랑 주교의 뒤를 이은 제8대 교구장 귀스타브 뮈텔(Gustave Charles Marie Mütel, 1854~1933) 주교는 명동대성당 정초식을 한다.

뮈텔을 포함한 당시 프랑스 선교사들은 문화 우월주의적인 사고방식을 갖고 있었다. 파리외방전교회는 예수회나 프란체스코회 등과

명동대성당 일대는 나석주 열사와 이재명 의사의 숨결이 남아 있는 곳이기도 하다.

같은 수도회 성격이 아닌 선교회 성격을 취한 단체였다.

조선의 국권이 일제에 탈취 당하던 당시, 서울교구장은 뮈텔 주교의 관할이었다. 그는 안중근(安重根, 1879~1910)이 뤼순(旅順) 감옥에서 형장의 이슬로 사라지자, 시신 교부를 주장했던 정근(定根, 1885~1949), 공근(恭根, 1889~1940) 두 동생의 의견이 받아들여지지 않았다는 뉴스를 접하고는 "매우 당연한 일이다."라는 논평을 내서 원성을 산다.

안중근은 천주교 신자였다. 세례명 토마스의 몸은 일제가 사형에 처했지만 그 영혼은 가톨릭에 의해 또 한 번 처형당했다. 뮈텔 주교는 일개 천주교 신자보다 일본 제국주의의 환심을 사는 게 더 중요했다. 차제에 일제로부터 교회의 안전을 보장받을 필요가 있었다. 또 다른 제국주의 국가 프랑스 출신 주교다웠다. 일본의 한국 지배를 인정하는 대신 교회가 안정적으로 세력을 확장할 수만 있으면 그만이었던 걸까.

안중근 의사의 영세 신부 빌렘(Nicolas Wilhelm, 1860~1938)은 1911년 1월 11일, 안 의사의 사촌동생 안명근(安明根, 1879~1927) 야고보로부터 데라우치 총독 암살 계획을 듣고는 뮈텔 주교더러 일본 헌병대장에게 알리라고 편지를 보낸다. 편지를 받은 뮈텔 주교는 즉시 헌병대장에게 찾아가 고한다. 때마침 걸려 있던 교회의 땅 소송 문제를 유리하게 로비하는 기회로 삼은 것이다. 그 때문에 독립지사 105명이 잡혀가게 된다.

오늘날, 한국 가톨릭은 국민적 호응을 받고 있는 편이다. 하지만 일제강점기 때까지는 매우 부정적인 면이 강했다. 1920년 여름, 명동대성당과 그 인근에서 발생한 수해 사건이 한 예다. 8월 1일 폭우가 내려 명동대성당 제단 뒤 언덕을 무너뜨려 채소밭과 우물을 덮어버렸다. 그로 인해 많은 가옥이 흙더미 속에 묻혔다. 성당 지하실로 물이 들어갈까 봐 서편 언덕에 물길을 터서 가옥이 파묻히게 되었다는 주장이 나왔다. 지하실에는 1839년 기해년 9월 12일 새남터에서 순교한 앵베르(Laurent Joseph Marie Imbert, 1797~1839) 주교와 모방(Pierre-Phillibert Maubant, 1803~1839) 신부, 샤스탕(Jacques Honor Chastan, 1803~1839) 신부의 유골이 묻혀 있었다. 한강변 모래밭에 매장됐다가 서강대가 있는 노고산을 거쳐 1901년에 이곳으로 모셔진 것이다. 어쨌든 이 수해 사건은 명동대성당이 얼마나 민심으로부터 이반돼 있었는가를 보여주는 사례다.

1985년 명동 천주교 200년사 자료집으로 『뮈텔 주교 일기』(한국교회사연구소)가 발간되기 시작하여 2009년 전8권으로 번역, 완간되었다.

● 명동대성당

주소	서울특별시 중구 명동길 74
분류	사적 제258호
준공	1896년
설계	코스트(Coste) 신부
건평	1,498㎡
양식	고딕
축성식	1898년

● 찾아가는 길

지하철 4호선 명동역 5, 8번 출구,
또는 지하철 2, 3호선 을지로3가역 12번 출구에서 도보 10분

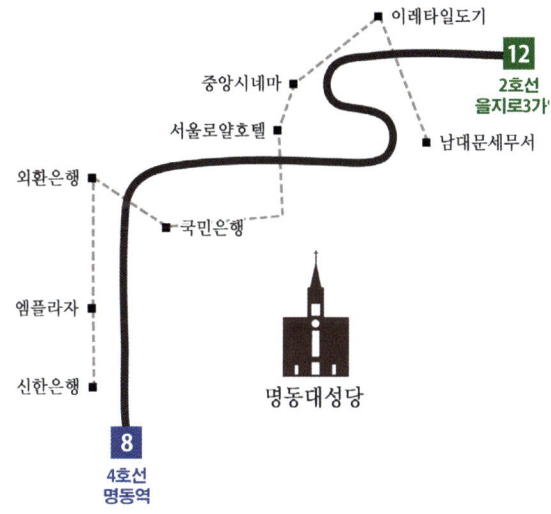

서울 천도교 중앙대교당

한국 신문화운동의 요람, 인류의 하늘은 언제 개벽하는가

안국역 근처 운현궁(雲峴宮) 맞은편 천도교 수운회관.

앞뜰 동남쪽 모퉁이에 선 세계 어린이운동 발상지 기념비가 눈길을 끈다. 정문 왼편 문설주에 박힌 작은 동판이 잡지사 '개벽사(開闢社)' 터였음을 알리고 있지만 잘 눈에 띄지 않는다. 대개는 무심코 지나치기 십상이다.

『개벽』은 이상화(李相和, 1901~1943)의 저항시 「빼앗긴 들에도 봄은 오는가」를 게재한 우리나라 최초의 종합 잡지다. 현진건(玄鎭健, 1900~1943), 김동인(金東仁, 1900~1951), 염상섭(廉想涉, 1897~1963), 김소월 등이 작품을 발표했던 이 민족 정론지(正論誌)는 통권 72호로 일제에 의해 강제 폐간된다. 그사이 무려 35회나 압수되고 수시로 삭제되거나 벌금을 물고 판매 금지를 당한다.

붉은 벽돌로 지어진 천도교 중앙대교당. 1918년 12월에 착공해 1921년 2월에 준공했다.

    수운회관을 오른편에 두고 안쪽으로 들어가 만나는 고풍스러운 붉은 벽돌 건물이 천도교 중앙대교당이다. 탑신 모양의 청동 지붕에 검푸른 녹이 내렸다. 준공 당시에는 명동대성당, 조선총독부 청사와 더불어 서울 시내 3대 건물이었다. 3·1운동을 주도한 독립 운동가이자 동학을 천도교로 재편한 의암(義菴) 손병희(孫秉熙, 1861~1922)는 애초 조선총독부 청사보다 더 크고 위용 넘치는 교당을 짓고자 했지만 일제는 허가하지 않았고 결국 지금의 규모로 축소해서 지을 수밖에 없었다.

건물 안팎에 박달나무 꽃과 무궁화 장식을 했다. 일본인이 설계했지만 민족혼을 되찾고자 한 손병희와 천도교도들의 의지가 담긴 표상이다. 교회당 내부는 기둥 하나 없는 장방형이다. 한국 민족종교의 대명사 천도교의 중앙대교당은 종교를 넘어 암울했던 식민지 시절 민족문화의 산실이었다.

천도교 중앙대교당은 3·1운동의 유산이다. 우리는 3·1운동이 윌슨의 민족자결주의의 영향을 받아 바로 일어난 것으로 알고 있지만 역사의 이면은 그렇게 단순치 않다.

1912년 6월 19일, 손병희는 우이동 계곡에 봉황각(鳳凰閣)을 세운다. 그 전해에 의친왕(義親王) 이강(李堈, 1877~1955)이 천도교에 입교하고 둘은 독립 일꾼을 양성하자고 결의한다. 이곳에서 3년간 483명의 교역자가 배출된다. 3·1운동 때 전국에서 이들이 주동이 되어 미리 보급한 등사기로 독립선언서를 찍어내고 만세 운동을 이끌었던 것이다.

조직력과 함께 자금이 필요했다. 손병희는 교회를 세운다는 명분으로 300만 신도들로부터 호당 10원씩 모금을 시작했다. 일제는 집요한 방해 공작을 폈지만 500만 원(현시세 약 2,000억 원)을 모았고 그 가운데 대지 구입비와 건축비는 36만 원이었다. 윤치오(尹致旿) 소유의 대지 1,500평이 3만 원, 중앙대교당과 중앙총부(나중에 우이동 봉황각 앞으로 옮김) 건물 두 동의 건축비가 33만 원이었다. 남은 돈이 3·1운동 자금으로 쓰였음은 물론이다. 기독교 대표 측이 최린(崔麟, 1878~1958)에게 독립운동 자금 조달의 어려움을 말하자 손병희는 5,000원을 쾌히 내주게 했다. 독립선언서는 천도교 소유의 보성사(종

항일독립운동을 이끌 지도자를 양성하기 위해 지어진 봉황각. 3·1운동 민족대표 33인 중 15인이 배출된 것으로 알려졌다. 우이동 버스 종점 도선사 입구 근처에 있다. 서울특별시 유형문화재 제2호.

로 수송동 연합뉴스 뒤)에서 인쇄했다.

"천도교가 없었다면 중앙대교당이 없고, 중앙대교당이 없었다면 상해 임시정부가 없고, 상해 임시정부가 없었다면 대한민국의 독립이 없었을 것이외다."

해방이 되어 귀국한 김구는 독립 자금을 대주었던 교단에 감사하는 연설을 바로 이곳에서 했다. 천도교는 고난의 연대에 민족과 명운을 함께했다. 창도자 수운(水雲) 최제우(崔濟愚, 1824~1864)와 그 뒤를 이은 해월(海月) 최시형(崔時亨, 1827~1898)은 순교했고 3대 교조 의암 손병희는 3·1운동으로 옥고를 치르다 병을 얻어 순국했다. 동학혁명 때 30만 교도가 죽었고 3·1운동으로 수천 명이 희생되었다.

일제의 천도교 탄압과 지도부 분열 책동, 자산 몰수는 혹독했다. 그 와중에도 민족종교의 리더답게 독립에 역점을 두고 출판 활동과 어린이, 여성, 농민 운동에 진력했다. 『개벽』『부인』『신여성』『어린이』『별건곤(別乾坤)』『학생』『농민』 등이 수천, 수만 부씩 발행되었다.

1923년 5월 1일에는 손병희의 사위 소파(小波) 방정환(方定煥, 1899~1931)이 중심이 되어 세계 최초로 어린이날을 선포한다. 당시 제대로 대접받지 못하던 어린이와 여성을 하늘처럼 섬기라는 해월 최시형의 혁명적 가르침을 실천한 것이다. 이처럼 교계 안팎으로 막강한 영향력을 행사할 수 있었던 것은 교세의 번창에 있었다. 수운회관 앞마당 남동쪽 모퉁이에는 월간지 『어린이』를 발간하는 등 어린이 행사를 처음으로 시작한 것을 기리기 위해 세운 기념비가 있다. 억압받던 시대, 최대의 피해자가 어린이일 수밖에 없었다. 어린이는 나라의 새 일꾼으로 개벽을 이끌 주체라는 걸 발 빠르게 선언한 것은 매우 의미 깊은 일이 아닐 수 없다. 개벽의 주체인 어린이는 그야말로 '개벽쟁이'들이다. 옷을 입지 않은 알몸을 가리키는 '꾀복쟁이'라는 말은 바로 이 '개벽쟁이'를 가리킨다는 걸 동학도의 후예에게서 들은 적이 있다. 배고프고 헐벗던 시절에 대부분의 어린이들은 바지도 제대로 입지 못하고 고추를 드러내놓고 달음박질치며 자라났다. '개벽쟁이'는 장차 평화로운 세상을 여는 꿈나무들이기도 하다.

1926년 조선 종교 현황(동아일보)을 보면 불교인이 20만 명, 기독교인이 35만 명이었던 데 반해 천도교인은 200만 명이나 되었다. 2005년 통계청 자료에 의하면 불교인 약 1,100만 명, 기독교인 약

천도교는 민족종교의 리더로서 해방운동과 어린이운동의 선구자였다. 세계 어린이운동 발상지 기념비(위), 천도교 중앙총부(중간). 천도교 수운회관(아래).

1,400만 명이고 천도교인은 5만 명이 채 되지 않는다. 불교나 기독교가 50배, 40배 폭발적으로 성장한 사이 천도교는 소수 종교로 쇠퇴일로를 걸었다. 1970년대 초 박정희 대통령은 천도교에 우호적이었다. '수운회관' 글씨도 그가 썼다. 그 덕에 교세가 되살아나다 1986년 최덕신 교령, 1997년 오익제 교령의 잇단 월북으로 교세는 급격히 위축되고 만다. 북한은 남한과 달리 천도교가 최대의 종교다.

5·16혁명 직후 외무부장관을 지낸 최덕신은 임시정부 법무부 장관 출신 최동오(崔東旿, 1892~1963)의 아들이다. 최동오는 김일성(金日成, 1912~1994)의 아버지 김형직(金亨稷, 1894~1926)과 친구 사이로 만주 화성의숙(華成義塾) 교장 시절 김일성을 거둬 교육시킨 인연이 있었다. 미국에서 살다가 월북한 최덕신은 김일성으로부터 최고의 예우를 받다가 아버지 최동오가 잠든 '애국렬사릉'에 묻혔다.

"이런저런 내외의 악재와 가치관의 변화로 교세가 위축돼 있지만 시운(時運)이 오고 있어요. 천도교 사상이 바로 블루오션입니다. 오늘날 종교의 세속화, 물질화나 환경 문제는 인류의 패러다임을 전환케 합니다. 사람을 하늘처럼 떠받들어 모시고 뭇 생명을 한울님 대하는 마음으로 본다면 만물이 저마다 지복(至福)을 누리게 됩니다."

수운회관에서 만난 김동환 교령은 우렁찬 어조로 인내천(人乃天) 사상의 실천을 역설했다. 그러면서 3·1운동 정신이 제대로 계승되지 못하는 것 같아서 안타깝단다. 사상과 종파를 떠나, 온 겨레가 한 목소리를 냈던 3·1운동 정신은 자신과 자기가 속한 단체의 이기주의에 빠지지 않고 떳떳한 도리의 실천에 있다고 했다. 김 교령은 임기를 마치고 떠나고 현재는 임운길 교령이 교단을 이끌고 있다.

수운회관 터는 양명하다. 고풍스러운 중앙대교당과 우직해 보이는 수운회관 건물 사이 넓은 뜰에서 한국 자생종교의 미래를 생각해본다. 옛것을 본받아 새롭게 융창하는 법고창신(法古創新)은 정말 어려운 일이다. 개화기 때 외래 종교가 들어와 번창해온 세월 동안 민족종교는 쇠퇴 일로를 걸어왔다. 일제의 탄압만을 그 이유로 들 수는 없을 것 같다. 혹시 우리 한국인들의 정신적 사대주의가 작용한 건 아닐까. 또한 종교의 본령보다 세련된 스타일을 중시하는 풍토에 발맞추지 못한 건 아닐까.

의암 손병희는 죽어서 영결식 때에야 비로소 완공된 중앙대교당 건물을 보았다. 일제는 그때 모은 교인들의 피 같은 성금 128만 6,000원을 압수해갔다. 금값으로 환산하면 500억 원 가량 된다. 그러나 일제의 수탈은 물질에 그쳤을 뿐 한겨레의 얼은 끝내 훔쳐가지 못했다. 심령 안에 깃든 하늘을 어느 누가 빼앗아갈 수 있겠는가.

수운회관을 나서며 '국가는 인류를 교화시키는 가장 위대한 도덕적 제도'라고 했던 독일 역사학자 슈몰러(Gustav von Schmoller, 1838~1917)를 떠올렸다. 나라의 주권을 일제에 빼앗겼던 시절, 천도교(동학)는 국가와 민족을 위해 기꺼이 희생했다. 그리고 지금은 그 교세가 움츠러들어 거의 명맥을 유지하는 정도에 머물고 있다. 천도를 말하는 종교도 유행을 타는 것인가. 어쩌면 천도교가 시대정신에 맞게 변화와 발전을 하지 못하고 정체됐기 때문일 수도 있다. 연례행사로 치르는 삼일절 기념식 말고 현대인의 가슴을 파고드는 정신개벽이 필요한 것이다. 심령의 울림은 시절이 사나울수록 더 깊고 큰 법이다.

때에 맞게 쓰지 못하는 도는 도가 아니다. 인내천 사상을 바탕으로 한 민족종교가 이 땅을 넘어 온 인류를 위해 용시용활(用時用活)할 때는 언제일까.

기녀에서 교조의 사모,
여성운동가로 자신을 혁명한 수의당 주옥경

"오등(吾等)은 자(玆)에 아(我) 조선의 독립국임과 조선인의 자주민임을 선언하노라."

일흔을 넘긴 가냘픈 할머니가 단상에서 낭랑한 목소리로 독립선언서를 거침없이 낭독했다. 1971년 중앙청 동쪽 광장(광화문) 삼일절 기념식장에는 박정희 대통령, 이효상(李孝祥, 1906~1989) 국회의장, 민복기(閔復基, 1913~2007) 대법원장 등 3부 요인과 외교사절, 독립 유공자, 2만여 명의 시민들이 참석했다.

민족 대표 33인 유족회 주옥경(朱鈺卿) 회장은 의암 손병희의 미망인으로 28세 때 홀로 되어 죽을 때까지 수절한 여성운동가였다. 수의당(守義堂)이라는 도호는 바로 의암을 지킨다는 의미를 담고 있다.

천도교의 여성운동은 우리나라 여성운동사와 궤를 같이한다. 오랫동안 천도교 내수단(內修團)을 이끈 주옥경 여사는 일본에서 유학한 엘리트로서 청빈하며 겸손한 일생을 살았다. 손병희가 서대문형무소에 갇히자 수의당 주옥경은 형무소 앞 쓰러져가는 초가집에 세 들어 지극정성으로 옥바라지를 했다. 꼬박꼬박 하루 세끼 사식을 만들어 넣는 한편 교파를 가리지 않고 차입 비용을 부담했다.

손병희는 옥중에서 뇌일혈로 쓰러졌다. 병보석이 바로 받아들여지지 않아 치료할 기회를 놓치고 수감된 지 19개월 20일 만에야 풀려났다. 주옥경은 한시도 쉬지 않고 병간호를 해서 가족들과 신도들을 감동시켰다. 그러나 잠시 차도를 보이던 손병희는 1922년 5월 19일 영면하고 만다. 이후로 주옥경은 87세로 죽을 때까지 60년을 수절하면서 고결한 여성운동가의 삶을 살았다. 교계 안팎에서 두루 칭송했다.

그녀는 종로 명월관의 기생 출신이다. 평양 근교 숙천(肅川)에서 출생한 그녀는 8세 때 평양기생학교에 들어간다. 주산월(朱山月)이 그녀의 기명이다. 그녀는 몸을 파는 이, 삼패(二, 三牌) 기녀가 아니라 기악과 서화에 능한 일패(一牌) 등급의 예단(藝壇, 연예인)으로서 「매일신보」 기자로부터 서화의 천재라고 평가받았다. 주산월은 평양에서 서울로 오자마자 기둥서방이 없는 기생인 이른바 무부기(無夫妓) 조합을 만들고 행수(行首, 우두머리)가 된다. 그해 명월관을 출입하던 손병희를 만나 천도교 신도가 된 그녀는 22세 때에 손병희의 부인으로 들어간다. 두 사람은 33세의 나이 차가 났다. 이후로 그녀는 가정과 교단에 헌신한다.

스승처럼 모시던 손병희가 순국하자 주옥경은 일본 유학을 하고 돌아와 여성운동에 투신한다. 소파 방정환의 미망인 손용화를 비롯해 손병희의 딸들은 주옥경을 깍듯이 어머니로 모셨다고 한다. 여성운동가 주옥경은 손병희와의 짧았던 행복을 추억하며 긴 고독의 세월을 학처럼 고고하게 살았다. 의암의 명예에 누를 끼칠까 봐 삼가온 일생이었다.

수운 최제우는 링컨(Abraham Lincoln, 1809~1865)이 노예해방을 선언한 1861년보다 한 해 앞서 여종 하나를 딸로 삼고 또 다른 하나를 며느리로 들였다. 해월 최시형은 모든 어린이와 여성을 하늘로 모시고 섬겼다. 의암 손병희는 기생을 부인으로 삼았고 그 부인은 여성운동가로 거듭나 마침내 종법사(宗法師)가 되었다. 사람이 하늘임을 몸소 실천하고 증명해 보인 혁명가들이다.

● 서울 천도교 중앙대교당

주소	서울특별시 종로구 경운동 88
분류	서울특별시 유형문화재 제36호
준공	1921년 2월 28일
설계	나카무라 요시헤이(中村與資平)
양식	비엔나 시세션 풍(風) 건물
규모	지상 2층(탑부 4층)
총면적	927.87㎡

● 나카무라 요시헤이(中村與資平, 1880~1963)

1905년 동경제국대학 건축학과 졸업

1907년 제일은행 한국총지점 설계, 1912년 준공

1912년 조선은행 본점 준공, 조선은행 건축고문 취임

1937년 덕수궁 미술관(당시 이왕가 미술관이라 부름) 설계

● 찾아가는 길

지하철 3호선 안국역 5번 출구에서 도보 5분

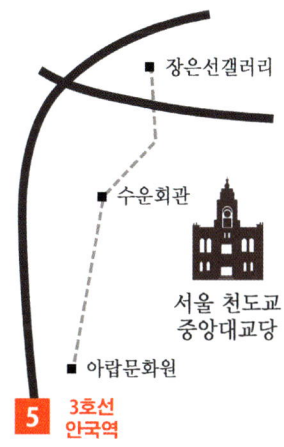

대각사

일제의 불교 세속화에 맞서 한국 근대 불교의 새벽을 열다

지하철 1, 3호선이 교차하는 종로3가역 근처 대각사(大覺寺)는 근대 불교의 상징이다. 솔바람 부는 깊은 산중의 고즈넉한 풍경 소리를 도심의 소음이 대신한다. 솔바람 속 풍경 소리가 본래부터 있던 것이 아니고 중생들이 얽어매어 놓은 삶의 그물망과 소음 또한 공(空)하기는 일반이라던가. 대승불교의 진수를 담은 『금강경(金剛經)』은 말한다. 형상이나 음성으로 부처(여래)를 보려 하거나 구하면 능히 볼 수도 구할 수도 없다고. 한곳에 집착하는 마음을 내지 말고 머무르지 않는 마음을 일으키라고 가르친다. 그게 해탈이다.

삼화페인트 사옥 사잇길로 걸어 들어간다. 그야말로 공(空)의 상대 개념인 색(色)을 만들어내는 곳이다. 안팎으로 색칠하며 살 수밖에 없는 세상에서 그 어느 색에도 물들지 않는 질박한 정신은 가능

한국 근대 불교의 산실인 대각성전. 뒤로 종묘 숲이 보인다. 용성 스님이 거주하던 1층 한옥을 헐고 1987년에 재건립했다.

한 것일까. 차라리 때를 묻히고 모든 색을 받아들여 더 이상 더러워질 수 없는 경지에 다다른다면 어떨까. 그리하여 마침내 한 송이의 연꽃으로 피어나 향내를 줄 수 있다면 인환(人寰, 인간 세계)의 거리가 차라리 수승한 선원(禪院)일 수 있다.

한옥마을과 종묘 틈바구니에 낀 대각사. 정문 입구 오른쪽 표지석은 이곳이 3·1운동 민족 대표였던 백용성(白龍城, 1864~1940) 스님이 거주한 곳임을 일깨운다. 용성이 거주하던 단층 기와집은 헐리고 지금은 현대식 3층 건물이 들어서 있다. 용성은 만해 한용운과 함께 한국 근대 불교의 새벽을 연 선각자다. 눈빛이 호랑이처럼 번뜩였던 그는 조선조에 가뜩이나 위축된 불교가 일제의 농간으로 왜색(倭色)에 물들어갈 때 분연히 떨쳐 일어나 빳빳하고 올곧은 종풍을 정립한 선객이자 사상가였다. 용성이 없었다면 오늘날 한국 조계종단이 없었다는 말은 빈말이 아니다.

조선 왕조 내내 탄압을 받아온 한국 불교는 나라가 깨지고 일제 식민지로 전락하면서 일본식 세속화 전략에 길들여져갔다. 스님이 결혼을 하고 고기를 먹으며 사찰 정재(淨財, 부처를 섬기고 남을 돕기 위한 깨끗한 재물)를 샷되게 쓰는 지경에 이르렀다. 비구승 9할이 결혼하여 대처승이 됐다는 기록이 있다.

300여 년 동안 계속되었던 승려 도성 출입 금지령이 1895년에야 해제되었다. 푸른 눈의 선교사들에 의해 1876년부터 개신교가 물밀듯이 들어온 것에 비하면 불교의 도성 안 포교 활동은 상대적으로 뒤늦은 편이었다.

유교 경전을 읽던 신동은 14세에 출가해 해인사, 보광사, 송광사 등에서 용맹 정진한다. 부처의 정법을 오롯이 잇고 멀리 숙종(肅宗, 1661~1720) 때 환성(喚醒) 지안(志安, 1664~1729) 조사를 원사(遠嗣, 동시대인이 아니라서 직접 배우지 못하고 정신으로 계승)했노라고 당당히 선언한 선객 용성은 산중 생활을 청산하고 1911년 2월 그믐께 상경한다. 중생 속으로 뛰어든 것이다. 당시 사대문 안의 유일한 사찰 각황사(覺皇寺, 현재 조계사)를 거쳐 신도의 집에서 도시 포교를 시작한다. 이것이 민가 포교당의 효시로 보인다. 봉익동 민가를 절집으로 바꿔 대각사를 창건한 것은 그 직후라고 한다. 여기에는 궁중 상궁들의 도움이 컸다.

1912년 범어사, 통도사 등이 연합해 서울 대사동(인사동)에 조선 임제종(臨濟宗) 중앙포교당을 여는데 이때 한용운이 주무를 담당하고, 백용성은 포교 책임자가 돼 설교했다. 서울시민들에게 처음으로

대한민국 임시정부 귀국 봉영회 장면(1945년 12월 12일). 가운데 안경을 쓴 이가 김구 주석이다. 용성 스님은 윤봉길 의사를 상해의 김구 주석에게 보내 의거를 실행케 했다.

참선(參禪)의 개념을 심어주는 계기가 된다. 이런 인연으로 백용성과 한용운은 훗날 3·1운동 때 불교계 대표 2인으로 나란히 참여한다. 3·1운동 때 태극기 사용을 제안한 이가 바로 용성이다. 한용운은 "흰 바탕에 푸른색 한반도 기를 사용하자."고 제안했고 천도교와 개신교 대표들은 그리해도 무방하다는 입장을 보였다고 한다.

> 열반의 경지인 무극(無極)은 체(體)가 되고 태극(太極)은 상(相)이 되며 음양(陰陽)은 용(用)이 됩니다. 천도교의 인내천(人乃天) 한울이 태극인 것이며, 기독교의 천국이 곧 태극입니다. 그러므로 태극기를 사용해야 합니다. 반도기를 사용하면 고구려와 발해의

옛 땅을 포기하는 선언이 되는 것입니다.

통섭의 사유 방식을 지닌 용성의 탁견이 주효했다. 그의 이런 인식은 나중에 가야와 고구려, 백제, 신라의 불교 초전 성지를 복원하고, 해외 성지를 조성하고, 선한 이와 악한 이를 가리지 말고 불제자로 받아들이라는 유훈으로 남는다.

용성 문도들 사이에서는 상식이지만 세상에 알려지지 않은 비화가 있다. 그날 태화관(泰和館)에서 민족 대표 29인이 모여 독립선언서를 낭독할 때 용성은 시자(侍者) 태현(훗날의 동헌)과 기생들에게 대표들의 두루마기와 신발을 감추게 했다. 때맞춰 헌병대와 종로경찰서에 알려서 모두가 체포되었고 그 파장으로 삼천리강산에 만세 운동이 물결치게끔 방편을 썼다. 선승이지만 큰일을 도모하고 성사시킨 용성은 사업 수완도 탁월했다. 사원 경제의 자립화를 위해 함경남도 북청에 금광을 열기도 했다. 수익금은 독립 자금으로 쓰였다고 한다.

용성 스님과 그 유훈을 받드는 도문 스님.

서대문형무소에서 용성은 충격을 받는다.

"각각 자기들이 신앙하는 종교 서적을 청구하며 기도했다. 그때 내가 열람해보니 모두 조선글로 번역된 것들이었다. …… 통탄하여 원력(부처에게 빌어 원하는 바를 이루려는 마음의 힘)을 세웠다. 출옥하면 즉시 동지를 모아 경전 번역 사업에 진력하여 진리의 나침반을 지으리라."

기독교 성경과 천도교 경전은 모두 한글판인데 그때까지 유독 불교 경전만은 어려운 한문으로 돼 있었던 것이다. 이래서는 대중화가 불가능했다. 출옥한 용성은 동지를 모았으나 모두 반대하고 비방했다. 1921년 용성은 삼장역회(三藏譯會)를 조직했다. 당시 「동아일보」는 사설에서 '불교의 민중화 운동'이라며 호응했다. 『조선글 화엄경』은 세종대왕도 하지 못한 치적으로 꼽힌다.

용성의 현대 불교 사업은 어린이 포교, 일요학교 설립, 시민선방 개설과 생활선(禪) 주창으로 이어진다. 대각사 용성선원에서 선의 대중화 시대를 연 것이다. 그러나 무엇보다도 참신한 발상은 직접 풍금을 치면서 작사·작곡한 찬불가를 불렀던 일이다.

> 곧게 자란 솔나무는
> 그림자도 굽지 않고
> 빈 곳에 메아리는
> 소리 좇아 대답하오.

작은 풍금 앞에서 「왕생가」를 연주하며 노래하는 선객을 상상하면 미소가 배어나온다. 맹호출림(猛虎出林) 격으로 산림을 나온 용성은 선기(禪氣)를 드날리며 중생과 더불어 시대와 함께 불도를 펼쳤다. 중국 지린(吉林)에 해외 포교당도 세웠다. 함양 백운산에 화과원(華果院)을 열고 농사일하면서 참선 수행하는 선농(禪農) 불교도 실천했다. 이 모든 활동은 제도권 내에서의 개혁 운동이었다.

그러다 1927년부터는 대각교(大覺敎)를 선언하고 독자 노선을 열어나가게 된다. 1926년 5, 9월 두 차례에 걸쳐 총독부에 승려가 아내를 얻고 고기를 먹는 행위를 반대한다는 건백서(建白書)를 냈지만 거절당했다. "곡식으로부터 나와서 곡식을 해침은 벌레요, 불법(佛法)으로부터 나와서 불도를 해치는 자는 중(衆)"이라며 계율을 엄격히 지킬 것을 천명했다. 이는 『조선불교유신론(朝鮮佛敎維新論)』을 쓴 한용운의 불교 개혁안과는 변별점이 뚜렷하다. 일찍이 일본에 다녀온 한용운은 승려의 결혼을 강력히 주장한 바 있다.

조계종 승단의 지적처럼 한국 불교가 용성의 빳빳한 종지(宗旨)를 받들지 않고 만해 한용운의 개혁안대로 흘러갔다면 오늘날 조계종의 종풍은 무너져버리고 일본식 불교로 변질됐을지도 모른다. 용성이 내건 대각교의 종지는 명쾌했다. 대각은 부처의 다른 이름이었다. 부처는 자각(自覺)한 자이고 다른 이를 깨우쳐주는 각타(覺他) 행위가 보살도다. 계율과 청규는 마땅히 고법(古法)대로, 포덕행위는 날마다 새롭게 하는 것이 옳다고 본 것이다. 한마디로 법고창신이다. 용성의 대각교 노선은 일제의 외압으로 꺾이지만 오늘날 조계종의 근간이 되었다.

화엄의 꽃으로 만발한 용성 문도들

　백두대간에서 호남 정맥으로 분기한 장안산(長安山, 전북 장수)의 지맥이 섬진강 상류와 만나 명당을 이룬 터가 바로 백용성의 생가다. 전라감사를 지낸 이서구(李書九, 1754~1825)는 풍수지리에 밝았는데 이곳을 지나다가 귀인의 탄생을 예언하는 시를 지었다고 한다.

　두메산골 소년 백상규(白相奎)는 어릴 적부터 뜻이 산문(山門)에 있었다. 한학을 배우던 영특한 소년은 납자(衲子, 중)가 되어 어두웠던 시대에 횃불을 들었다. 한국 불교의 근대화와 조국의 독립에 주력한 백용성은 조계종 스님의 절반이 그의 문도라고 할 만큼 큰 영향력을 끼쳤다. 동산, 고암, 인곡, 동암, 동헌, 자운, 운암, 혜암, 소천 등 이른바 구제(九第)를 두었고 법손(法孫)은 헤아릴 수 없이 많다. 동산의 제자인 성철(性徹, 1912~1993)도 용성의 법손이다. 성철은, 감옥에서 나와 범어사 내원암(內院庵)에 머물던 용성을 가까이서 시봉한 적이 있다고 한다.

　한국 불교의 정통성을 지켜낸 용성은 유훈 열 가지를 남겼다. 그 유훈을 하나하나 떠받들고 있는 법손이 도문(道文) 조실 스님이다. 도문 스님은 용성의 유발상좌(출간하지 않은 채 불법을 따르는 행자)였던 부친 임철호 독립지사의 주선으로 용성을 6세 때 뵌 적이 있다. 그때 용성은 부친에게 12세가 되면 동헌 스님을 은사로 출사시키라고 일렀다고 한다. 용성이 자신의 유훈을 실천할 법손을 직접 지목한 것이다.

　도문 스님은 지금까지 49년 동안 용성의 유훈을 오롯이 받들어왔다. 죽림정사(竹林精舍) 안에 '사단법인 독립운동가 백용성조사 기념

사업회'를 발족시키고 수학여행 온 학생들에게 용성 스님의 민족혼을 일깨워주고 있다.

그 외에도 백제에 불교를 전한 마라난타(摩羅難陀)의 선적지인 서울 우면산에 대성사(大聖寺)를 지었고, 아도화상(阿道和尙)이 모례장자(毛禮長者)에게 설법한 구미에 신라불교 초전 기념관인 '아도모례원'을 세웠다. 용성 스님의 탄생지에 죽림정사를 세워 성역화한 도문 스님은 현재 네팔 룸비니에 석가사를 짓고 있다. 장안산 자락 따사로운 봄빛처럼 온화한 스님은 법문을 할 때면 기백이 넘쳤다.

"대각 사상의 요체는 간단합니다. 먼저 자신부터 깨닫는 자각(自覺), 또 다른 나인 타인을 깨닫게 하는 각타(覺他), 깨달음의 실천인 각행(覺行)을 통해 온 세상에 깨달음이 가득하면 그것이 곧 각만(覺滿)이요, 극락입니다."

서울대 불교학생회를 지도했던 도문 스님은 도력과 영성이 높다고 알려져 있다. 마음의 청정함을 얻기 위해 뼈를 깎는 수행, 자기를 낮추는 하심(下心)을 강조하고 몸소 실천한다. 근래 언론의 주목을 받고 있는 평화재단 이사장 법륜 스님이 바로 도문 스님의 제자다.

민족 지도자 용성 스님의 얼이 서린 터, 서울 대각사는 장산(長山) 주지 스님이 맡아서 용성 스님의 유훈을 받들고 있다. 장산 스님은 용성 스님의 유훈 가운데 열 번째 사목(공적인 일에 정한 규칙)을 들며 보다 적극적인 의미의 포교를 강조한다.

"용성 스님은 '잘난 이나 못난이를 가리지 말고 인연 따라 신도를 삼아 찬양도 비방도 함께 수용하라.' 했어요. 중생의 편에 서서 중생을 섬기는 불교가 돼야 합니다. 현실을 몰이해하고 편협한 생각에 머무는 측면이 있어요. 부처님 눈으로 보면 정치인이나 기독교인이나

용성 조사 생가(위)와 죽림정사 전경(아래). 죽림정사 뒤로 용성 조사의 생가가 보인다.

모두 보듬어야 할 중생이지요."

적극적인 포교를 강조한 장산 스님은 시대에 맞는 포교를 역설한다.

"미국 포교에 매진해야 해요. 문명사적 측면에서 대전환기잖아요. 형식은 다양하겠지요. 1906년 용성 조사께서 도봉산 망월사에 주석하실 때, 해인사 낡은 장경판을 보수하셨어요. 친견하러 온 궁중의 임 상궁을 움직여서 고종으로부터 2만 냥의 국고 지원을 받았지요. 팔만대장경은 세계문화유산입니다. 오늘 우리는 그것을 가지고 인류의 패러다임을 바꾸는 콘텐츠를 만들 수 있겠지요. 영상물로 할리우드에 진출하는 것도 세련된 포교방식입니다."

『주역』에 "진실로 그 사람이 아니면 도는 허허롭게 행해지지 않는다."했다. 용성 문중의 원력이라면 어떤 일도 막힘이 없을 것 같다.

● **대각사**

주소　서울특별시 종로구 봉익동 2번지
규모　대각성전(지하 1층, 지상 3층), 범종각
양식　한식과 현대식의 조합형, 팔작지붕
역사　1911년 건립
　　　　1987년 재건립

● **찾아가는 길**
지하철 1, 3, 5호선 종로3가역 7번 출구에서 도보 5분

성공회 강화성당

시간의 섬에 뜬 구원의 방주, 조화와 중용을 말하다

강화도는 시간의 섬이다. 섬에 고이고 쌓인 시간의 켜들은 고스란히 역사가 되었다. 이 땅에 하늘이 처음 열리던 때부터 강화도는 역사의 중심이었다. 국조(國祖) 단군이 하늘에 제사하던 마니산(摩尼山) 참성단(塹星壇)은 우뚝 솟은 정신문화의 돛이다. 황해, 그 동아시아 지중해에 떠 있는 배가 바로 강화도다.

시간의 섬 중심부를 거닐며 지상의 배 한 척을 본다. 강화읍 내 성공회(聖公會) 강화성당 터는 '구원의 방주' 형국이다. 한옥 건물은 자연스럽게 배의 선실이 된다. 터키 아라라트(Ararat)산 구원의 방주가 떠오른다. 개화기 때, 성공회 초기 선교사들이 이곳 강화도에 한옥 성당을 세운 건 영국 북부 스코틀랜드 이오나(Iona) 섬처럼 신앙의 교두보로 삼으려는 뜻에서였다.

고려궁지 앞, 배의 형국을 한 구릉 위에 선 강화성당. 좌우에 회화나무와 보리수가 서 있다.

성공회 강화성당은 눈에 익은 절집이나 향교 건물, 반가의 고택과 다름이 없다. 성당 바로 못 미처 철종(哲宗, 1831~1863)이 왕위에 오르기 전 살았던 곳에 세운 용흥궁(龍興宮)과도 잘 어울린다. 서로 이질감 없는 풍경을 연출한다. 공간 구성과 건축양식의 토착화가 낳은 결과다.

우리는 늘 소통과 통섭을 말한다. 하지만 아주 사소한 차이와 다름으로 서로 엇박자가 날 때가 많다. 이해타산이 맞지 않아서 혹은 빗나간 사랑 때문에 갈등한다. 때로는 신분과 이념, 종교 차이로 양극단에 서서 대립각을 세우기도 한다. 한두 번쯤 손을 내밀어보고 조율해본다. 절실한 경우에는 수도 없이 애를 써보기도 한다. 교감은커녕 도리어 골이 깊어지고 벽이 높아진다. 처음부터 잘못된 만남이라고,

서로 걸맞지 않은 관계라고 결론짓고 각기 다른 길을 간다. 그렇게 기나긴 불통의 세월을 보낸다. 심한 경우는 전쟁까지도 불사한다.

나와 생각이 다른 타자와의 교감을 모색하고 있는가. 자신도 모르는 사이에 양극단 어딘가에서 서슬 퍼런 날을 세우고 있는가. 조화와 중용(中庸)의 미덕을 필요로 할 때 찾아갈 만한 장소가 성공회 강화성당이다. 종교적인 편견 없이 공간을 산책하거나 성당 안에 들어가 명상하다 보면 저절로 해답이 찾아진다.

언덕배기가 일어서는 서남쪽 초입, 뱃머리쯤 해당되는 곳에 솟을대문이 서 있다. 한국 전통 건축양식의 외삼문이다. 절의 일주문에 해당한다. 계단을 오른다. 외삼문 대문 중앙에 태극문양을 배경으로 십자가가 그려져 있다. 문을 지나면 내삼문이 나타난다. 절의 천왕문에 해당하는데 종루(鐘樓)를 겸했다. 범종과 흡사하다. 당좌(撞座, 종을 치는 부위)의 돋을새김 십자가 문양이 다를 뿐이다. 애초 영국에서

한국 전통 건축양식과 바실리카 양식을 혼합해 지은 성당 내부. 백두산에서 뗏목으로 엮어온 목재로 지었다.

본당 정면.

들여온 종은 1943년 태평양전쟁 당시 일제가 정문 계단 철재 난간과 공출해갔다. 지금의 종은 1989년 다시 만든 것이다. 조금 전 지나쳐 온 철재 난간은 2010년 일본성공회 측에서 한일 양국의 화해와 평화를 위해 봉헌했다고 한다.

정면에 2층짜리 팔작지붕집이 나타난다. 정면 4칸, 측면 10칸 건물이다. 한국성공회 제3대 주교 트롤럽(Mark Trollope)이 설계하고 감독했다. 백두산 원시림에서 적송을 뗏목으로 엮어 운반해와 지었다. 고려 때는 궁궐 터였고 1894년 한국 최초의 해군사관학교인 통제영 학당 군사교관 콜웰(W. H. Callwell) 대위의 관사가 있었던 땅이다. 건물 측면과 뒷면의 아치형 출입문 4개는 영국에서 가지고 들어왔다.

'천주성전(天主聖殿)' 현판이 눈에 들어온다. 절의 '대웅전'이나 문묘의 '대성전(大聖殿)', 궁궐의 여러 전(殿)들에 익숙한 한국인들로서는 전혀 거부감이 없다. 5개의 정면 기둥에는 주련(柱聯)이 드리워져 있다. 유교 경전에서 따와 조합해낸 글귀다.

처음도 끝도 없고 형태와 소리를 처음 지으신 분이 진정한 주재자시다. 無始無終先作形聲眞主宰

인을 선포하고 의를 선포하여 드디어 구원을 밝히시니 큰 저울이시다. 宣仁宣義聿照拯齊大權衡

삼위일체 천주는 만물의 근원이시로다. 三位體天主 萬有之眞原

하느님 가르침 아래 만물이 성장하니 동포의 즐거움이로다. 神化主流 有庶物 同胞之樂

복음이 전파되어 세상 사람들이 깨달으니 영생의 길이로다. 福音宣播 啓衆民 永世之方

건물 앞마당 오른편에 커다란 보리수가 한 그루 서 있다. 영국에서 돌아오던 신부가 인도에서 10년생 묘목을 가져와 심었다고 한다. 수령이 100년이 넘었다. 확실치 않지만 나무를 심은 이는 트롤럽이었을 추정한다. 건물 왼편에는 자유분방하게 가지를 뻗은 회화나무가 서 있다. 학자수라고도 불린다. 보리수는 석가모니의 득도를 상징하고 회화나무는 유교의 선비를 상징한다. 성당 건물은 두 나무 중심축에 자리 잡고 있다. 먼저 전래되어 뿌리내린 종교들과 융합하려는 뜻이 담겨 있다. 상징은 집단 무의식의 표현이다. 종교적 상징은 사람들로 하여금 궁극적인 관심을 불러일으키고 통합하는 작용을 한다. 유교와 불교의 상징 사이에 자리 잡은 성공회의 상징은 셋이서 함께 어우러져 또 다른 상징을 낳는다. 새로운 상징은 새로운 종교의 길을 예시한다.

성당 안으로 들어간다. 마루 앞에서 실내화로 갈아 신는다. 중앙부가 높은 천장과 양쪽으로 날개가 달린 바실리카 양식이다. 회중석(會衆席) 뒤쪽 중앙에 돌로 된 성수대(聖水臺)가 놓였다. 지성소와 제단이 예스럽다. 제단 위로 '만유진원(萬有眞原)', 만물의 참된 근원이라는 현판이 보인다. 하느님을 뜻한다. 독서대 앞에 '주지언어 족전지등(主之言語 足前之燈)'이라는 구절이 새겨져 있다. 시편 119편 105절 "주님의 말씀은 내 발 앞의 등불이라."고 다윗이 읊은 시다. 오른쪽 벽에 성당 깃발이 걸렸다. 칼과 두 개의 열쇠가 수놓아진 배너다. 양 옆에 세로로 수놓은 '행집성신지검(行執聖神之劍) 사이천국지약(賜爾天國之鑰)'이라는 구절을 수놓았다. "성령의 검, 곧 하느님의 말씀을 들어라."(에베소서 6장 17절), "내가 너에게 천국의 열쇠를 주리니"(마태복음 16장 19절)를 한문으로 번역한 것이다. 바울의 검과 베드로의 천국 열쇠를 뜻한다. 바울과 베드로는 강화성당을 수호하는 성인들이다.

"매일 새벽 5시 반, 배의 뒤쪽 고물 부위에 있는 사제관에서 지성소로 갑니다. 항해 나가는 마음으로 감사 성찬례(미사)를 드리지요. 100명의 신도들이 앉아 있는 회중석을 향하지 않고 북동쪽을 향해서요. 제단 방향이 그렇게 돼 있기 때문이지요. 문화재라서 고치지 못합니다. 요즘 같은 때면 예배 마칠 무렵에 먼동이 틉니다. 축복이 서광처럼 비추는 느낌입니다. 우리 성공회 입장에서는 못자리와도 같은 곳이 강화성당입니다." 이곳에서 2년 째 시무하고 있는 이갑수 관할 사제는 국란을 극복해온 강화도가 축복받은 땅이라고 한다. 땅이 기름지고 풍수해가 적다는 것이다.

밖으로 나와 보리수 그늘 아래 작은 돌의자에 앉았다. 어지러운 사바세계를 넘어 극락정토로 갈 때 타는 불교의 반야용선(般若龍船)에 오른 느낌이다. 인생아, 앞으로 나아가는 범선의 이물에 타고 앉아서 희망가를 부를 수만 있다면 무엇이 근심 걱정이랴. 반야용선에 드리워진 끈을 악착같이 붙들고 매달리며 가야 하는 것이 문제. '악착같다'는 말은 악착보살(齷齪菩薩)에서 유래한 말이 아니던가.

싱그럽고 푸른 보리수 이파리가 바람에 살랑댄다. 바람을 가르며 나아가는 배의 목적지는 어디인가. 명예를 탐하고 건강을 염려하며 돈을 더 벌기 위해 안달하는 일상, 맘몬(재물) 우상을 숭배하는 현대인들에게 어짊과 의로움을 의연하게 지켜갈 용기가 있을까. 나는 보리수 그늘 아래서 마주앉은 사제에게 읊조린다. 일과 밥과 자유와 사랑에 관한 단상을 두서없이 쏟아놓는다. 사제는 넉넉한 웃음을 바람결에 실어 보낸다.

'신은 있는가, 없는가? 유신론 무신론보다 불가지론(不可知論), 곧 모른다고 하는 게 정답이 아니겠는가?'

'구원은 믿음을 통해서만 가능할까? 못난 자신과 화해하면 그게 구원이 아닌가?'

'고(故) 이태석(李泰錫, 1962~2010) 신부 같은 분이 종교의 본령에 가장 가까웠던 성직자 아닌가? 물질화되고 세속화된 종교는 본령과 너무 멀어졌다. 이제 대안 학교만 필요한 게 아니라 대안 교회, 대안 절이 필요한 게 아닌가?'

내 물음은 어느덧 도를 지나쳐 성토로 바뀐다. 그래도 사제는 웃기만 한다. 그런데 이상하게도 마음이 평화로워진다. 나는 봇물 터지듯 물었고 사제는 아무런 답변도 하지 않았는데 어느덧 미소 머금은 바람결에 모든 의문이 날아가버렸다. 보리수 그늘 아래서의 횡설수설이 카타르시스가 되었던 걸까. 일종의 고해성사와도 같은 종교의

식이 되었는지도 모른다. 쏟아내면 개운해지기 마련이니까.『장자(莊子)』에, "횡설수설하면 이치에 맞지 않는 것이 없다(橫說竪說 無非當理)"고 했던가. 좀 어지럽지만 속내를 마구 쏟아내다 보면 어딘가에는 이치에 걸리기도 한다.

성공회는 비아메디아(Via Media), 곧 '중용의 길'을 가치로 삼는 기독교의 한 종파다. 중용은 어중간한 타협과 다르다. 극단을 배제하고 가치의 중심점을 찾아가는 걸 뜻한다. 천주교, 개신교와는 같으면서 다르고, 다르면서 같다고 할 수 있다. 공격적인 선교를 하지 않는다는 점은 두 종파와 사뭇 다르다. 대도시 위주로 선교하지 않고 소외된 오지를 선택했다. 교적에 5만이 올라 있지만 실제 평균 출석자는 1만여 명이라고 한다. 이 땅에 들어온 지 100년이 넘었지만 개신교의 대형 교회 하나에도 못 미치는 신도 수다. 전국에 100여 개의 성당이 있는데 '복지관'과 '나눔의 집' 같은 사회봉사 시설도 그쯤 된다고 한다. 세상에 복음을 전하고 사람들 속에서 실천하는 일은 하나다. 성공회가 추구하는 본질적인 사명이다. 실천 없는 복음 선포, 말

성당에 새겨진 태극 무늬.

잔치는 공허하게 울리는 징과 같을 뿐이다.

교회의 세속화와 물질화, 대형화 추세에 대한성공회는 웬만큼 비켜나 있다고 할 수 있다. 서울 중구 정동 서울대성당은 6·10항쟁 때 민주화 성지로 기억된다. 기다란 십자가를 눕혀놓은 형상의 이 로마네스크 양식 건물은 한국 건축가들이 손에 꼽는 아름다운 건물이다. 70년이나 걸린 건축 기간도 우리 근대 건축사에서는 드문 이야깃거리다. 그러나 종교의 다원주의를 말하는 시대에 주목할 만한 장소는 역시 강화성당이다.

한국의 전통 건축양식을 따른 강화성당은 소박하고 고졸하다. 이곳에서 한국의 문화와 역사성을 계승한 한국적 교회의 한 가능성을 본다. 해외 선교에 열성인 한국 교회가 나아갈 바도 배울 만하다.

● **성공회 강화성당**

주소	인천광역시 강화군 강화읍 관청길 22
분류	사적 제424호
준공	1900년 11월
총면적	6,452㎡

● **찾아가는 길**

강화 버스터미널에서 도보 20분

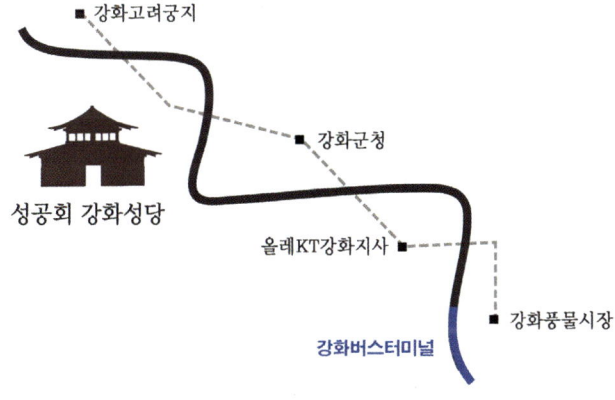

3장
정치·외교·금융

정동 옛 러시아 공사관

우리 역사의 개기일식 아관파천,
고종은 통치권을 스스로 약화시켰다.

덕수궁 돌담길은 꿈의 산책로다. 바람 불어 좋고 비가 오거나 눈이 오면 우산 속에서 보는 풍경이 더 운치 있다. 봄가을 해맑은 휴일이라면 연인들이나 가족들의 나들이 코스로도 제격이다. 궁궐과 유서 깊은 건물들이 개화기 격동의 역사를 속삭인다.

정동공원과 옛 러시아공사관이 새롭게 단장했다. 공원에는 소나무를 심고 정원을 손질했다. 옛 러시아공사관은 화려한 르네상스 양식 건축물이었는데 6·25 때 파괴되고 지금은 건물 일부였던 3층짜리 전망대만 우두커니 남았다. 정동에서 제일 높은 언덕배기에 자리 잡은 러시아공사관은 사대문 안을 조망할 수 있는 최고의 부지였다. 지금처럼 높은 건물이 없던 구한말 당시에는 경복궁과 경운궁(慶運宮, 덕수궁)은 물론 주변의 여러 나라 공사관 동정을 이곳에서 한눈에 파악할 수 있었다. 공교롭게도 3층 전망대만 남아서 시시각각 동태를

화려한 르네상스식 건물인 옛 러시아공사관은 한국전쟁 때에 파괴되었고, 지금은 이 흰색 3층짜리 전망대만 남아 있다.

파악해야만 했던 당시의 사정을 연상하게 된다. 러시아 공사는 본국 외무장관에게 수시로 통신문을 보내 황제에게 보고했다.

"서울에서 좋은 공사관 부지를 찾았다. 이 언덕에서 조금 떨어진 낮은 곳에는 미국 공사관, 영국 총영사관 등이 자리해 있다. 조선 조정은 언덕 주변을 포함, 약 2헥타르를 2,200달러(멕시칸)에 매입할 것을 제의해왔다."

1885년 11월 2일, 제정러시아의 초대 서울 주재 대리공사 베베르(Karl Ivanovich Veber, 1841~1910)는 본국 외무부에 비밀 전문을 보냈다. 러시아 외무부는 공사관 부지 구입 자금을 즉시 송금했다. 석 달 전, 부지 구입비를 5,000달러로 예상하고 상신했는데 어찌된 영문인

지 조선 관리들은 절반 가격 이하의 헐값으로 넘겨버렸다.(『대한제국비사』, 노주석, 2009)

러시아공사관 건물은 한러수호조약이 체결된 1885년 착공해 1890년에 준공되었다. 1883년 여름, 고종은 중국 상하이에 있던 러시아 건축가 사바틴(Afanasy Ivanovich Seredin Sabatin, 1860~1921)을 초빙한다. 유럽식 정주지(定住地)의 설계와 관청 건물의 건축을 맡긴 것이다. 사바틴은 그해 9월 조선에 도착했고 처음 설계한 작품이 러시아공사관 건물이다.

을미사변으로 민비(1897년 명성황후로 추존)가 시해되자 고종은 신변의 위협을 느꼈다. 틈을 노리던 고종은 세자(순종)와 함께 궁녀로 변장하고 경복궁을 빠져나와 러시아공사관에 숨어들었다. 두 대의 가마는 1896년 2월 12일 새벽 7시 30분, 공사관에 무사히 안착했다. 러시아 해군대령 몰라스가 이끄는 160명의 수병이 공사관을 호위했다. 이범진(李範晉, 1852~1911)을 중심으로 한 친러파와 엄상궁, 러시아 공사의 합작품이 바로 아관파천(俄館播遷)이다. 아관, 곧 아라사(러시아) 공관으로의 파천(왕의 피신)은 375일 동안이나 이어져 주권을 잃은 슬픈 역사의 교훈을 남겼다.

을미사변 직후 일본 세력의 배경으로 조직된 김홍집(金弘集, 1842~1896) 내각이 좌초됐다. 총리대신 김홍집, 어윤중(魚允中, 1848~1896), 정병하(鄭秉夏, ?~1896)가 피살되고 유길준, 장박(張博) 등은 일본에 망명했다. 그 자리에 박정양(朴定陽, 1841~1904)과 이범진, 이완용 등의 친러파 내각이 들어섰다. 공사관 측은 고종에게 방 두 개를 내주었고 각부 대신들은 병풍을 치고 임시 사무실을 만들었다. 러시아 제국 국기가 게양된 이곳에서 국사가 행해졌다. 베베르

전망대에선 덕수궁에서 남산에 이르는 서울 중심부가 한눈에 들어온다. 계단을 따라 위로 올라갈 수 있다(오른쪽 아래). 서울 정동의 옛 러시아공사관 전망대 남쪽 창문을 통해 내려다본 서울(오른쪽 위). 덕수궁에서 남산에 이르는 시내가 한눈에 들어온다. 내부의 벽돌 교체 등 2년에 걸친 보수공사를 마치고 2009년 12월 새롭게 단장한 러시아공사관 전망대.

공사는 수시로 고종과 독대하며 국사를 좌지우지했다. 압록강 연안과 울릉도의 삼림 채벌권, 경원, 종성의 광산 채굴권, 경원 전신선을 시베리아 전선에 연결하는 권리, 인천 월미도 저탄소 설치권 등 수많은 이권 사업이 러시아로 넘어갔다. 이에 구미 열강도 동등한 권리를 요구하여 경인·경의선 철도 부설권 등 중요 이권이 값싼 조건으로 외국에 넘어갔다. 조선은 그렇게 민족자본 형성의 기회를 잃어갔고 식민지 예속 경제를 자초했다.

고종의 공사관 생활은 수인(囚人)과 다름없었다. 경비를 맡은 러시아 해군은 대포까지 끌고 와 고종의 환궁을 요구하는 일본군과 대치하기도 했다. 고종은 비좁은 방에서 집무를 하다가 공사관 뜰을 관망했고 이따금씩 두려움에 떨며 이웃한 경운궁의 노대비(헌종의 계비 효정왕후[孝定王后, 1831~1903])를 찾아가 문안을 드렸다. 옛 러시아공사관과 덕수궁의 비밀 통로설이 이 때문에 나왔다. 덕수궁 정관헌(靜觀軒) 지하에 러시아공사관과 연결된 지하 통로가 있었는데 현재는 시멘트로 막았다는 내용이다. 정관헌은 고종이 양탕국이라 부른 커피를 마시며 무도회를 열었던 연회장이다.

중구청과 덕수궁 관리소의 도움을 받아 정관헌 지하실을 확인했다. 로마네스크 양식의 연회장인 정관헌은 고종이 커피를 즐겼던 회랑 건축물이다. 건물 뒤뜰에 철판을 덮어놓은 통로가 있었다. 관리소 직원이 열어주는 통로를 따라 내려가니 지하실이 나타났다. 조명 시설이 없어서 깜깜했다. 랜턴을 켰다. 몇 평 되지 않는 작은 지하실이었다. 터널의 흔적은 찾아볼 수 없었다. 굳이 이 비좁은 지하실에까지 비밀 통로를 만들 이유가 없었다. 게다가 정관헌은 덕수궁 경내에서도 동쪽에 치우쳐 서북쪽에 있는 러시아공사관과는 너무 거리가 떨어져 있다. 오히려 미 대사관저 사이 일제가 궁궐터를 잘라낸 도로 언저리나 그 너머의 중명전(重明殿, 수옥헌[漱玉軒])이 거리상으로 훨씬 적합한 곳이었다. 후문을 통해 도로를 건너 중명전도 조사했다. 거기서도 비밀 통로 흔적은 찾아볼 수 없었다.

덕수궁 정관헌(위) 러시아 공관터의 V자형 터널 정관헌 지하실(아래)

그런데 옛 러시아공사관 지하에는 밀실과 비밀 통로가 있었다. 지하 밀실은 7×4미터의 장방형 평면으로 돌과 붉은 벽돌로 쌓여져 있었다고 하는데 지금은 메워져 있다. 서울특별시는 지난 1981년 문화재관리국과 공동으로 유적을 발굴한 바 있다.

건물이 있던 북동쪽에 동서로 20여 미터 길이의 V자 형 비밀 통로가 나 있다. 한 사람 정도 머리를 숙이고 드나들 수 있는 비좁은 통로는 벽돌과 석회로 마감했고 중간쯤 북쪽으로 왕복 통행시의 대기 공간으로 보이는 폭 50센티미터, 길이 5미터가량의 터널이 나 있다. 이 옹색한 비밀 통로로 고종은 왕세자와 함께 경운궁 나들이를 했던 걸까? 문제는 공사관 안쪽이 아니라 바깥쪽 루트다. 사방으로 내리막이기 때문에 비밀 통로를 만들었을 가능성은 거의 없다. 미국 사진작가 윌리엄 헨리 잭슨(1843~1942)이 1896년에 찍은 사진에는 러시아공사관 동북쪽 후문에서 덕수궁으로 이어진 돌담길이 보인다. 고종은 이 길로 주변을 살펴가며 노대비를 예방했을 거라는 설도 있다.

마지막으로 가장 유력한 루트가 하나 있다. 바로 미 대사관저 하비브하우스다. 1884년 푸트(Lucius Harwood Foote, 1826~?) 공사가 부지를 매입했다. 이 부지는 조선 왕실이 외국인에게 매각한 최초의 부동산이다. 그 전까지 외국인은 사대문 안에서 거주할 수 없었다. 하비브하우스는 서울에 있는 대사관저 가운데 유일하게 한옥을 유지했다. 1973년 11월 4일 낡은 대사관저를 다시 짓는 착공식이 있었다. 필립 C. 하비브(Philip Charles Habib, 1920~1992) 대사 시절이다. 그때 공사 관계자가 포클레인 작업 현장에서 비밀 통로를 발견했다. 철문을 작동하는 시설이었다고 한다. 대사관측에서 통제하여 더는 확인할 수가 없었다. 물론 고종이 그 비밀 통로를 이용했다는 증거는 어디에도 없다. 아관파천 당시 고종은 미국 공사관 정원 뒷길을 이용했다. 당시 그 길은 미국 해병대가 지키고 있었다. 고종이 이용한 이 길은 후에 '왕의 길(King's Road)'로 불리게 된다.

루머로 떠도는 고종의 비밀 통로를 추적하면서 우리 역사의 개기일식에 해당하는 아관파천의 비극에 마음이 착잡했다. 한 나라의 제왕 된 자가 번듯한 궁궐을 버리고 남의 나라 공관에 피신한 이 구차한 사건은 당시의 여러 상황 논리를 감안하더라도 스스로 주권통치를 포기한 행위가 아닌가. 고종은 아관파천 기간 동안 엄상궁과의 사이에서 마지막 황태자 이은(李垠, 1897~1970)을 낳는다. 공교롭게도 황태자의 이름 '은(垠)'은 끝 혹은 낭떠러지를 뜻하는 한자다.

1897년 2월 25일, 고종은 러시아의 영향에서 벗어나라는 내외의 압력에 지금의 덕수궁인 경운궁으로 환궁한다. 환궁한 그해 10월 12일 새벽 3시에 고종은 대한제국을 선포하고 환구단(圜丘壇)에서 황제 대관식을 거행한다. 국방력도 외교력도 없는, 지상에서 가장 초라한 대한제국의 탄생이었다. 대한제국은 8년 뒤, 을사늑약으로 일제에 외교권을 빼앗기고 만다.

1907년 일제에 의해 강제로 퇴위당한 고종에게 아들 순종은 덕수(德壽)라는 궁호를 올린다. 덕수는 왕위를 물려준 '선왕의 덕과 장수를 기린다.'는 뜻이다. 덕수궁이란 지금의 이름을 갖게 된 건 이때부터였다. 고종은 1906년 덕수궁의 동문인 대안문(大安門)을 대한문(大漢門)으로 고치고 궁의 정문으로 삼게 했다. 나라를 빼앗긴 고종 임금은 1919년 덕수궁 함녕전(咸寧殿)에서 눈을 감았다.

한국 공관이 폐쇄되자 항일운동하다 자결한
이범진 주러 공사

친애하는 황제 폐하. 우리의 조국은 이미 죽었습니다. 폐하께서는 모든 권리를 빼앗기셨습니다. 신은 적에게 복수할 수도, 적을 응징할 수도 없는 무력한 처지에 놓였습니다. 자결 외에는 아무것도 할 수 없습니다. 저는 오늘 그 일을 하려고 합니다.

주러 한국 공사 이범진이 고종에게 남긴 유서 내용이다. 그는 1911년 1월 13일 낮 12시, 거실에서 천장 전등에 밧줄을 설치하고 목을 매달아 자결했다. 그의 나이 59세 때였다. 밧줄로 목을 맨 상태에서 권총으로 세 발을 쐈으나 탄환이 벽과 천장으로 빗나갔다. 공사는 현재 상트페테르부르크에 잠들어 있다.

병인양요 때 로즈 제독이 이끈 프랑스군과의 전투에서 승리한 이경하(李景夏, 1811~1891)의 서자 이범진은 아관파천의 주역이었다.

미국 특명 전권공사를 거쳐 1901년 3월 러시아 상주공사로 임명되었고 을사늑약 후, 일본 외무성이 한국 공관들을 폐쇄 조치했으나 이범진 공사는 끝까지 소환에 응하지 않았다. 그는 상트페테르부르크에 남아 항일운동을 전개했다. 고종의 밀사 이준(李儁, 1859~1907)과 이상설(李相卨, 1870~1917)이 헤이그 만국평화회의에 참석하기 위해 그를 찾았을 때, 이범진은 탄원서 작성을 도왔고 둘째 아들 이위종(李瑋鍾, 1887~?)을 통역으로 동행시켰다.

세 사람의 특사 일행은 헤이그에 있는 동안 평화회의와 연관된 행사들이 치러지는 활동 중심 거점인 평화 클럽에서 설명회를 열었다.

이범진 공사와 아들 이위종.

그 자리에서 이위종은 프랑스어로 을사조약이 일제에 의해 강요된 것이라서 불법이며 무효라고 주장했다. '한국의 호소'라는 제목의 연설은 청중에게 큰 감명을 주었다. 프랑스 생시르 육군사관학교에 다닌 이위종은 영어와 프랑스어, 러시아를 구사한 최고의 엘리트로서 러시아의 귀족 놀켄 남작의 딸 엘리자베타와 결혼했다. 훗날 이위종은 생활고와 울분을 못 견디고 엘리자베타와 이혼한 뒤 독립운동에 전념했지만 러시아 당국에 의해 추방당했다. 그는 이름을 바꾸고 시베리아를 떠돌았는데 그 뒤의 행적은 묘연하다.

고종은 전주 이씨인 이범진 공사를 조카라고 여기며 "짐이 죽은 뒤에도 러시아에 남아 니콜라이 2세(Aleksandrovich Nikolai II, 1868~1918) 황제에게 도움을 청하라."고 편지를 보낸다. 이 공사는 조국으로부터 재정 지원이 끊긴 뒤에도 비서와 함께 어렵게 생활하면서 조국의 독립을 도왔다. 그는 항일 언론의 모태「해조신문(海朝

新聞)」(장지연[張志淵, 1864~1921]이 주필)이 블라디보스토크에서 창간되자 지원금을 보냈고, 연해주 의병투쟁 조직 '동의회'에 1만 루블을 지원했다. 1910년 경술국치를 당하자 사재를 정리해 각지에 후원금을 보냈다. 미주 지역과 하와이, 연해주 등 지역을 가리지 않았다. 장례비로 5천 루블만 남겨둔 상태라서 옷이나 시계 등 가재를 전당포에 맡기고 돈을 빌려 쓰는 궁핍한 생활을 했다고 한다.

이범진은 아관파천을 주도해 나라의 이권을 러시아에 넘겨준 친러파로 낙인이 찍혔다. 하지만 의로운 죽음은 책임 있는 관료의 전범으로서 그의 허물을 능히 상쇄하고도 남는다. 동양고전『주역(周易)』의 '대과(大過)'괘 효사에 "과섭멸정(過涉滅頂, 지나치게 무리해 건너면 정수리가 잠긴다)이니 흉하나 허물이 없다."고 했다. 목숨은 하나다. 범속한 소인들은 목숨에 연연할 수밖에 없지만 대인은 죽음 앞에서도 떳떳한 도리를 생각한다. 나라를 빼앗긴 불행한 시대를 만나 물에 빠져 죽는 처지처럼 되었지만 허물이 없는 군자의 삶을 택했다. 그의 나이 59세 때의 일이다. 조선 왕조가 망했지만 책임 있게 행동한 지도층은 얼마 되지 않는다. 매천(梅泉) 황현(黃玹, 1855~1910)이나 향산(響山) 이만도(李晩燾, 1842~1910) 등 재야의 선비들 몇몇이 죽음으로 치욕을 씻었을 뿐이었다. 국치 100년을 맞아 우리가 이범진 공사의 죽음을 기려야 할 이유다.

현재 인천시는 상트페테르부르크와 자매결연을 맺고 문화 교류를 하고 있다.

● 정동 옛 러시아 공사관

주소	서울특별시 중구 정동 15-1. 정동공원 내
분류	사적 제253호
양식	개화기 르네상스식 건축물
준공	1890년
설계	사바틴
총면적	1,102㎡

● 찾아가는 길

지하철 1, 2호선 시청역 1, 12번 출구,
또는 지하철 5호선 광화문역 6번 출구에서 도보 15분

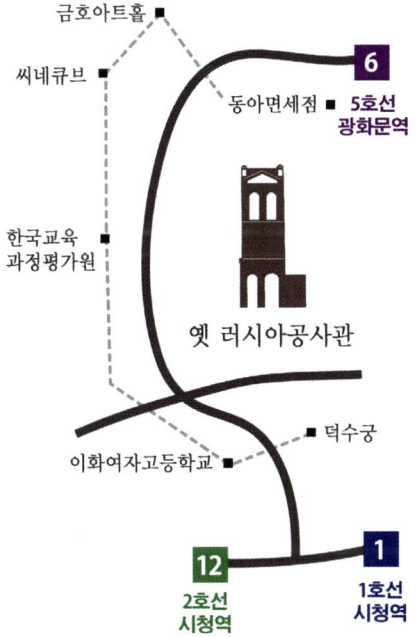

용산공원

> 임진왜란부터 청일전쟁을 거쳐 한국전쟁까지, 근현대 120년 격동의 역사를 목격한 곳

서울특별시 용산구 국립중앙박물관과 가족공원 일대는 학습과 나들이를 겸하기에 좋은 장소다. 민족문화의 전당인 국립중앙박물관이 도심 녹지 속에 자리 잡고 있다. 평일에도 그렇지만 휴일이면 견학 온 학생들과 소풍 나온 시민들의 발길이 끊일 줄 모른다.

박물관 건물을 나와 보신각 동종(보물 제2호)이 있는 남동쪽 뜰을 거닐어 가족공원으로 들어선다. 청둥오리와 잉어가 노니는 연못 주위로 산책로가 열려 있다. 조각공원 풀밭에서 오락하는 유치원생들의 웃음소리가 해맑다.

태극기 공원으로 향한다. 50봉의 태극기가 둥그렇게 서 있는 가운데 무궁화 형상의 잔디밭이 펼쳐져 있다. 깃대 사이로 무궁화도 심었다. 소박하지만 민족혼을 되살린다는 취지가 여기서만큼은 새뜻

일본군과 미군 등 외국군의 주둔지에 지어진 국립중앙박물관. 모두 6개의 전시 공간을 갖췄다.

하다. 근대와 일제강점기, 현대까지도 이 일대는 줄곧 우리의 주권이 미치지 못하는 강역이었다. 잠깐 왔다가 가버리는 짧은 봄날, 연분홍 꽃잎 바람에 흩날리던 기억을 머금은 벚나무 숲 너머로 주한 미군 용산 기지가 보인다.

모든 공간은 배타성을 지닌다. 누군가가 특정 공간을 점유하면 동시에 다른 세력이 그 공간을 활용하지 못한다. 공간은 갖가지 목적에 따라 분할되고 여러 경계선으로 둘러싸인다. 더구나 그 공간이 타국의 군대가 머무는 공간이라면 더더욱 배타성이 크다.

우리는 서울 강남 반포에서 동작대교로 한강을 건널 때마다 다리 북단이 잘린 것처럼 직각으로 우회하는 생급스러운 도로를 체험하곤 한다. 무엇이 쭉쭉 뻗어야 하는 도로를 우회시켰을까? 관통할 수 없는 미군 용산 기지가 있어서다. 지금은 국립중앙박물관과 가족공원이 들어섰지만 그 전까지는 미군 기지 골프장 부지였다.

이곳이 1992년 11월 한국 정부로 반환된 데 이어 이태원로가 둘로 나누는 남쪽과 북쪽의 기지도 2012년까지 반환된다. 정부(국토해양부 용산공원 조성 추진기획단)는 용산공원 조성 특별법에 따라 국민 의견을 수렴해 공원 명칭을 공모하고 남산과 한강, 관악산과 연계된 녹지축의 생태공원을 조성할 계획이다. 국립중앙박물관 건물은 동작대교와 곧추 연결될 수 있는 도로를 예상하고 세웠다. 하지만 그 도로가 메트로폴리스 도심 속 꿈의 생태공원을 관통하게 만들려면 시민들의 동의가 있어야 한다. 이래저래 동작대교 북단은 맘 놓고 달리지 못하는 도로로 남을 가능성이 크다.

용산은 한강을 끼고 있다는 지리학적 이점으로 일찍이 전국 조운선(漕運船, 화물선)이 모이는 포구로 발전했다. 한강에서 활약하던 경강상인의 본거지로 자본주의적 경제 활동의 시발지였다. 하지만 근대에 들어 외국군 주둔지가 되고 만다.

용산은 역사적으로 군사 전략적 요충지였다. 한강과 접해 있고 남산과도 가까워 일찍이 고려 시대에 몽골 침략군은 이 지역을 병참기지로 이용했다. 임진왜란 때는 고니시 유키나가(小西行長, ?~1600)와 가토 기요마사(加藤淸正, 1562~1611)가 각각 원효로4가, 청파동 일대에 주둔했다.

1882년 임오군란(壬吾軍亂) 이후에는 청나라 군대가 머물렀다. 이때 조선 내란을 평정한다는 명분으로 오장경(吳長慶, 1833~1884) 부대를 수행해와서 조선 역사에 등장한 문제의 인물이 위안스카이(袁世凱, 1859~1916)다. 청군이 임오군란을 평정하자 군영으로 답방하러

온 대원군을 군함으로 압송해 톈진에 연금한 것이다. 위안스카이는 이 작전과 대원군의 잔당을 토벌하는 전투에도 참여했다. 임오군란이 평정된 뒤 청나라 오장경 부대는 조선 정세를 안정시킨다는 이유로 계속 서울에 주둔했다. 1884년 오장경이 조선을 떠나자 위안스카이는 횡포를 부리며 본색을 드러냈다.

이후 청일전쟁을 일으킨 일본군 증원 전력도 용산에 자리 잡았고, 민비 시해사건인 을미사변 때도 용산에 주둔한 일본군이 개입했다. 일제는 1904년부터 이곳에 조선군사령부를 설립하고 그것을 발판 삼아 대륙 침략을 본격화했다. 남영동이라는 지명도 조선군사령부 남쪽에 병영이 있어서 생겨난 이름이다.

태평양 전쟁에서 승리한 미군 제24사단은 광복 직후인 1945년 9월 용산 기지 시대를 열었다. 용산 미군 기지는 서울시민의 생활에 지대한 영향을 미쳤다. 미8군의 밤무대는 1960년대 이후 한국의 대중음악을 선도하는 록밴드들의 활동 무대였고 이를 통해 많은 대중 스타들이 배출되었다.

삼각지는 한국 현대미술의 성장 거점이다. 삼각지 화랑가는 한국전쟁 직후 미8군 주둔과 함께 초상화, 이발소 그림이 양산되었다. 가난뱅이 화가 박수근(朴壽根, 1914~1965)과 이중섭(李仲燮, 1916~1956) 등이 생계를 위해 그림을 그리던 곳이기도 하다.

용산 미군 기지는 총 81만 평이다. 주한 미군사령부와 8군사령부, 한미연합사령부가 있는 메인 포스트(Main Post)와 주거 시설, 학교, 병원이 있는 사우스 포스트(South Post)로 나뉘어져 있다. 일부 시설을 제외하고는 대부분의 공간이 반환된다. 머지않아 이곳에 계획된 도심 속 꿈의 공원이 태어난다. 도심 공원에서 산책을 하고, 독서를 하고, 수영과 스케이팅을 하면서 사계절을 느끼고 호흡하게 된다.

뉴욕에 맨해튼 센트럴파크가 없는 걸 상상이나 할 수 있을까. 뉴욕 시민에게 센트럴파크는 작은 천국이다. 〈뉴욕의 가을〉〈러브 스토리〉〈나 홀로 집에〉〈해리가 샐리를 만났을 때〉〈티파니에서 아침을〉 등의 영화에 이 공원이 등장한다.

2010년 1월 27일 타계한 샐린저의 명저 『호밀밭의 파수꾼』에서 방황하는 청소년 홀든은 "겨울이 와 센트럴파크 호수가 얼어붙으면 오리들이 어디로 가느냐?"고 묻곤 한다. 어른들이 만들어놓은 레일에서 탈선한 그 자신이야말로 호수가 얼어붙어 어디로 갔는지 모르는 겨울 오리 신세와 다를 게 없는데 말이다. 용산공원이 우리네 문학 작품이나 영상물에 단골로 묘사될 만한 명품으로 태어나는 장면을 상상해본다.

한국전쟁 60주년의 해(2010년)에 용산 전쟁기념관과 미군 기지를 바라보며 6·25전쟁과 천안함 사건을 떠올린다. 군대는 국가의 공인된 무력 기관이다. 동족 간의 남북 대치 상황이라 무력을 행사할 수 없음이 답답하다. 그뿐인가. 대한민국 군사력은 세계에서도 강군으로 손꼽히는데 우리는 아직까지 우리 안에 외국 군대를 들이는 역사를 120년 넘게 이어가고 있다. 국가는 고유의 영토 안에서 모든 것을 배타적으로 지배하는 결사체가 아니던가.

땅의 쓰임새란 시대에 따라 변한다. 국가와 민족, 군대와 평화의 진정한 의미를 새겨보는 명소, 용산공원! 2014년까지 미국부대가 이전하면, 열강의 군사기지를 간직한 이 독특한 장소는 세계문화유산이 될 가능성이 크다.

서울과 대한민국의 문화 상징으로 거듭나길 고대한다.

용산 가족공원 전경(왼쪽 위)과 여러 명소들.

위안스카이,
임오군란 뒤 14년간 용산 거점으로 '조선총독' 노릇

위안스카이는 중국과 한국의 근대사에 막대한 영향을 끼친 인물이다. 탐욕과 교활, 치밀한 인맥 관리와 탁월한 외교적 수완이 교직된 괴걸(怪傑, 괴상할 만큼 재주나 힘이 뛰어난 사람)이자 난세의 간웅이다. 허난(河南)성에서 첩의 소생으로 태어나 삼촌의 양자가 된 그는 글 읽기를 싫어하여 누차 과거에 낙방했다.

숙부의 주선으로 23세 때인 1882년부터 한성 방위 책임자로 조선에 들어온다. 사사건건 내정 간섭을 했던 그는 인생의 황금기 중 14년을 조선에서 보냈고 이를 출세의 발판으로 삼았다. 그는 무려 10명의 처첩 사이에 아들 17명을 포함해 32명의 자식을 두었다. 청나라 황제의 전권대사로 임명돼 조선 조정에 막강한 영향력을 행사할 무

용산 전쟁기념관.

렵에는 왕족을 포함해 3명의 조선 여인을 첩으로 삼기도 했다.

　1886년 당시 서울에서 가장 영향력 있는 외국인은 의료 선교사 출신의 미국 공사 알렌이었다. 그런데 위안스카이는 알렌을 능가하는 권세를 누렸다. 알렌을 비롯한 일본과 서양의 외교관들은 걸어서 입궐하는데 유독 위안스카이만은 가마를 타고 입궐했다. 알렌은 이를 문제 삼았고 고종에게 모든 외교관이 가마를 타고 입궐할 수 있게 조치해달라는 최후통첩을 보냈다. 물론 보기 좋게 거절당했다. 위안스카이만 여전히 가마를 타고 입궐할 수 있었다.

　그는 상국(上國)에서 조공국 조선에 왔으므로 특권을 누려야 한다고 생각했다. 다른 각국 공사나 총영사들보다 자신이 한 등급 높다고 여겨서 그들과의 회의에도 참석하지 않았다. 그의 오만한 태도를 모두가 못마땅하게 여겼다. 고종과 민비는 그 때문에 몹시 불안했다. 서울 주재 외교관들은 그를 감국대신(監國大臣)이라고 불렀다. 청나라 황제의 권한 대행, 조선총독 노릇을 했던 것이다.

　위안스카이는 용산, 인천, 부산, 원산에 경찰을 배치하여 청상(淸商)들을 지원했다. 청상은 순풍에 돛 단 듯 상권을 확대할 나갈 수 있었다. 남대문과 종로 일대까지 중국인 거리가 생겨나고 종로 시전을 비롯한 한성의 조선 상가는 몰락할 위기에 처했다.

　청일전쟁이 일어날 조짐이 보이고 동학의 잔당들이 위안스카이를 암살하려 한다는 첩보가 들어왔다. 그는 서둘러 변장을 하고 야반도주한다. 미국 공사 알렌 역시 을사늑약 직후 미련 없이 조선을 떠난다. 라이벌 같았던 둘의 공통점이다.

　위안스카이는 인맥 관리의 귀재였다. 중국으로 돌아간 그는 서태후(西太后, 1835~1908)의 신임을 얻어 톈진에서 신식 군대를 양성하고 훗날 베이양군벌(北洋軍閥)이라 불리는 심복들을 양성했다. 죽을 때까지 충성을 바친 심복 루안쭝수(阮忠樞)는 여자를 하사해서 얻었다. 루안이 좋아하던 기녀를 빼내 깜짝 선물로 줘 환심을 산 것이다. 1911년 우창(武昌)에서 신해혁명이 일어나자 군권을 다시 장악했다. 그는 청 왕조를 배신한 채 쑨원(孫文, 1866~1925)과 막후 협상을 통해 마지막 황제 푸이(溥儀, 1906~1967)를 퇴위시키고 자신은 대총통에 올랐다. 1916년 1월 1일, 중화민국을 중화제국으로 고치고 마침내 대황제에 올랐다. 하지만 국내외의 격렬한 반발에 부닥친 그는 3개월여 만에 군주제를 철회하고 두 달 만에 병으로 죽었다.

● 용산공원

주소　서울특별시 용산구 용산동 1~6가 일원
총면적　약 300만㎡
주요 시설　국립중앙박물관(6가 168-6), 가족공원(6가 68~87번지),
　　　　　전쟁기념관(1가 8번지) 등

● 찾아가는 길
지하철 4호선, 중앙선 이촌역 2번 출구에서 도보 10분

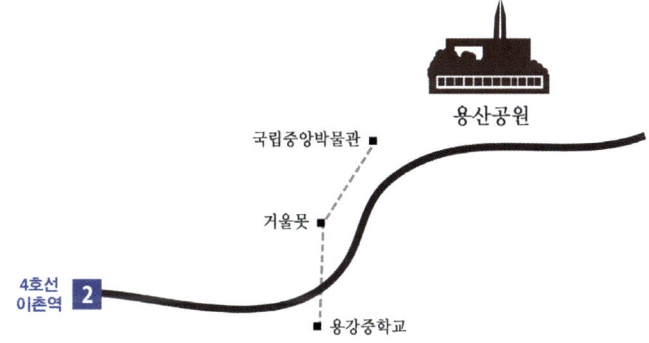

서대문 독립공원

일제의 만행 증언하는 사형장 앞 '통곡의 미루나무'

인왕산 서쪽 자락 독립문역 사거리, 서울역에서 구파발로 가는 통일로 왼편에 독립공원이 있다. 맨 먼저 눈에 띄는 건축물이 독립문(獨立門)이다. 남동쪽 상단에는 '독립문' 현판 글씨를 한글로 새겼고, 북서쪽 상단에는 한자로 새겼다. 좌우에는 네 개의 괘 위치가 상하로 뒤바뀐 태극기 문양이, 아래에는 대한제국 황실의 상징인 이화(李花, 자두꽃) 문장이 방패 모양으로 박혔다. 나폴레옹(Napoléon Bonaparte, 1769~1821)이 세운 파리 개선문을 본떠 러시아 건축가 사바틴이 설계했다. 전쟁 영웅들이 개선식장으로 가는 길목에 세우는 장식문은 고대 로마의 유습이다. 근대에 국가주의가 일어나면서 유럽 도시에는 이런 독립된 형태의 문들이 유행했다.

갑신정변 실패로 미국에 망명했다가 돌아온 개화파 서재필은

「독립신문」을 든 서재필 동상과 독립문.

1896년 4월 7일 「독립신문」을 창간하고 이른바 친러, 친미 성향의 정동파를 부추겨 독립협회를 창립한다. 안경수(安駉壽, ?~1900)가 회장을 맡고 이완용이 위원장이 된다. 독립협회의 첫 사업이 바로 독립문을 세우는 일이었다.

독립문 바로 앞에는 두 개의 석주(石柱)가 어색하게 서 있다. 중국 사신을 맞아들이던 영은문(迎恩門) 기둥이다. 조선은 개국 이래 줄곧 중국을 사대(事大)해왔고 이 문으로 드나들던 중국 사신들은 그야말로 '칙사 대접'을 받았다. 그런데 1895년 2월 청일전쟁 막바지에 이 영은문은 이미 파괴된 상태였다. 물론 총독 같은 위세를 떨쳤던 위안스카이도 도망치듯 조선을 떠난 뒤였고 청나라의 힘은 더 이상 조선에 미치지 못했다. 더구나 당시는 고종이 스스로 궁궐을 버리고 러시아 공사관으로 피신 중이어서 조선은 러시아 천하나 다름없었다. 이런 정국에서 굳이 청나라로부터의 독립을 자축하는 기념물을 세웠던 건 어떤 의미가 있을까. 차라리 고종을 등에 업고 각종 이권에 개입하던 러시아나 호시탐탐 기회를 노리고 있던 일본으로부터의 독립이 더 절박했던 게 아닐까.

문(門)은 경계를 넘어가는 구조물이다. 인간사 길흉화복이 드나드는 길목이자 시대정신의 표상이기도 하다. 독립문을 통과하면 번쩍 치켜든 오른손에 「독립신문」을 들고 선 서재필 동상이 보인다. 1890년 한국인으로는 최초로 미국 시민권을 취득하고 양의사가 된 그의 영어 명은 필립 제이슨(Philip Jaisohn)이다. 서재필을 거꾸로 읽을 때의 발음과 같다. 그가 국민의 대변지를 기치로 창간한 「독립신문」은 19세기 말 한국 사회의 발전과 민중계몽에 큰 역할을 한 기념비적인 신문이다. 그러나 수구파 정부의 탄압을 받고 1898년 5월 14일 미국으로 추방되고 만다. 갑신정변 때 좌절된 꿈이 또 한 번 꺾여버린 것이다. 체제가 지닌 한계를 몇몇 개인의 힘으로 극복하는 건 역시 어려운 일이다.

순국선열들의 위패가 봉안된 독립관과 3·1독립선언기념탑을 지난다. 그리고 참을 수 없는 존재의 무거움으로 맞닥뜨리게 되는 현장이 바로 서대문형무소 역사관이다. 출입문으로 들어서는 발길이 착잡하다. 100년이 넘은 오래된 감옥의 문턱에서 미셸 푸코를 떠올린다. 그가 『감시와 처벌-감옥의 역사 *Surveiller et punir: Naîssance de prison*』에서 말한 것처럼 감옥은 권력 유지의 도구다. 감옥은 곧 처벌을 위한 건축물이다. 처벌이란 범죄에 대한 정당한 형벌이다. 제국주의에 희생

된 식민지 백성의 독립운동이 범죄가 되는가. 인류가 광기와 망령에 사로잡혔던 시절에 일제는 한반도를 강제 점령했다. 그때 정당한 형벌이라는 게 성립될 수 있었던가. 불행한 역사는 옳고 그름을 따지기 이전에 그릇된 폭력 행사를 우선시하는 데서 비롯된다. 강자의 이해타산이 가치판단 기준이었음은 물론이다.

1908년 10월 21일 경성감옥으로 문을 연 이곳에 붙잡혀온 독립지사들이 3·1운동 때만도 자그마치 3,000명이나 되었다. 일제강점기를 통틀어 4만여 명이 구속 수감되었고 그 가운데 400여 명이 처형 혹은 옥사 등으로 순국했다. 그들은 무죄이며 역사는 위인으로 기린다. 그렇다면 감옥은 허상이 아니겠는가. 인간을 교화시키는 규율이 도리어 자유를 구속하는 비극적 상황으로 몰고 간다.

"이곳을 찾는 이들 가운데 5퍼센트가량이 일본인들입니다. 그들은 자신들의 선조가 한국인들에게 자행한 만행의 현장을 목격하고 경악합니다. 이곳은 한일 양국 국민들의 공동 역사교육장이지요."

'유관순 굴'이라고도 불리는 지하 감옥, 0.7평짜리 독방, 고문실로 안내한 서대문구 도시관리공단 김태동 씨가 벽관(壁棺) 앞에서 말했다. 벽관은 산 사람을 시체처럼 관 속에 구겨넣고 꼼짝도 못하게 세워두는 고문 기구다.

사형장 앞 '통곡의 미루나무'를 붙잡고 울었다는 사형수들. 하늘이 준 생명을 제국의 이름으로 처형했다. 해방되고 1992년에 독립공원으로 탈바꿈했지만, 그 이전인 1987년 경기도 의왕시로 옮겨가기 전까지 이 '서울구치소'에는 감옥과 사형장의 기능이 존속됐다. 대한민국 헌법은 사형 제도를 수용했기 때문이다. 진보당 당수 조봉암(曺奉岩, 1898~1959), 정치깡패 이정재(李丁載, 1916~1961), 육영수(陸

서대문 형무소사형장 전경과 '통곡의 미루나무'(왼쪽) 그리고 사형장 건물(오른쪽).

英修, 1925~1974) 여사 저격범 문세광(文世光), 위장 귀순간첩 사건의 이수근, 인혁당 관련 인사 8명, 박정희 대통령 저격범 김재규(金載圭, 1926~1980), 강력범 김대두 등이 이곳에서 형장의 이슬로 사라졌다. 사형장 교도관들은 정당한 집행이라고 자기최면을 걸었겠지만 대개 살인의 악몽에 시달려 알코올중독자가 되거나 사직서를 내고 잠적하는 예도 많았다고 한다.

우리나라는 지난 13년간 사형을 집행하지 않았다. 국제관례나 세계 조례에 따라서 사실상 사형 제도 폐지 국가로 인정된 나라다. 국가 공권력이라도 인간의 생명을 앗아가는 행위는 정당화될 수 없다는 의견이 지배적이다. 교화를 목적으로 하는 감옥의 환경 개선도 자주 거론된다. 지난 4월 문을 연 노르웨이의 할덴 교도소(Halden Fenjsel)는 호텔 뺨치는 고급한 시설로 재소자들을 최대한 편안하게 배려하고 있다.

근대의 현장을 찾을 때마다 느끼는 바지만 우리는 참으로 과거의 유산을 지워버리기에 바쁘다. 운동 나온 재소자들끼리 소통을 못하게끔 만든 부채꼴 모양의 격벽장(隔壁場, 지금의 '운동장'), 공장 등을 헐어버리고 녹지나 주차장으로 만들어버렸다. 지하 감옥은 원형을 지워버리고 일본풍 건물로 바꿨다. 게다가 『서대문형무소 100년사』 한 권 제대로 만들지 못하고 2008년을 넘겨버렸다. 일본인들 입장에서는 바람직한 일이 아니겠는가. 그들이 제국주의 망령에 사로잡혀 저질렀던 만행의 현장과 역사를 피해자가 알아서 축소하고 있으니 말이다. 흔히 역사 청산을 말하곤 하는데 역사는 진솔한 기록으로 복원해야 할 대상이지 청산 대상이 아니다.

다시 독립문 앞에 선다. 영은문 표석을 짚고 넘어가지 않을 수 없다. 표석에 기록된 영(迎)자가 거슬린다. 책받침(辶)을 제외한 글자가 '나 앙(卬)'이 아닌 '토끼 묘(卯)'로 돼 있다. 바로잡아 다시 세워야 마땅하다.

이제 말도 많은 독립문 현판 글씨에 얽힌 불편한 진실 찾기에 나설 때다. 독립문 현판 글씨를 쓴 이는 매국노의 대명사 이완용으로 알려져 있다.

> 교북동 큰길가에 독립문이 있습니다. …… '독립문'이란 세 글자는 리완용이가 쓴 것이랍니다. 리완용이라는 말은 리완용이가 아니라 조선 귀족 령수 후작 각하올시다.

「동아일보」 1924년 7월 15일 자 기사 내용이다. 이 기록이 유일한 사료다. 이완용의 자서전 『일당기사(一堂紀事)』를 보면 66세 되던 해 1월 11일, 직지사에 두 개의 편액을 써서 내려 보냈다는 기록이 있

독립문 현판. 도심을 바라보는 동쪽은 한글로, 그 반대편은 한자로 적혀 있다. 맨 아래는 동농 김가진의 글씨. 앞의 현판 글씨와 비교해볼 수 있다.

다. 하지만 1898년 그의 나이 만 40세 때의 행적에서 그가 독립문 현판 글씨를 썼다는 기록은 없다.

"우리 집안에서는 당연히 할아버님(동농[東農] 김가진[金嘉鎭, 1846~1922]) 글씨로 알고 있습니다. 강단이 남달랐던 어머니(정정화[鄭靖和, 1900~1991])의 회고록『장강일기』에도 한문과 한글 현판을 정성 들여 쓰셨다고 나와 있고요. 어머니는 홀로 상하이에 건너가 시아버지를 모셨어요. 할아버님은 1903년 중추원 부의장으로 계셨을 때, 비원 감독직을 맡아 창덕궁 모든 현판의 글씨를 쓰셨습니다."

김자동 대한민국 임시정부기념사업회 회장은 조부의 서첩을 펼쳐 보이며 정색하고 말했다. 독립운동가 정정화 여사는 밀정을 피해 독립 자금을 치마 속에 숨기고 압록강을 건너다니며 상해 임시정부 요인들을 뒷바라지했다.

"서예 전문가나 정통한 감정가라면 한눈에 알 수 있는 문젭니다. 52세의 농익은 동농 글씨가 분명해요. 동농 선생은 송나라 때 명필 미불(米芾, 1051~1107) 글씨를 즐겨 쓰셨어요. 세로보다 가로가 더 길게 보여서 중후하고 넉넉하지요. 이완용은 당나라 안진경(顏眞卿, 709~785)체를 즐겨 썼는데 이완용 글씨는 세로로 길고 옹색한 맛이 있습니다. 글씨에 성품이 그대로 드러나요."

감정 권위자인 서예가 김선원은 '문 문(門) 자'와 '설 립(立) 자'의 체형을 조목조목 짚어가며 단언했다. 이완용 글씨로 알려진 경복궁 함원전(含元殿) 현판 글씨도 마찬가지라고 지적한다. 완숙한 독립문 글씨와는 체형과 서법이 전혀 다르다고 한다.

그러나 이완용 평전을 쓴 전 언론인 윤덕한은 완전히 다른 주장을 한다.

"100퍼센트 이완용 글씨입니다. 정동파가 중심이 돼 창립한 독립협회지요. 외부대신 이완용은 발기인 가운데 보조금도 가장 많이 냈고 위원장이 되어 독립문 건립을 주도했어요. 김가진도 발기인이긴 했지만 그는 친일파였어요. 정동파가 주도한 사업에 현판 글씨를 쓰겠다고 나설 입장이 아니었습니다."

무엇이 진실일까. 독립문 아래에 서서 역사의 소용돌이를 헤쳐가는 인물 유형을 생각해본다. 두 사람은 흡사하면서도 전혀 다른 결과와 평가를 받은 인물들이기 때문이다. 한일 강제병합 때 이완용과 김가진은 모두 일제로부터 작위를 받았다. 능수능란한 변신술로 친미파, 친러파를 거쳐 친일파로 남은 이완용은 그렇게 천수를 누렸다. 반면에 김가진은 3·1운동이 일어나자 독립운동가의 길을 걸었다. 독립대동단(獨立大同團)을 결성하고 초대 총재가 된 그는 1920년 상해 임시정부로 건너간다. 그의 나이 74세 때다. 임시정부 고문이 된 그는 망명정부에서 생을 마감한다. 역사에 매국노라는 오명과 인생역전의 대명사로 남은 두 사람의 행적은 후세에 교훈을 남긴다.

우리는 그간 부끄러운 역사를 덮어두려고만 했다. 하루 평균 1만 명 가까이 찾는 역사의 산 교육장 독립공원의 상징인 독립문 현판 글씨 주인공을 확실히 가릴 필요가 있겠다. 그리고 김가진이 아닌 이완용의 글씨라면 안내 책자에 당당하게 밝히고 여론을 수렴해 사후 대책을 모색해야 옳지 않을까. 하지만 아직은 속단하지 말고 시간을 두고서 기다려야 할 것 같다. "근대 문화유산은 얼마든지 새로운 사료가 나올 여지가 있다."는 문화재청 관계자의 의견은 타당성이 있어 보인다. 독립문을 나서며 독립의 의미를 생각해본다. 남북이 통일되고 당당한 문화국가가 될 때 진정한 독립이다.

● 서대문 독립공원

주소	서울특별시 서대문구 현저동 101번지
분류	독립문-사적 제32호, 옛 서대문형무소-사적 제 324호
총면적	11만 3,022㎡
역사	1992년 8월 15일 개원 (독립문 1897년 11월, 서대문형무소 1908년 10월 세움)

● 찾아가는 길

지하철 3호선 독립문역 5번 출구

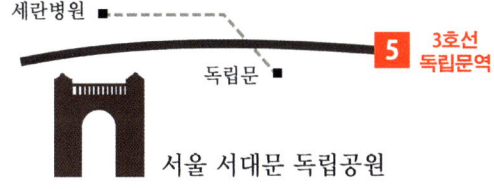

문화체육관광부 옛 청사

'쌍둥이 8층' 미국 자금으로 건설, 문화부 청사는 경제 정책의 산실

해맑은 날, 광화문광장에 서서 광화문과 경복궁, 북악을 보면 눈부시다. 그야말로 광화(光化)의 풍광이다. 나는 이곳이 한국 근대 문화유산 답사 승경 가운데 제1경이라고 단언한다. 빼어난 풍광 속에 전통과 현대가 잘 어우러져 있다. 복잡한 도심 속에 이처럼 활짝 열린 공간을 만나는 건 장쾌한 일이다.

서울 광화문 세종문화회관 앞에서 광장 너머 동북쪽을 본다. 8층짜리 쌍둥이 건물이 나란히 서 있다. 차려입은 옷 색깔만 달랐지 키와 몸맵시가 똑같은 일란성 쌍둥이다. 얼마 전까지만 해도 두 건물 앞에는 각각 태극기와 성조기가 게양돼 있었다. 태극기와 성조기 뒤편으로 '세상을 담는 아름다운 그릇 한글' '기억합니다 6·25 60주년'

문화체육관광부와 주한 미국 대사관은 현수막으로 즐거운 대화를 해서 화제가 되었다.

이라고 적힌 현수막이 건물 정면 외벽에 드리워졌었다. 지난 2010년 2월 13일에는 성조기를 게양한 건물에 "새해 복 많이 받으세요."라는 덕담을 '심은경'이라는 붉은 도장글씨와 함께 내걸어 시민들의 마음을 훈훈하게 덥혔다. '심은경'은 전 주한 미국대사 캐슬린 스티븐스(Kathleen Stephens)의 한국 이름이다.

대한민국 문화체육관광부와 미국대사관은 이렇듯 마음을 담은 한글 현수막으로 즐거운 대화를 했다. 예전에는 볼 수 없었던 미담이다. 한국전쟁 60주년을 맞은 2010년의 이런 풍경은 그간 잊고 있었던 두 나라 간 혈맹 관계를 되새기게 한다. 그사이 문화부가 옮겨가고 주한 미국 대사가 바뀌었으므로 이런 미담도 추억이 돼버렸다.

폭염 속에서 그늘 한 점 없는 광장 위를 걷는다. 건축가들이 뽑은 최악의 건축물로 알려진 광장이다. 그래도 과거 도로였던 시절보다는 낫다. 남쪽 이순신(李舜臣, 1545~1598) 장군 동상 뒤편에서 '역사물길'을 지나 세종대왕 동상 앞에 선다. 홍콩, 일본 관광객이 기념 촬영을 한다. 뙤약볕 아래 대왕의 좌상이 어딘지 부자연스럽다. 실내가 아니므로 입상이 훨씬 나았을 법하다. 백성들이 농사짓는 광경을 둘러보거나 혼천의(渾天儀) 앞에서 장영실(蔣英實) 같은 과학자를 대동하고 하늘을 관찰하는 모습이었으면 더 좋았지 싶다. 탐방 온 한 무리의 학생이 세종대왕 동상 아래로 난 지하도로 흘러 들어간다. 세종문화회관 지하실로 연결된 '세종이야기' 코스로 향하는 발길이다. 예전에 지하도와 지하 주차장이었던 곳을 산뜻한 전시관과 카페로 바꿨다. 2009년 10월 9일 한글날에 개관해 지금은 관광객들이 즐겨찾는 명소가 됐다.

쌍둥이 건물은 언제부터 이 자리에 서 있었을까. 그리고 건물을 세운 주체는 누굴까.

> 일본 유학파 출신 한국 건축가 이용재(李龍在, 1897~1974)가 두 건물의 건축을 주도했다는 논문과 기사를 봤습니다. 심지어 필리핀 건설회사가 낙찰받아 시공했다는 칼럼도 여러 차례 접했고요. 내가 그때 건축을 주도한 미 국무부 계약관 호러스 테일러(Horace Taylor)의 보좌관 자격으로 미국 자금을 집행했는데 터무니없

는 낭설입니다. 미 국제개발처(USAID, United States Agency for International Development) 지원금을 받아 미국 회사들이 주도했지요. 그 신문사에 여러 차례 전화를 걸어 정정을 요청했지만 무책임하게도 아무런 조치를 취하지 않더군요. 그래서 억측과 오보가 이어지고 있는 겁니다.

40여년간 미국대사관 기술고문관을 지낸 박승방 씨는 예산 집행 내역이 소상히 적힌 영문 자료와 사진을 공개했다. 그는 서울대 공대 4학년에 재학 중이던 1953년 미국으로 건너가, 미시건대를 나온 엘리트다. 1960년 귀국해 쌍둥이 건물 짓는 일에 처음부터 관여했다.

애초에는 우리 정부청사 한 동만 지을 계획이었지요. 건물 터를 파던 어느 날, 말을 탄 이가 부관을 데리고 와서는 뭐가 이렇게 시끄러우냐며 당장 그만두라고 명령해요. 나중에 보니 그분이 5·16 군사정변에 성공한 박정희 장군이었지요. 훗날 박정희 대통령은 국가재건최고회의 의장이 돼 이 건물에서 정책 결정을 했어요.

박승방 씨가 건네준 자료에 따르면 이 쌍둥이 건물의 설계사와 시공사는 태평양건축 엔지니어(PA&E)와 빈넬(Vinnel)로 모두 미국 회사이다. 설계부터 시공, 감리까지 미국인들이 주도했고 550만 달러에 달하는 건축자금도 모두 미 국제개발처가 댔다.

광화문광장은 대한민국 수도 서울의 국가상징거리다. 경복궁 광화문과 접한 이곳은 조선 왕조 때 중앙관청 육조(六曹)가 있던 거리다. 조선 건국 이후 주요 사건 기록을 담고 흐르는 '역사물길'에서 시민들은 600년 시간의 흔적을 호흡할 수 있을까. 광화문과 시민열린마당, 정부청사, 미국대사관, KT, 교보문고, 세종문화회관, 옛 황토 마루 사이에 놓인 공간은 아직 '시간의 켜나 고임'의 맛을 주지 못하고 있는 느낌이다. 광장은 열림과 쉼, 그리고 소통을 전제로 한다. 그런데 광장으로 들어가려면 양쪽에서 자동차 도로를 건너야 한다. 왕복 도로를 한쪽으로 배치하고 세종문화회관 쪽이건 쌍둥이 건물 쪽이건 인도와 접하게 광장을 만들었다면 접근성이 훨씬 좋아졌을 것이다. 그랬더라면 시민들에게 자동차 도로 대신 광장을 돌려주려던 애초의 의도가 잘 살아났을 것이다. 그늘이 없는 것도 보완해야 할 점이다. 주변 건물의 1층과 접한 인도에 넉넉히 그늘진 쉼터를 더 마련하여 시민들이 자율적으로 이용하는 광장이 되기를 바란다.

문화체육관광부 건물은 대한민국역사박물관으로 거듭난다. 이 건물은 한국 현대사의 산실과도 같다. 2011년에 준공 50주년을 맞이한 이 건물 안에서 대한민국 현대사의 중심축을 세우는 각종 정책들이 입안됐고, 그 정책들은 세계 속의 한국으로 발전하는 기적을 피워냈다. 이제 그곳으로 들어가본다.

문화체육관광부 북쪽 옥상에서 광화문과 경복궁, 청와대와 북악산, 인왕산을 조망한다. 세종대왕은 경복궁 서쪽 인왕산 자락에서 탄생했다. 대왕은 조선의 기틀을 다지고 민족문화를 창조한 인문주의자였다. 지금 그는 광화문광장 가운데에 앉아 그 옛날 당신께서 못다 이룬 꿈을 미래의 주역들이 열어가라고 독려하고 있다.

1962~1981년까지 4차에 걸쳐 경제개발 5개년계획이 실시됐는데 그 산실이 바로 이곳입니다. 그때는 한 달에 한 번씩 '월경하는

문화체육관광부 옛 청사에서 바라본 세종로 거리.

날'이 있었어요. 생전 박정희 대통령이 이 건물에 와서 최고의 경제 브레인들을 모아놓고 월례 경제 동향 보고 회의를 주도했지요. 경호 때문에 엘리베이터를 이용할 수 없어 8층 계단을 걸어서 오르내렸습니다. 그렇게 비상이 걸려 경제기획원 직원들이 그날을 '월경하는 날'이라고 했던 거죠. 박 대통령은 이 건물과 참 인연이 많은 분이지요.

장관을 지낸 한 고위층의 회고다.

3층 구(舊) 문화체육관광부 장관실은 녹실(綠室, The Green Room)로 통한다. 대한민국 경제 발전 정책의 산실이기 때문이다. 박정희 대통령이 이 건물에서 정치의 기틀을 잡았다면 경제기획원은 23년 동안 이곳에서 경제 기반을 다졌다. 그리고 1986년부터 지금의 문화체육관광부 전신인 문화공보부가 들어서면서 한국 문화 정책의 산

문화체육관광부 장관실이었던 녹실과 '경제개발정책'의 산실이었음을 알리는 표지판.

실이 됐다. 이 건물은 한국이 정치적 혼란기를 넘어 경제 발전, 그리고 그 토대 위에서 문화국가로 발돋움했음을 상징한다. 그리고 그런 '역사의 켜'들이 소담스레 모여 곧 들어설 대한민국역사박물관은 역사교육의 전당으로 거듭난다. 절묘하게도 한 공간에서 한 나라의 정치와 경제, 문화를 적절한 때 차례로 입안하고 추진했던 장소가 된 것이다.

권력자와 톱 브레인들, 문화부 청사서 한국의 미래 설계

"30년 가까운 공직 생활 대부분을 이 건물에서 보냈습니다. 1989년 말, 해외공보관실에서 밤새도록 로이터 통신의 텔레타이프를 받아냈지요. 행정고시 공부 하느라 몇 년 나가 있었지만 합격해 사무관으로 다시 들어왔어요. 1995년 김영삼(金泳三, 1927~) 정권 때, 8·15 경축

행사 직후 총독부 청사 돔을 잘라내던 역사적 광경도 여기서 생생히 목격했습니다. 북쪽 사무실 유리창으로 가까이서 내려다봤으니까요. 일제 총독부 청사 돔은 현재 독립기념관에 전시하고 있지요."

오랫동안 이 건물에서 일해온 박광무 한국문화관광연구원장은 문화체육관광부 건물이 한국 현대사의 정보 창고라고 정의한다. 그는 '가치의 권위적 배분이 정치'라는 데이비드 이스턴(David Easton, 1917~)의 말을 인용하며 우리 현대사 반세기는 정치가치가 자연스럽게 경제가치로, 다시 문화가치로 발전해온 역사라고 말했다. 그리고 그 3단계 정책적 변환의 산실이 바로 문화체육관광부 건물이라는 것이다. 2012년에 대한민국역사박물관이 되면 영구히 후손에게 그 유산을 물려주게 되므로 가치가 완성되는 터가 되는 셈이다.

"이 자리는 당대의 권력자와 톱 브레인들이 나라의 미래를 설계했던 곳입니다. 정치가 가치의 중심이던 때는 박정희 대통령이 머물렀고, 경제가 중심이던 때는 최고의 엘리트 그룹이라는 경제기획원이 있었지요. 지금은 문화가 중심으로 옮아온 시대인데 우수 인재들이 가장 선호하는 곳이 문화체육관광부로 바뀌었습니다. 그 가운데 상당수가 여성이고요. 정말 우리나라가 문화 선진국으로 다가간다는 걸 실감합니다."

박 원장은 우리나라 문화 정책이 어떻게 변동해왔는지를 조목조목 요약했다. 문화 정책이란 문화라는 목적을 정책이라는 수단으로 엮어내는 공공 활동이라고 한다. 역대 정권은 장기적인 계획을 수립한 것도 아닌데 참 조화롭게 발전해왔단다. 이승만 정부가 자본주의 문화를 도입했다면, 박정희 정부는 문예진흥법을 제정했고, 노태우 정부는 88올림픽을 개최하고 문화부를 출범시켰다. 문화대통령

문화체육관광부 건물은 2012년 12월부터 대한민국역사박물관으로 거듭나기 위하여 새로이 단장했다.

을 표방한 김대중 정부, 문화 콘텐츠 개념을 정착시킨 노무현(盧武鉉, 1946~2009) 정부가 그 뒤를 이었다는 것이다. 단출하고 명확했다.

문화란 삶의 에센스라는 그는 1994년 문화 산업국이 신설되면서 비로소 문화를 경제적 가치로 보기 시작했다며 보다 장기적인 정책을 수립할 필요가 있다고 했다.

"프랑스의 앙드레 말로(André Malraux, 1901~1976)나 자크 랑(Jack Lang, 1939~)은 10년간이나 문화부 장관을 지냈잖아요. 문화예술지원정책은 1~2년 사이에 마련될 수가 없어요. 실태 파악만 제대로 하려 해도 1~2년이 걸리지요."

문화 선진국이 되려면 문화 정책에 관해 보다 긴 호흡으로 접근해야 한다. 대한민국 수도 서울의 국가 상징 거리를 꿈꾸는 광화문광장 같은 경우도 그렇다. 서울시와 문화체육관광부, 국토해양부로 분산된 관련 기구를 총괄하는 위원회가 있어야 정권이 바뀌어도 그 맥을 이어 명품 거리를 만들 수 있다.

● **문화체육관광부 옛 청사**

주소　서울특별시 종로구 세종대로 198
준공　1961년 10월 30일
설계　미국 태평양 건축 엔지니어사(PA&E)
시공　빈넬(Vinnel)사
규모　본관동 지상 8층
총면적　9,871㎡ (2012년 12월 대한민국역사박물관으로 개관 예정).

● **찾아가는 길**
지하철 5호선 광화문역 2번 출구에서 도보 5분

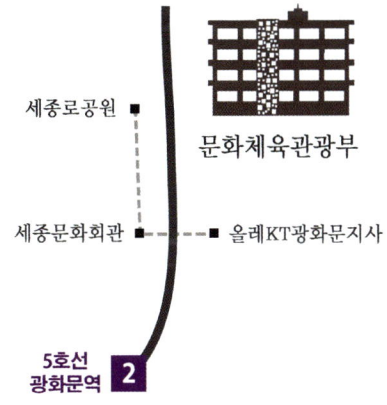

미국대사관

미 정부가 550만 달러 내 쌍둥이 건물 지어

서울 광화문광장 한복판을 다시 찾았다. 이번에는 미국대사관을 바라보며 한미 교류사와 미래를 생각한다. 미국을 빼놓고서는 한국 근대사를 논할 수 없다. 미국은 한국의 민주화와 산업화에 가장 큰 영향을 끼친 우방이다.

세종대왕 동상 앞에서 보는 미국대사관은 평온하기만 하다. 미국대사관은 1882년 한미 수호통상조약 이후 한미 관계를 압축해놓은 격동의 역사 현장이다. 미국대사관은 세종로 건물에 1968년 입주했다. 그 전에는 소공동 반도호텔에 있었다. 반도호텔은 8·15 광복과 6·25전쟁, 4·19혁명, 5·16군사정변과 관련해 빼놓을 수 없는 무대다. 반도호텔 소유권은 1948년 9월 11일 장택상(張澤相, 1893~1969) 총리와 존 무초(John Joseph Mucho, 1900~1991) 대사가 한국과 미

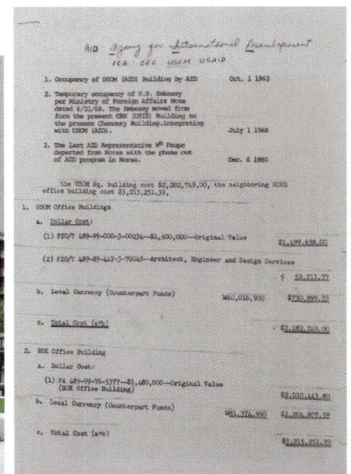

정부중앙청사 앞에서 본 문화체육관광부 옛 청사(왼쪽)와 주한 미 대사관. 8층짜리 쌍둥이 건물이 나란히 서 있다. 문화체육관광부 청사와 박승방씨가 제공한 주한 미대사관 예산집행내역서.

국 대표 자격으로 체결한 '한미 간의 재정과 재산에 관한 최초 협정'에 기초한다. 광화문 청사 무상 사용권은 1968년 최규하(崔圭夏, 1919~2006) 외무부 장관과 윌리엄 포터(William J. Porter, 1914~1988) 대사의 협약에 따라서다.

세종로 미국대사관과 문화체육관광부 구 청사가 쌍둥이 빌딩이 된 사연은 무엇일까? 시민들이야 대부분 무심코 지나쳐버리지만 건축학자라면 당연히 품는 의문이다. 그간 건축학계에는 "미국이 자기들 건물을 설계하는 김에 옆 건물 설계도 같이 한 것"으로 알려져왔다. 2009년 12월 19일 자 「조선일보」 기사에서 김정동 목원대 건축학부 교수의 말을 인용, 보도했기 때문이다. 나아가 "정작 이 건물의 건축을 주도한 사람이 미국이 아니라 한국인 이용재였다는 사실은 기억될 필요가 있다."며 '한국인의 손으로 지어진 최초의 정부청사

건물'이라는 각별한 의미를 부여했다. 김정동 교수가 『한국건축역사학회 논문집』(2008)에 발표한 논문 속 사진에는 이용재가 공사 현장 앞에서 찍은 사진이 게재돼 있다. 이용재가 빈넬사 소속 직원이었던 것은 확실해 보이지만 그가 정말 쌍둥이 건물의 건축을 주도한 걸까.

결론부터 말하자면 사실은 전혀 다르다. 세종로에 한국 정부의 치외법권 지역인 미국대사관이 들어선 까닭과 그 과정을 밝히는 건 매우 중요하다. 심심치 않게 터져나오는 '무상 점유설'의 실상이 드러나기 때문이다. 그래서 우리 청부청사와 미국 대외원조기관(USOM, United States Operations Mission)이 쌍둥이 건물을 짓고 나눠 사용하게 된 내역과 건축 자료, 정부 신청사 낙성식 사진을 발굴, 공개한다. 불과 50년도 안 된 사실이 왜곡되고 잘못 전해지는 건 옳지 않다. 바람직한 한미 관계를 위해서도 차제에 진실이 규명돼야 한다.

애초 두 건물은 한국 정부청사 하나만 짓기로 되어 있었다. 미국 정부가 원조 차원에서 한국 정부청사를 지어주기로 한 것이다. 500만 달러의 건축비가 지원됐고 미 국무부에서 파견된 호러스 테일러 계약관이 전권을 갖고 주도했다. 호러스는 공병대 준장 출신으로 콘크리트 전문가였다. 한국 정부청사 건물 하나를 설계하고 시공하는 데 총 321만 달러가 들었다. 200여만 달러가 남았다. 한국 청사 건물이 올라가면서 남은 돈, 즉 잉여 지원금 처리 문제가 대두됐다. 미국으로 돌려보내자는 의견이 나왔다. 하지만 공터에 USOM 빌딩을 짓자는 쪽으로 결론이 났다. 똑같은 건물을 올리는 일이라 경비가 절감되어 230만 달러가 채 들지 않았다. 1961년 10월 1일, 지원금 총 550만 달러로 쌍둥이 빌딩이 완공된 것이다.

"콘크리트를 부어서 한 장의 판처럼 만든 슬래브 구조여서 두 건

정부신청사(현 문화체육관광부 청사) 낙성식 기념사진(1961년 10월 30일). 왼쪽 다섯번째부터 로저 닐 한국지사장, 호러스 테일러 미 국무부 감독관, 박승방 주한 미국대사관 기술고문관(오른쪽에서 네번째)이 보인다.

물에는 들보가 없습니다. 날렵하고 모던한 인상을 주지요. 미국대사관 기술 고문관으로 일하던 당시, 내부 배선 공사를 할 일이 있었어요. 미국인 기사가 엘리베이터 벽에 구멍을 뚫으려고 했는데 10인치 벽이 마치 쇳덩이만큼이나 단단해 포기했습니다. 그만큼 튼튼하게 지어진 건물이지요."

호러스 테일러의 보좌관으로 직접 건축 자금을 집행했던 박승방 씨는 꼼꼼히 챙겨둔 파일을 공개했다. 그는 미국대사관에서 40년 근속한 한국인으로 한미 관계사의 산증인이다.

정동에 있던 옛 경기여고 자리에 미국대사관을 신축하고 이전할 계획이 있었지요. 한국일보 건너편 미국대사관 직원 숙소 부지를 팔아서 그 자금으로 지을 계획이었고요. 하지만 문화재보호법과 시민들의 반대 여론으로 무산됐답니다. 문제는 2000년에 삼성

역대 문화체육관광부 장관 사진들(위)과 역대 주한 미대사 사진들(아래)

생명에 직원 숙소 부지를 팔아서 만든 약 1,000억 원의 자금입니다. 미국대사관에서 미 재무부에 입금시키려고 해서 내가 반대했지요. 그랬더니 결국 중국에 있는 미국대사관을 짓는 데 사용해버리고 말았습니다.

박승방 씨가 아쉬움을 토로한다. 서울 공대를 다니다가 미국에서 유학하고 돌아온 그는 매우 신중한 합리주의자였다. 그에게 미국대사관 쌍둥이 건물을 지을 때 일했던 한국인 건축가 이용재에 관해 물었다. 전혀 알지 못했다. 설계와 감리에 부분 참여했는지는 모르지만 책임자는 절대 아니라고 했다. 그런 업무는 미국인들이 도맡아 했다고 한다.

미국은 1977년 무렵에 대사관 청사 이전을 계획하고 대상지를 물색해왔다. 그러다가 1986년 을지로1가 롯데호텔 건너편 미 문화원 토지 등과 서울시 소유의 경기여고 자리를 맞바꾸었다. 그곳에 대사관 청사와 직원 숙소를 모두 옮길 계획이었다. 하지만 현재는 미국 측이 옛 경기여고 자리 땅 7,800평을 내놓는 대신 한국 측은 용산의 캠프 코이너(Camp Coiner) 내 2만 4,000평을 대사관의 새 터로 제공한다는 데 합의함으로써 수년간 끌어온 논란이 일단락됐다.

세종대왕 동상 앞에서 자동차 도로를 건너 미국대사관 앞을 지난다. 우리 사회 일각에서는 '미국대사관은 일제 총독부나 마찬가지'라고 보는 시선이 있다. 천안함 사건으로 한미 동맹의 공고함을 확인했지만 맥아더(Douglas MacArthur, 1880~1964) 동상을 철거해야 한다는 목소리도 나왔다.

지금 우리에게 미국은 무엇인가.

몇 년 전까지만 해도 미국에 가려면 첫 번째 관문이 비자를 받는 일이었다. 대사관 뒤편에 인터뷰를 받으려고 길게 늘어선 행렬, 재산세 납부 실적과 통장 잔고 증명까지 갖춘 두툼한 서류뭉치들, 인터뷰를 하는 면접관 앞에서 느꼈던 복잡한 감정의 편린들, 비자 발급을 거부당하고 나온 사람들의 분노에 찬 표정들…….

미국은 일본과 더불어 한국의 근대화에 지대한 영향을 끼쳤다. 조미 수호통상조약이 맺어진 이후 두 나라 관계가 순탄했던 것만은 아니었다. 해방 이후 미국은 한국 사회의 정치적 격변기에 직간접으로 개입했고 대다수의 한국인들은 '미국의 힘'을 동경했다. 특히 한국전쟁 후, 폐허 위에서 나라를 재건하기 위해 미국의 선진 시스템을 배우려는 열망은 강했다. 치열한 경쟁 속에서 한국인들은 너도나도 미국행을 선택했다. 미국 시민권을 따내려고 원정 출산까지 감행하는 사람도 적지 않았다. 일찍이 미국에서 유학하고 돌아온 엘리트들은 한국 사회에서 지식권력 피라미드의 상위층에 자리 잡았다. 한국의 국력이 커지고 비자 면제국이 된 지금 대사관 뒷길의 긴 줄은 역사 속의 한 장면이 됐다.

한미 관계의 중심에는 주한 미국대사관이 있다. 1883년 5월 초대 주한 미국 공사 푸트가 부임한 이래 1905년까지 10명의 미국공사가 특명 전권공사 혹은 변리공사의 자격으로 한국에 파견됐다. 구한말 미국은 다른 열강들과 달리 조선의 영토에 큰 관심이 없었다. 그래서 대한제국의 운명을 보호해줄 존재로까지 인식되며 황실의 일방적인 짝사랑을 받기도 했다. 청나라와 러시아가 일본에게 밀리자, 고종은 미국의 힘을 빌려 일본을 막으려고 했다. 그러나 그때 미국은 일본 제국주의와 이른바 '가쓰라-태프트밀약'이라는 것을 맺어서 각각 필리핀과 조선을 사이좋게 나눠 먹기로 했다. 그러다가 을사늑약이 체결되자, 미국은 이 땅에 아무런 미련도 두지 않고 공사를 철수해버린다. 그때 조선 황실은 낙담한다. 일제의 압제로부터 벗어나고 대한민국이 수립되자, 1949년 8월 무초를 시작으로 지금까지 21명의 대사가 부임했다.

산업화와 민주화를 이룩한 우리 사회에서는 한미 관계를 재정립하자는 주장이 끊이지 않는다. 한미 자유무역협정(FTA)과 전시작전권을 둘러싼 노무현, 이명박 정부의 행보는 정권 성향으로만 돌릴 수 없는 시대 흐름을 반영하는지도 모른다. 남북 대치 상황에다 중·미 갈등, 대등한 한미 관계에 대한 욕구 등이 복합적으로 작용하고 있기 때문이다. 천안함 사건은 한국인에게 또 다른 성찰의 계기가 됐다. 국가가 허약해지면 국민은 노예 신세가 됨을 일깨워준 한일 강제병합, 전쟁은 무수한 생명과 재산과 희망을 무참히 유린한다는 걸 실감하게 만든 한국전쟁……. 국가는 목숨을 던져서라도 지켜내야 할 결사체이며 자유는 어떤 것보다도 우선하는 가치다.

미국 워싱턴 D. C. 한국전쟁기념관 뜰에는 '진격하는 유엔군상'이 재현돼 있다. 세계의 젊은이들이 자유를 위해 기꺼이 목숨을 바쳤다. 그 가운데 미군 전사자와 실종자는 4만을 넘는다. 피 한 방울 안 섞인 무연고 나라를 위해 하나밖에 없는 목숨을 내놓는 일이 어디 쉬운 일인가. 그들은 우리가 영원히 잊지 말아야 할 영웅들이다.

2010년 6월 28일, 캐슬린 스티븐스 주한 미국 대사는 한국전쟁 60주년을 맞아 강원도 횡성과 경기도 양평 한국전쟁 기념탑을 잇달아 참배했다. 그녀는 횡성에서 양평까지 약 50킬로미터 거리를 자전거를 타고 이동했다. 또 8월 29일부터 9월 2일까지 5일간 한국전쟁 전적지를 자전거로 답사했다. 대사관 직원 10명, 한국 고등학생, 대학생, 대학원생 50여 명과 함께 전남 여수시를 출발해 자전거를 타고 경남 남해군, 사천군, 진주시 등을 거쳐 경북 의령군, 달성군, 대구 칠곡군 등 6·25전쟁 전적지 240킬로미터 구간을 자전거로 달렸다.

한국어를 구사하는 첫 미국 대사였던 심은경 대사는 임기를 마치고 한국을 떠났다. 그의 한국전쟁 전적지 자전거 답사는 한국과 미국 두 나라가 혈맹임을 잊지 말자고 호소하는 것만 같았다. 쌍둥이 건물 외벽에 드리운 한글 현수막으로 옛 문화부 청사와 즐거운 대화를 시도한 그녀의 한국 사랑은 오랫동안 기억될 것 같다.

　지금 한반도 북쪽에서는 경제원조를 빌미로 북한과 중국의 관계가 밀착 관계에서 예속 관계로 접어들고 있다. 북한이 '동북4성'이 될 거라는 우려도 제기된다. 잠자는 한반도를 두고 열강의 각축전이 벌어졌던 개화기의 악몽이 자꾸 되살아난다.

● **미국대사관**

주소	서울특별시 종로구 세종로 82-1
준공	1961년 10월 1일
설계	미국 태평양건축 엔지니어사
시공	빈넬사
규모	본관동 지상 8층
총면적	9,871㎡

● **찾아가는 길**
지하철 5호선 광화문역 2번 출구에서 도보 5분

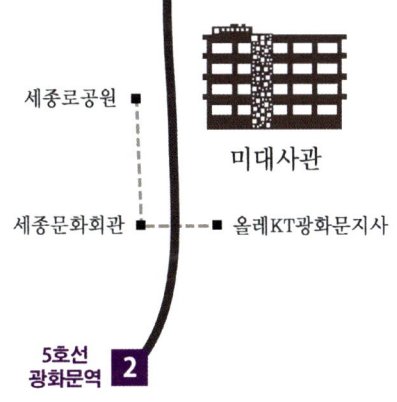

한국은행과 화폐금융박물관

폐허에서 G20까지, 한국경제 이끈 '금융 심장'

돈. 자본주의사회에서 어느 누구도 결코 멀리할 수 없는 물건이다. 노동으로 생산된 모든 상품에는 사용가치가 있다. 사람들은 상품을 팔아 돈을 받고 그 돈으로 다른 상품을 산다. 돈에는 상품을 살 수 있는 교환가치가 있다.

옛날에는 조개나 소금, 금, 은, 동 등이 교환수단, 곧 돈의 역할을 했다. 그 가운데 금은 오늘날까지도 변함없이 돈의 역할을 하고 있다. 금을 맡기고 받은 보관증에서 지폐가 유래한다.

돈에는 크게 세 가지 기능이 있다. 첫째, 가치척도다. 우리는 상품에 붙은 가격표를 보고 '비싸다' '싸다'는 가치판단을 한다. 둘째, 가치저장이다. 과일이나 고기 같은 상품은 놔두면 곧 상하지만 돈이라는 형태로 보관하면 상할 염려가 없다. 셋째, 지불수단이다. 은행에

신세계백화점 옥상에서 내려다본 한국은행 전경. 앞의 2층짜리 구(舊) 한국은행은 지금 화폐금융박물관으로 쓰이고 있다. 뒤에 보이는 흰색 고층 건물이 현재 한국은행 본관이다.

저금해두고 카드로 숫자만 덜어내 지불하기도 한다. 이런 돈은 분명 수단가치지만 어느덧 그 자체를 좇는 목적가치가 돼버렸다.

한국인은 선진국 모임인 경제협력개발기구(OECD) 회원국 가운데서 돈에 대한 집착이 가장 강하다고 한다. 돈이 행복의 척도라고 여기는 경향성 또한 두드러진다. 경제개발이 시작된 1960년대에 비해 국내총생산(GDP)이 무려 250배나 늘었지만 행복 지수는 도리어 떨어져 하위권을 맴돈다. 한국보다 못사는 국가들도 행복 지수는 더 높다. 앞만 보고 달려온 우리가 그간 무엇을 놓치고 잃어버렸는지 뒤돌아보아야 할 때가 아닌가 싶다.

서울 중구 남대문로 신세계백화점 맞은편에 2층짜리 르네상스 양식의 석조 건물이 서 있다. 중앙우체국 방향에서 걸어올 때나 차를 타고 지나칠 때면 우아하고 고풍스러운 그 건물이 시선을 그러모은다. 바로 그 자리에서 100년을 지켜온 조선은행 본점, 지금은 화폐금융박물관이다. 그 뒤로 높다란 한국은행 본관이 보인다.

여의도가 금융 타운이 됐지만 이곳 한국은행이야말로 대한민국 금융 심장이라고 할 수 있다. 중앙은행인 한국은행은 화폐를 발행하는 독점적인 기관이자 통화 신용 정책을 운용하는 곳이다. 한국조폐공사는 한국은행의 발주에 따라 화폐를 찍어 납품할 뿐이다. 한국은행의 최우선 목표는 본관 로비 벽에 새겨진 '물가 안정'이라는 휘호에서 잘 드러난다. 이를 위해 한국은행은 기준 금리를 결정해 시중의 돈값(금리)을 좌지우지한다. 기준 금리를 올리면 시중금리도 상승하게 되고 기준 금리를 낮추면 시중금리도 떨어지게 된다. 금리는 경제 상황 변동에 직결되는 아주 민감한 변수다. 금리가 올라가면 물가를 잡는 데는 도움이 되지만 주가가 떨어지고, 금리를 내리면 주가는 상승하겠지만 물가가 오른다. 3,000억 달러가 넘는 외환 보유액 관리도 한국은행이 한다. 1997년에 외환위기를 겪었던 한국은 2012년 현재 이제 중국, 일본, 러시아, 대만, 스위스, 브라질에 이어 세계 7위의 외환보유액을 자랑한다.

한국은행권 지폐와 주화, 그리고 외환을 관리하는 이곳은 돈의 천국이다. 그런데 이곳에서 보유하고 있는 한국은행권은 한국은행의 자산이나 부채가 되지 않는다(한국은행법 제50조). 돈을 마음대로 찍어내는 은행의 돈은 돈이 아닌 것이다.

"그래서 한국은행 직원들은 우스갯소리로 '황금 보기를 돌같이 하라.'고 합니다. 한국은행은 은행 가운데 유일하게 돈벌이를 하지 않는 은행이기도 합니다. 1950년 설립 당시부터 법인세를 전액 면제받는 공공 법인으로서 세무 조정이나 세무조사 대상에서 제외돼왔죠. 1998년 사상 처음 세무조사를 받고 이듬해 일반 과세 법인으로 바뀌었지만요. 한국은행은 수지 상황이 일반 기업과 거꾸로 가는 특이한 존재입니다." 조사국 차현진 팀장은 금융 위기 때 원화 환율이 상승하고 외환 매도액이 늘어나 수조 원씩 흑자를 낸 데 비해 경기가 나쁘지 않을 때면 거꾸로 적자를 내기도 한다고 덧붙였다.

한국은행이 자리 잡은 터의 역사를 더듬어보면 가히 국고(國庫)가 있을 만하다. 이 일대의 지명은 북창동(北倉洞)이다. 조선시대 쌀이나 베, 돈의 출납을 관장하던 선혜청(宣惠廳)의 북쪽 창고가 있어서 붙여진 이름이다. 남창(南倉)은 남대문시장 수입 상가 쪽에 있었다. 한국은행 동문 우측에는 하마비가 서 있다. 조선 왕조 16대 임금 인조의 잠저(潛邸, 임금이 되기 전에 살던 집) 송현궁(松峴宮) 터로 선조의 왕비이자 인조의 할머니인 인빈 김씨(仁嬪金氏, 1555~1613)의 위패를 모시면서 하마비가 세워졌다. 인조는 광해군을 폐위시키고 왕위에 오른 반정(反正)의 주인공이다. 그는 1633년(인조 11년), 우리나라 법정 통화로서 최장수 유통 주화인 상평통보(常平通寶)를 주조해 유통시켰다. 상평통보는 구한말 현대식 화폐가 나올 때까지 통용되었다.

우리나라에서 근대적 의미의 중앙은행 제도는 1909년 11월 구(舊)한국은행이 설립되면서부터다. 임원 전원이 일본인으로 짜였던 구한국은행은 이름만 그랬지 한국은행이 아니었다. 1876년 2월 한일수호조약이 일본의 강압에 의해 맺어지고 부산항이 개항되자 일본

(위)
피라밋 안에 공식적인 여섯 종류의 주화가 들어있다. 1원(무궁화), 5원(거북선), 10원(다보탑), 50원(벼이삭), 100원(이순신 장군), 500원(학)으로 총 73만 100원이라고 한다.

(아래)
1908년 대한제국이 발행한 5원 금화. 앞면에는 조선왕실의 상징인 오얏꽃이(자두꽃), 뒷면에는 왕을 상징하는 용이 그려져 있다. 일제에 조폐권을 빼앗겨 오사카 조폐국에서 만들었는데 현재 1억원의 가치가 있다고 한다.

은 1878년 6월 부산에 제일은행 지점을 설치했다. 이것이 우리나라 최초의 근대식 은행이다. 일본 제일은행은 독자적인 은행권을 발행하고 경제 식민지 정책을 강행해 사실상 중앙은행 구실을 했다. 1910년 한일 강제병합과 함께 구 한국은행은 조선은행으로 이름이 바뀐다. 물론 이 역시 조선의 은행이 아니었다. 일본에 4개소, 만주에 16개소, 중국에 4개소, 연해주에 2개소, 미국에 1개소의 지점을 거느린 범아시아 은행이었다. 조선은행은 1950년 연합군 최고사령부의 명령에 의해 해산됐다.

8·15 해방 직후 우리나라에서는 조선은행권, 일본은행권, 대만은행권, 일본군표 등이 유통된다. 미 군정이 실시되면서 일본 군표는 미군이 발행한 보조군표로 대체된다. 그러다가 조선은행권만이 38선 이남의 유일한 통화로 남는다.

한국은행은 1950년 6월 12일 설립됐다. 학교나 병원, 백화점, 호텔 등이 설립 연도를 한 해라도 더 올려 잡으려고 애쓰는 것과 달리 한국은행은 조선은행, 구 한국은행과 분명히 선을 긋는다.

한국은행의 수난사는 계속됐다. 지금의 화폐금융박물관 건물에서 은행 업무를 시작한 지 불과 보름도 지나지 않아 한국전쟁이 발발한 것이다. 6월 27일, 한국은행 직원들은 지하 금고에 보관돼 있던 금괴와 은괴 89상자(순금 1,070킬로그램, 은 2,513킬로그램)를 군용 트럭 한 대에 싣고 진해 해군통제부로 수송한다. 당시 한국은행 지하 금고에는 순금 260킬로그램, 은 1만 5,970킬로그램과 미발행 조선은행권 등이 그대로 남겨졌었다고 한다. 상황이 긴박한 데다 수송 능력이 부족해 벌어진 어처구니없는 일이다. 금고는 6월 28일 북한군의 수중에 들어간다. 진해 해군통제부로 수송한 금괴와 은괴는 부산을 경유해 샌프란시스코를 거쳐 미국 뉴욕연방준비은행에 임치됐다.

한국은행의 아름다운 건물 지붕은 한국전쟁 때 폭격당해 날아갔고 내부는 불에 탔다. 물가를 관리하고 통화를 발행하는 중앙은행의 수난사가 곧 질곡의 한국 근현대사라고 하겠다.

한국은행 본관은 업무 특성상 출입이 엄격히 통제된다. 일반인 출입이 자유로운 화폐금융박물관 안으로 들어가 본다. H자 형으로 좌우 대칭인 이 고풍스러운 석조 건물 현관은 배흘림기둥 네 개가 떠받치고 있다. 교사의 인솔로 단체 관람을 온 어린이들, 엄마, 아빠와 함께 찾은 초등학생들이 대부분이다. 명동 거리와 인근 백화점에서 쇼핑하고 온 일본인 관광객들도 눈에 띈다. 2층까지 시원하게 열린 옛 은행 객장 공간에 '화폐 광장'이 펼쳐진다. 고대의 물품화폐로부터 지금 사용하고 있는 지폐까지 화폐의 역사를 한눈에 파악할 수 있다. 세계 120여 개국의 다채로운 화폐를 통해 세계 지리와 역사, 문화사도 자연스럽게 공부할 수 있다. 나라마다 화폐에는 기리고 싶은 국가 영웅이나 문화재를 담아내기 때문이다. 마르코 폴로(Marco Polo, 1254~1324) 같은 탐험가와 조지 워싱턴(George Washington, 1732~1799) 같은 미국 건국의 아버지, 우주비행사 유리 가가린(Yury Alekseevich Gaggarin, 1934~1968)도 화폐 안에 살아 있다.

'땡전 한 푼 없다.'는 말이 생겨나게 한 흥선대원군의 당백전(當百錢) 앞에서는 악화(惡貨)가 사람들의 삶을 얼마나 고달프게 만드는지를 느끼게 된다. 경복궁을 중건하기 위해 남발한 당백전은 물가 폭등을 초래했고, 돈의 가치가 추락해 살림살이는 팍팍해졌다. 땡전은 당백전을 '당전'으로 줄여 부르다가 땡전으로 나지리 부른 데서 유래한 말이다. 형편이 얼마나 어려웠으면 그 흔해 빠진 땡전 한 푼이 없었겠는가.

엽전(葉錢)이라는 명칭의 유래도 한눈에 이해된다. 밖은 둥글고 안은 네모진 엽전에는 하늘은 둥글고 땅은 네모지다는 고대 동양적 우주관이 담겨 있는데 제조 과정에서 나무에 매달린 잎사귀 모양이 연상돼 붙인 이름이다. 한꺼번에 여러 개를 만드는 거푸집에서 굳혀 나온 주화들이 나뭇가지에 매달린 잎 같았다. 이른바 돈나무다. 그 돈나무에서 떼어내 주물이 흘러나온 부분을 다듬으면 한 닢의 엽전이 된다.

새 지폐를 발행할 때, 맨 첫 장인 AA0000000A 화폐는 대통령 서명을 받아 박물관에 보관, 전시한다. 그 옆에 1~100번까지의 뭉칫돈도 전시해놓고 있다. 101번부터는 경매를 붙여서 수집가들에게 판매한다.

노무현 전 대통령의 사인이 있는 첫 만 원권(위)과 이명박 대통령의 사인이 있는 첫 오만 원권(아래).

돈은 현대인들이 맹신하는 세속적 신(神)이다. 자본주의 사회를 누비고 다니는 돈이라는 물신은 질보다 양을 중시한다. 어떻게 벌었느냐보다 얼마나 많이 벌었느냐를 따지는 세상에서 돈은 더 이상 수단 가치가 아니다. 이미 목적가치가 돼버렸기 때문이다. 돈은 삼신할머니처럼 출산에 영향을 주기까지 한다. 저출산의 원인 가운데 첫째가 돈 문제다. 신세대 부부들은 치솟는 양육비와 사교육비를 감당할 자신이 없어서 아이 낳기를 꺼린다.

돈의 어원은 분명치 않다. 돌고 돌기 때문에 돈이라는 말도 있고 칼 모양의 도화(刀貨)에서 유래했다는 설도 있다. 사람들은 돈이 자유와 힘, 시간을 대체하므로 인간 영혼과 상호작용을 한다고 믿기도 한다.

온통 돈 천지인 화폐금융박물관을 돌아보면서 돈으로부터의 해방과 인간 구원을 생각해본다. 인간의 욕구를 충족시키려면 돈과 함께 도덕적 가치나 예술적 가치, 종교적 가치도 필요하다. 이런 다양한 가치가 조화를 이룬 삶이 행복하다고 할 수 있을 것이다. 그런데 가난에서 벗어난 한국인들은 여전히 돈에 집착하고 돈을 적게 가져 불행하다고 느낀다.

"근대 100여 년의 혼란스러웠던 역사가 남긴 상처 아니겠습니까? 언제 어떻게 될지 모르니까 악착같이 돈부터 모으려고 하는 것이죠. 정부의 복지 정책이 잘 시행되면 차차 달라질 겁니다." 우리나라 화폐 변천사 『한국의 은행권』을 쓴 조병수가 설파하는 말이다.

조폐공사에서 화폐를 디자인했던 그는 "돈은 한 나라의 얼굴이자 혼과 같다."며 한국 고유의 정서가 담긴 디자인의 필요성을 강조한다. 미국의 달러화 그린백(Greenback), 일본의 엔화에는 오래도록 변치 않는 독창적인 바탕이 있는 반면에 우리는 신권을 발행할 때마다 디자인을 바꾼다는 것이다.

국가 예산 300조 원 시대, 시중에 유통되는 돈은 40조 원이다. 그 돈은 사람과 사람 사이, 뒤얽힌 자본 시장의 정글을 떠돌다가 수명이 다하면 몸에 구멍이 뚫리면서 파쇄된다. 한 해 5톤 트럭 194대분이 그렇게 수명을 다한다. 면섬유로 만들어진 돈은 잘게 잘려 건축자재나 자동차의 방진재(防振材, 진동을 줄이는 부품)로 재활용한다.

돈에도 철학이 있다. 행복은 어느 단계를 지나면 돈으로 결정되지 않는다. 행복은 심리적인 상태라서 기대하거나 추억하는 것이다. 그래서 미래에 대한 꿈과 열정, 가족, 이웃과의 따뜻한 관계가 돈보다 더 소중할지 모른다. 한국은행권의 일생(一生)은 우리에게 돈 자체가 꿈일 수 없다는 사실을 잘 말해준다.

● **한국은행(본관)**

주소	서울특별시 중구 남대문로 39번지
준공	1987년
규모	지하 3층, 지상 15층
건평	43만㎡

● **화폐금융박물관(한국은행 본관)**

주소	서울특별시 중구 남대문3가 110번지
분류	사적 제280호
준공	1912년
설계	다쓰노 긴코
규모	지하 1층, 지상 3층(화폐박물관은 1층)
건평	4,782㎡
관람객	총 17만 명(2010년)

● **다쓰노 긴코(辰野金吾, 1854~1919)**

1879년 일본 공부대학교 조가 학과 제1회 졸업. 공학 박사. 동경제국대학 공과대학 학장. 건축학회 설립 등. 도쿄역과 일본은행 본점 등을 설계했다.

● **찾아오는 길**

지하철 4호선 회현역 7번 출구에서 도보 5분,
지하철 1, 2호선 시청역 7번 출구에서 도보 10분

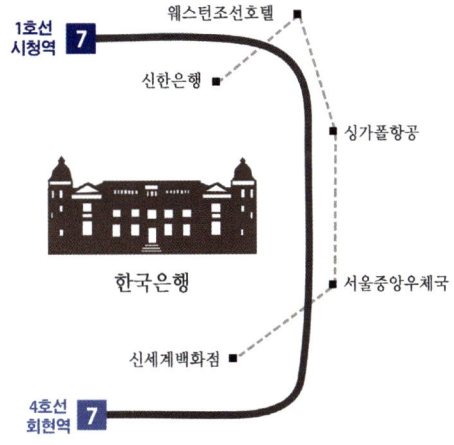

청와대

G20 코리아의 심장이자 두뇌, 조선시대엔 신의 영역

청와대는 대한민국 최고 권력의 심장부이자 수뇌부다. 이곳을 거쳐 간 역대 대통령들의 드라마 같은 영욕의 세월은 격동의 한국 현대사를 대변한다. 해방과 분단, 한국전쟁을 치르고서도 대한민국은 기적같은 산업화와 민주화를 이룩했다. 하지만 한국인들은 스스로 이뤄낸 그 업적에 대한 평가에 인색한 편이다. 대통령에 대한 평가는 더 그렇다.

역대 대통령들의 허물을 말할 때마다 빠지지 않는 게 청와대 터다. 청와대 터가 좋지 않아서 국운이 사납고 대통령들의 말로가 좋지 못하다는 것이다. 이승만 대통령의 하야와 하와이 망명, 박정희 대통령 내외의 비극적인 죽음, 전두환, 노태우(盧泰愚, 1932~) 대통령의 구속, 김영삼, 김대중(金大中, 1924~2009) 대통령 아들 구속, 노무현 대

경복궁 후원, 북악산 바로 밑에 자리잡은 청와대.

통령의 자살이 청와대 터와 상관관계가 있다는 주장이다.

과연 그럴까. 청와대 터가 나빠서 대통령들이 불행했다면 그들이 이끈 대한민국은 어떻게 세계사에 유례가 없는 초고속 경제성장과 민주화를 동시에 이룩할 수 있었던 걸까. 결과론적으로 터에 관해 흠잡기에 나섰던 사람들이 반드시 답해야 할 사항이다. 대통령들은 불행하지만 나라는 잘 되는 터라는 해석도 얼마든지 가능하기 때문이다.

북악산은 수려한 산이다. 시내 중심가에서 이처럼 빼어난 산을 볼 수 있다는 건 분명 서울시민의 축복이다. 맑은 날, 경복궁과 청와대 뒷산인 북악산 정상에서 광화문 거리를 바라보면 수도 서울의 아름다움에 감탄하게 된다. 오른쪽으로 이어진 인왕산에 올라서 동쪽을 보아도 마찬가지다. 북악산 자락에 자리 잡은 청와대와 경복궁이 그림처럼 눈에 들어온다. 이만한 터가 또 어디에 있다고 흠을 잡고 터를 탓하는 걸까. 한국인들이 지나치리만큼 기대치가 높아서가 아닐까. 한국의 문화 상징 '풍수'를 소설화한 작가 입장에서 청와대 터가 나빠 대통령들이 불행했다고는 보지 않는다.

물론 이론서를 기준으로 삼자면 흠이 없는 건 아니다. 북악산 정상이 독불장군처럼 치켜든 머리를 동쪽으로 살짝 돌리고 있기 때문이다. 주산(主山)집이나 궁궐 등의 뒷산의 형국은 그 터가 품은 뜻이자 땅의 말이라고 할 수 있다. 쌀쌀맞고 무정하게 고개를 돌리고 있는 것보다는 온유하고 유정하게 똑바로 보는 형세가 좋다. 북서쪽(자하문 터널)이 함몰된 것도 흠이다. 북서풍을 타기 때문이다. 굳이 황천살(黃泉殺) 같은 풍수 용어를 들먹이고픈 마음은 없다. 도로를 뚫어 현실적인 편리를 추구해온 마당에 새삼 풍수를 들먹이는 건 시대착오적이다. 가뜩이나 함몰된 지점에 터널을 뚫어서 북서풍을 더 끌어들인 건 천연의 지세가 아니라 인간이다. 북악터널, 남산터널에 어디 풍수논리가 있던가.

용도에 따라 적합한 터가 있다. 한 나라의 대통령이 머물고 일하는 공간은 환경적인 영향뿐만 아니라 국민 의식의 영향을 받기 마련이다. 국민들 또한 그 공간의 영향을 받을 수밖에 없다. 말도 많은 곳 청와대, 하필이면 왜 경복궁 후원 깊숙이 급하게 떨어지는 북악산 바로 밑에 대통령 집무실과 관저를 세웠던 걸까.

경복궁의 북문 신무문(神武門) 뒤쪽은 신(神)의 영역이다. 궁궐 자체를 시민들에게 돌려준 지금이야 늘 열려 있지만 왕조시대에는 닫힌 문이었다. 신의 영역은 특별한 행사 때나 드나들 수 있었다.『조선

경복궁과 청와대를 잇는 신무문(맨 위)과 청와대의 부속 건물들.

왕조실록』 태조 4년(1395) 2월 29일 기사에는 백악(白岳, 북악)을 진국백(鎭國伯, 국사당)으로 삼았다는 기록이 있다. 북악산 정상 백악신사(白岳神祠)에서 제사를 올렸다. 그 아래 지금의 청와대 자리에는 무예를 수련하는 공간인 연무장(鍊武場)과 과거장(科擧場), 왕이 시범적으로 농사를 짓던 친경지(親耕地)가 있었다.

"1926년 일제는 경복궁 근정전(勤政殿) 앞에 조선총독부 청사를 세우고 1939년 경복궁 후원인 북원(北苑)에 총독 미나미 지로(南次郎, 1874~1955)의 관저를 짓지요. 경복궁을 사이에 두고 일제의 업무 공간과 주거 공간을 설치한 것입니다. 경복궁을 앞뒤에서 억누르는 모양인데 남의 나라를 강점한 입장이라 절대로 떳떳한 자리가 될 수 없지요. 그 뒤로 미 군정청 하지(John R. Hodge, 1893~1963) 장군이 사용하고 이승만 대통령에서부터 이명박 대통령에 이르기까지 역대 대통령들이 집무를 보는 공간으로 이용하고 있습니다. 따라서 청와대는 일본 정원 느낌에서부터 이승만, 윤보선, 박정희, 전두환, 노태우, 김대중, 노무현, 이명박 대통령에 걸쳐 변천해온 한국 현대사의 흐름을 그대로 투영하고 있습니다. 각 시기마다 필요에 의해 세워진 다른 형식의 건물들과 각기 다른 가로등, 도로포장, 조경 등이 혼재돼 있더군요."

동행 취재했던 김종헌 배재대 건축학부 교수는 청와대에서 한국의 근현대사 편린을 보았다고 한다. 김 교수는 지난 해 G20 정상회의를 앞두고 청와대 환경 정비 사업에 참여했었다. 대한민국을 대표하는 대통령의 집무 공간이 주변과 조화롭지 못하고 효율성도 떨어져 보여서 안타까웠다고 한다. 처음부터 마스터플랜에 의해 지어진 게 아니고 시차를 두고 필요에 따라 기능을 덧붙이다 보니 비롯된

현상이다. 역대 대통령들은 옴나위없는 국사에 전념하느라 업무 환경 개선 같은 데에 숨 돌릴 여유가 없었을 것이다.

경복궁의 북문인 신무문을 나서면 길 건너 청와대 본관과 바로 마주친다. 대통령의 집무 공간을 고스란히 볼 수가 있다. 당혹스럽다. 일반 살림집에서도 출입구와 안채가 일직선에 놓이면 안이 들여다보이지 않도록 대문이나 내담 같은 조형물을 설치해 사생활을 보호하고 기운이 빠져나가는 것을 막았다. 대통령의 집무실이 그대로 노출되는 건 생각해볼 여지가 많다.

청와대를 찾아온 귀빈들을 접대하는 영빈관 역시 도로면에 바로 붙어 있어 편안한 장소가 아니다. 북악산과 인왕산의 풍광을 가리는 것도 부자연스럽다. 청와대의 정원이라고 할 수 있는 녹지원 역시 비서동인 위민관과 마주하고 있어서 대통령이 조용히 사색하고 국정을 고민하기에 적합한 장소인지 의문이다. 녹지원의 중심 공간이라고 할 수 있는 한옥 상춘재도 높이 솟아 있는 기단부로 인하여 정원과 분리된 느낌을 준다. 자연과 적절한 조화를 이루는 것이 한옥의 미덕임을 생각할 때 아쉬움이 남는다. 기단을 낮추고 담장과 조경 등으로 보완할 필요가 있다.

"건물과 공간이 기능에 따라 일정한 축을 형성해야 하는데 청와대는 그렇지 못합니다. 도로면에 평행하게 일렬로 늘어선 배치 형식은 안정감이 부족하지요. 위압적인 청와대 본관에 사용된 단청 역시 붉은색은 빼고 청색 위주인데 이 때문에 분위기가 다소 가라앉아 있는 느낌입니다. 제대로 단청해서 진취적이며 밝고 희망찬 기운이 뿜어 나오게 해야 합니다."

김 교수의 지적은 건축가들은 물론 청와대에서 일해본 경험이 있

인왕산에서 바라본 삼청동 일대. 사진 왼쪽 가장자리에 청와대가 보인다.

는 이들의 공통된 견해이기도 하다. 대통령 집무실이 비서실인 위민관과 500미터나 떨어져 있다. 그래서 수석 비서관들이 위민관에서 대통령 집무실까지 가려면 자동차를 이용한다. 그 사이 두 군데 초소를 거쳐야 하기 때문에 패찰 색깔이 다른 일반 행정관들이나 비서관들은 좀처럼 대통령 집무실에 접근할 수조차 없다. 백악관의 대통령 집무실 오벌 오피스(Oval Office)가 참모들의 방과 겹겹이 붙어 있거나 충만 달리하고 있는 것과 너무 대조적이다.

김대중 전 대통령은 집무실이 참모들의 접근조차 막는 폐쇄형 구조라는 문제점을 간파하고 세종로 종합청사에 대통령 집무실을 두려 했다. 하지만 경호 문제로 포기했다고 한다. 노무현 전 대통령은 본관 가까이에 비서동 하나를 신축하고 대통령 집무실을 마련했다.

이명박 대통령도 여민관 집무실로 내려와 비서실장이나 수석 비서관들의 보고를 받는다고 한다. 처음부터 집무실이 효율적으로 꾸며졌다면 이런 불편은 없었을 것이다.

사람은 공간을 꾸미고 그 공간은 사람을 만든다. 국가 최고 통수권자의 공간을 통해서 그 사회의 권력구조와 국가 결사체의 정체성을 파악할 수 있다. 경복궁과 북악산 사이에 전통 건축양식으로 들어선 청와대는 지세에 순응하지 못하고 역사 공간을 압도한다. 풍수학적 배치는 차지하고라도 건축학적 조형미조차 고려하지 않았다. 아니 처음부터 그럴 수밖에 없는 처지였다. 경복궁 후원인 북원을 훼손하며 들어선 일제 총독관저를 별 생각 없이 계승한 탓이다.

"청와대에선 죽어나간 사람은 있어도 태어난 사람은 없었다고 한다. 그래서 아내가 1985년에 딸을 낳았을 때 아버지가 너무 좋아했다. 청와대 생긴 이후 처음 태어난 생명이라고. 아버지가 손녀딸 업어주느라 출근이 늦어진 적도 있었다." 전두환 전 대통령의 큰아들 전재국 씨가 2010년 9월 「중앙일보」와의 인터뷰에서 밝힌 일화다. 생기 넘치는 공간은 역시 사람이 만들어가는 것이다.

『나는 다르게 생각한다』의 저자 이일훈 건축가의 일관된 주장처럼 집보다 정신이 문제다. 독선과 아집을 버리고 온 국민과 함께 진정으로 울고 웃었다면 국부로 존경받는 대통령이 왜 없었겠는가. 독재자 이승만, 5·16 쿠데타로 헌정질서를 파괴하고 18간 철권통치한 박정희, '서울의 봄'을 짓밟고 다시 군인정치를 강행한 전두환 전 대통령은 비극의 현대사를 상징한다. 그 어떤 대통령이 나와도 국민들은 만족하지 못하고 흠을 잡는다는 지적도 있다. 그만큼 기대치가 높아서다.

국민들이 고난의 연대에서 입은 상처를 대통령 탓으로 돌린 측면도 있다. 그만큼 대통령에게 기대하고 의존하는 마음이 컸던 것인지도 모른다.

정권이 바뀌거나 대통령의 신변에 불미스러운 일이 생길 때마다 청와대를 옮겨야 한다는 여론이 일곤 한다. 박정희 대통령은 충남 공주시 근처로 행정 수도를 옮기려 했었고 노무현 대통령 역시 그런 시도를 했다가 좌절되고 행정 중심 복합 도시 세종시가 탄생했다. 청와대를 옮길 만한 곳으로는 용산공원, 창덕궁 등이 거론된다. 이제 선진 대한민국 대통령에 걸맞은 집무 환경을 배려해야 할 때라고 본다. 청와대 자리는 본래 경복궁 북원이었다. 따라서 경복궁 복원 공사는 청와대가 이전할 때 비로소 완성된다. 북원의 장소성이 회복된다면 관광명소가 될 것이다. 장소성의 회복은 정신의 회복이기도 하다. 수직적 리더십에서 수평적 리더십으로 바뀌길 바라는 시대정신을 반영해서 적합한 터를 찾아야 할 때다.

청기와로 덮은 집이라는 의미의 청와대는 1960년 윤보선 대통령 때 경무대(景武臺)를 고쳐 부른 이름이다. 언뜻 미국의 백악관(White House)이 연상된다. 이름은 터만큼이나 중요하다. 이름을 바꾸기 전에 대한민국이 추구해야 할 가치와 지향점부터 정했어야 옳았다. 추구해야 할 가치가 정해지면 이를 구현하기 위한 프로그램이 구체화될 수 있다. 경복궁의 근정전과 창덕궁의 인정전(仁政殿), 덕수궁의 중화전(中和殿)은 건물이 세워진 당시의 세계관과 지향점이 들어 있다. 표피적이고 즉물적인 이름 청와대에 어떤 가치관과 지향점이 들어 있는가. 장소 이전 못지않게 뚜렷한 국가관과 정치철학이 담긴 새 이름이 필요한 이유다.

● 청와대

주소   서울특별시 종로구 청와대로 1번지
총면적 25만 3,505㎡
역사   1426년 경복궁 후원
          1868년 경복궁 복원 후 북원이라 칭함
          1939년 일제 총독관저
          1945년 미군정 사령관저
          1948년 대통령관저 경무대
          1960년 청와대로 개칭
          1991년 본관 준공
          2010년 일반인 관람자 약 27만 명

● 찾아가는 길

지하철 3호선 경복궁역 4, 5번 출구, 안국역 1번 출구에서 도보 20분(경복궁역에서 마을버스 8000번 이용. (인터넷으로 사전 신청자에 한해 관람 가능)

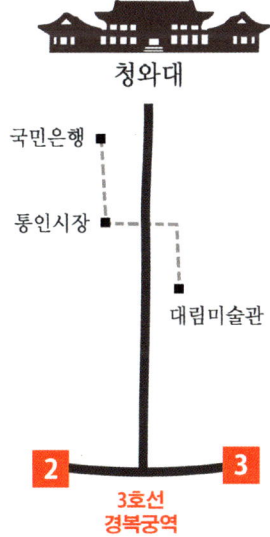

창덕궁과 이왕직 청사 터

> 백악에 기댄 궁궐, 뒤편엔 왕이 거닐던 가장 한국적인 비경의 정원

서울 도심에서 계절이 변해가는 풍광을 만끽하고 싶을 때 가볼 만한 곳이 창덕궁이다. 가장 한국적인 궁궐로 통하는 창덕궁은 주변 지형을 크게 변형시키지 않고 자연스럽게 건축물을 앉혔다. 남쪽에는 왕가의 사당 종묘가 있고 동쪽은 창경궁과 붙어 있다. 조선 왕조의 정궁(正宮)인 경복궁의 주요 건물이 좌우대칭 구조라면 창덕궁은 완만하게 흘러내린 북악산 자락에 편안히 기대 안긴 비정형적 공간 구성이 특징이다. 궁궐들 가운데 가장 오랫동안 임금들이 거처하여 사실상의 정궁 역할을 했다.

창덕궁을 찾을 때 놓치지 말아야 할 공간이 궁궐 뒤 비경의 정원인 비원(秘苑)이다. 후원(後苑), 혹은 금원(禁苑)이 정식 명칭으로 돼 있지만 비원으로 더 잘 알려져 있다. 비원이라는 이름은 친숙하고 그

창덕궁 부용지(위)와 주합루(아래). 창덕궁은 조선시대 자연과 인문에 대한 사유가 집약되어 나타난 곳이다.

야말로 신비한 느낌까지 주는 어감을 지녔다. 뒤에 있다는 의미의 후원이나 왕실 관계자가 아니면 출입을 금한다는 의미의 금원은 보통명사다. 어디든 후원과 금원은 있을 수 있다. 그에 비해 비원은 훨씬 더 고유명사에 가깝고 아름다운 공간임을 짐작케 한다.

정방형의 부용지(芙蓉池) 둘레를 거닐 때마다 우주 속의 한 개체인 인간이 결코 작지만은 않은 존재라는 생각이 든다. 봄날의 꽃그늘, 여름날의 녹음을 지나 가을빛이 완연한 절기에 우주의 비밀을 머금은 공간을 완상한다. 단풍 들고 흰 눈이 쌓일 때라도 이 공간은 언제나 완전한 우주의 축소판이다. 네모진 연못 중앙에 둥근 정원이 섬처럼 떠 있다. 전통적인 세계관인 천원지방(天圓地方, 하늘은 둥글고 땅은 모나다)을 상징한다. 앙증맞은 정자 부용정(芙蓉亭)은 사시사철 못가에 피는 꽃이다. 하늘에서 보면 연꽃이 피어 있는 형상과 같다고 한다. 맞은편 산기슭 우주의 정신과 소통하고자 하는 뜻을 담은 주합루(宙合樓)는 정조가 세운 왕실 도서관 규장각(奎章閣)이다. 정조 때 문예 부흥의 산실이라고 할 수 있다. 1층은 도서관, 2층은 열람실로 규모는 작지만 세상에서 제일 아름다운 도서관임에는 틀림없다. 정겹게 감싼 산자락과 잘 조화된 인공 연못, 몇 개의 소박한 건축물로 동양적인 우주관을 완벽하게 담아낸 이 공간에서 인간 정신의 위대함을 말한다면 지나친 걸까.

부용지는 한국 철학의 표상이다. 유원한 동양적 사유에다 소박한 한국의 미가 응축돼 있다. 겉돌거나 거부감 없는 아름다움이 한지에 배어든 치자나 쪽물처럼 자연스럽다. 보다 높이 올라가기 위해, 보다 많이 벌기 위해 혹은 살아남기 위해 치열한 다툼을 피할 수 없는 세상살이. 더도 덜도 말고 1년에 네 차례, 계절이 바뀌는 길목만이라도 이곳을 찾아 지금껏 거닐어온 여정을 점검하고 가야 할 좌표를 설정할 수만 있다면 축복받은 삶이 아닐까. 옛날에는 왕과 왕실 가족의 재충전 장소가 이제는 모든 이에게 제공되고 있다. 합죽선 모양의 관람정(觀纜亭), 옥류천(玉流川)에서의 소요유(逍遙遊)를 혼자서 은밀히

창덕궁 낙선재.

즐길 줄 안다면 제왕이 부럽겠는가. 진정으로 비밀스러운 공간은 드러난 형체로서가 아니라 그를 통해 들어가는 내면의 심연일지도 모른다.

'비원'이라는 명칭은 『조선왕조실록』 1903년 고종 40년 12월 30일 기사에 처음 등장한다. '포달(布達) 제108호, 〈궁내부 관제 중 비원 증치 건(宮內府官制中秘院增置件)〉을 반포하였다'는 기사가 그것이다. 창덕궁 안 후원을 관리하며 지키는 사무를 맡아보는 관직 이름인 '비원(秘院)'은 이듬해인 1904년 4월 기사에서는 '비원(秘苑)'으로 한자 표기가 바뀌어 나온다. 얼마 전까지도 창덕궁의 별칭처럼 불린 비원이라는 이름의 출처다.

비원이 창덕궁 후원으로 바뀐 건 그 이름을 일제가 붙였다는 이유에서였다. 1905년 을사늑약 직전부터 일제는 근대적 개혁이라는 명분 아래 대한제국 황실 업무를 담당하던 궁내부 관제를 개편한다. 그 때문에 비원의 한자 표기가 바뀐 건지는 확실치 않다. 만일 그렇다면 한자 표기를 되돌리면 그뿐이지 이름 자체를 버릴 이유가 없다. 더구나 현재 쓰고 있는 후원의 '원'자는 1904년에 바뀐 글자 그대로 쓰고 있으니 명분이 없다. 따라서 비원이라는 명칭을 꺼릴 이유가 전혀 없다. 오히려 보통명사인 후원이라는 말 대신 전거가 분명한 비원으로 고쳐 써야 옳다. 창덕궁 관리소에서는 몇 년 전부터 비원이라는 명칭도 병행해 쓴다고 하는데 일반인들은 아직까지도 꺼린다.

창덕궁은 근대사에서 빼놓을 수 없는 역사 현장이기도 하다. 관물헌(觀物軒)은 갑신정변 때 개화파의 작전본부로 쓰였고 낙선재(樂善齋)는 1963년 일본에서 돌아온 영친왕 이은과 일본 황족 출신 이방자(李方子, 1901~1989) 여사가 여생을 보낸 곳이다. 지난 1989년 봄 이곳 낙선재에서 비운의 생을 마감한 '마사코(方子)'를 기리기 위해 일본인 관광객들이 한 해 30여만 명씩 찾는다고 한다. 하지만 일본인 관광객은 물론 한국인도 무심코 지나쳐버리는 역사적 공간이 창덕궁 안에 있다. 바로 이왕직(李王職) 청사다. 이왕직은 일제강점기에 조선의 왕족을 관리하던 직제다. 이왕은 식민지가 된 조선 황제의 강등된 명칭이다. 조선의 마지막 황제 순종은 이왕이 되고 고종은 이태왕(李太王)이 되었다. 1910년 12월 30일 일본 정부는 "이왕직은 일본국 궁내부 대신의 관리에 속하고 왕족과 공족(公族)의 가무를 관장한다. 이왕직은 조선총독이 감독한다."는 내용의 이왕직 관제를 발표한다. 장관은 조선인, 차관은 일본인 관리를 앉혔는데 이것이 이른바 차관이 장관보다 실세였던 차관 정치다.

창덕궁 금천교와 진선문(위)과 용 모양으로 꿈틀거리는 향나무(아래).

창덕궁 정문인 돈화문(敦化門)에서 금천교(錦川橋)를 건너자마자 오른쪽 회화나무가 서 있는 공터와 관리소 건물로 쓰고 있는 내병조(內兵曹) 외행각 근처가 이왕직 청사가 있던 자리다. 1909년 일제가 세운 2층 청사는 1960년 화재로 소실된다. 이후 빈터로 남아 있다가 지금의 모습으로 복원되었다. 화재가 아니었더라도 광화문에 있던 조선총독부 건물처럼 해체시켰겠지만 푯말 하나 없는 현장은 왠지 뜨악하다. 부끄러운 역사를 상기시키고 가르치지 않는다면 역사에서 무엇을 배울 것인가. 내방객의 30퍼센트나 되는 일본인들에게 자신들의 선조들이 저지른 만행을 반성케 하는 장소가 될 수도 있다. 조

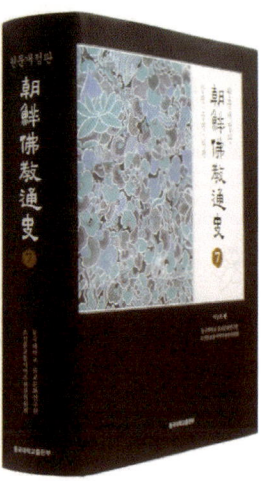

이능화와 『역주조선불교통사』.

선 왕실을 허수아비로 만들고 왕족들을 감시하며 사육시켰던 기관이 있던 자리임을 알릴 필요가 있다.

궐내 작은 개천인 금천 건너에도 커다란 회화나무 한 그루가 서 있다. 일본 궁내청 소장 『창덕궁 사진첩』에 실린 청사 사진에도 두 그루의 회화나무가 보인다. 회화나무는 섬세하고 자유롭게 뻗은 가지 때문에 학자수로 통한다. 이왕직 청사 앞에 서 있던 회화나무 아래서 근대 한국학의 선구자 이능화(李能和, 1869~1943, 사진) 선생을 떠올린다. 한국학 연구자라면 반드시 그의 저술에서부터 출발하지 않을 수 없다는 말이 있을 정도로 그의 연구 실적은 방대하고 독보적이다. 영어, 중국어, 프랑스어, 일본어에 능통했던 이 어학의 천재는 근대화의 충격과 일제강점기 지식인의 고뇌를 안은 채 일생 직수굿하게 학문의 등불을 밝혔다. 『조선불교통사』 『조선기독교급외교사』 『조선신화고』 『조선여속고』 『조선해어화사』 『조선무속고』 『조선도교사』 등 불교, 유교, 도교, 기독교는 물론 사회사, 여성사에 걸친

이왕직 청사. 일본 궁내청 소장 '창덕궁 사진첩'에 실린 것으로 1917년 이전에 찍은 것으로 추정된다. 이 건물은 1960년 화재로 없어졌고 금천 양편의 회화나무만이 남아 아픈 역사의 자리임을 증언하고 있다.

국학 전반적 저술들을 남겼다. 그는 교육자였으며 박람강기의 호학 군자였다. 그럼에도 조선총독부가 식민지 통치 방안의 하나로 수행한 조선사편찬위원회와 조선사편수회의 위원으로 15년간 『조선사』 편찬 사업에 종사한 이력 때문에 친일 성향의 학자로 분류되고 있다.

이능화는 1938년 69세 때 이왕직에서 봉직한다. 이 또한 일제로부터 녹봉을 받은 일이어서 친일 행각으로 남는다. 그 역시 이 회화나무를 보면서 이 길을 지나다녔을 터.

학문하는 이라면 이능화 선생을 매도할 사람이 없을 겁니다. 선생은 천생이 학자였습니다. 20세기 한국 불교 최고의 명저로 평가받는 그 방대한 『조선불교통사』를 10년 만에 집필했으니까요. 그

사이 관립 한성외국어학교 학감, 사립 능인보통학교 교장도 지내고 『불교회통』, 『백교회통』까지 발간하며 100편에 가까운 각종 논문을 씁니다. 오로지 학문에만 뜻을 둔 집념 어린 학자가 아니고서는 불가능한 업적입니다.

최근에 발간된 『역주 조선불교통사』의 역주(譯註) 작업에 참여한 한상길 연구 교수(동국대 불교문화연구원)는 학자 이능화의 진면목을 볼 것을 주문했다. 『조선무속고』를 번역한 서영대 교수(인하대 사학과)와 『이능화와 근대 불교학』을 펴낸 이재헌 역시 이능화의 학문적 업적은 높이 평가받아 마땅하다고 주장한다.

충북 괴산에서 태어난 이능화는 법무협판이었던 아버지 이원긍(李源兢, 1849~?)을 따라 서울에 와서 신학문을 배웠다. 이원긍은 독립협회 만민공동회 사건으로 감옥살이를 하다가 이상재, 이승만의 경우처럼 선교사 게일의 인도로 기독교인이 된 민족 지도자다. 부자 모두 유학(儒學)을 공부했으나 개화기를 맞아 기독교도가 된 아버지와 달리 이능화는 무너져가는 유교와 밀려드는 기독교 사이에서 정체성의 혼란을 겪고 있던 불교에 심취하게 된다. 하지만 그의 학문적인 영역만큼은 한국학 전반에 걸쳐 있었고 그 성과 또한 탁월했다.

바람이 분다. 시절은 늘 수상하기 마련이다. 창덕궁 이왕직 청사가 있던 자리에 지금도 서 있는 회화나무 가지가 하늘을 하늘하늘 어루만진다.

● 창덕궁

주소 서울특별시 종로구 율곡로 99번지
분류 사적 제 122호
총면적 47만 6188㎡
역사 1405년(태종 5년) 완공
1997년 12월 유네스코 세계유산 등록

● 찾아가는 길

지하철 3호선 안국역 3번 출구에서 도보 5분,
지하철 1, 3, 5호선 6번 출구에서 도보 10분

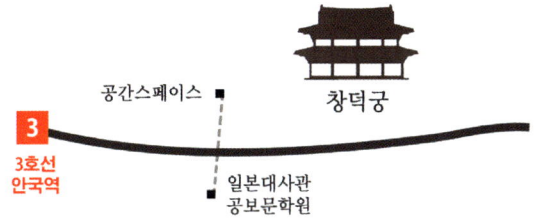

강화도 외규장각

145년 만의 귀향, 조선 왕실 의궤는 그날을 기억할까

만천명월주인옹(萬川明月主人翁).

'일만 개의 시냇물에 비친 밝은 달의 주인장'은 조선의 르네상스 시대를 열었던 정조가 스스로 지은 호다. 하늘의 달은 하나지만 지상에 있는 수많은 시냇물에 똑같이 비친다. 따라서 시냇물이 1만 개면 달도 1만 개가 된다. 하지만 하늘에 있는 달은 오직 하나일 뿐이다.

달은 군주이고 시냇물은 백성을 상징한다. 이런 인식은 군주와 백성이 하나라는 군민일체론(君民一體論)을 낳고 탕평책(蕩平策)으로 이어진다. 군주와 백성이 모두 나라의 주인이다. 정조는 '민국(民國)' 이라는 용어를 사용하고 있다. 자신의 분신인 백성이 천대받는 걸 묵과할 수 없었던 그는 노비 제도의 혁파를 결정한다. 갑작스러운 죽음으로 '민국 정치'가 더 빛을 보지 못한 건 역사의 비극이다. 자생적

'지붕 없는 박물관' 강화도의 외규장각.

근대화의 싹이 잘린 셈이기 때문이다.

유학적 계몽 군주 정조는 국립도서관 규장각을 중심으로 과거사를 정리하고 앞으로 나아갈 바를 모색하는 연구 편찬 사업을 왕성하게 벌였다. 왕실의 여러 행사에 관한 어람용 의궤도 화려하게 제작했다. 의궤란 왕실의 혼례, 세자의 책봉, 왕실의 장례, 궁궐의 건축과 같이 국가나 왕실의 중요한 행사의 전말을 그림을 곁들여 기록한 것이다. 이 의궤와 귀한 서책을 영구 보전하기 위해 설치한 규장각 부속 도서관이 강화도 외규장각이다.

강화도 외규장각에는 약 6,000책이 소장돼 있었는데 1866년 병인양요 때 프랑스군에 의해 외규장각 건물과 함께 대부분 불태워졌다. 의궤를 포함한 중요 도서 약 300권은 프랑스군이 약탈해갔다. 2002년 외규장각 건물을 복원했고 우여곡절 끝에 2011년 5월 27일, 297책(의궤 294책)이 반환되어 국립중앙박물관에 보관 중이다.

그해 6월 11일, 외규장각 도서 환수 기념 행사가 강화도와 경복궁 근정전 앞에서 이봉(移封)행렬, 고유제, 축하 공연 순으로 열렸다. 이봉은 왕의 영지나 물건을 옮기는 일이고 고유제는 중대한 일을 치른 뒤 천지신명께 그 내용을 고하는 제사다. 장엄한 이봉 행렬은 정조부터 고종 때까지 규장각에서 기록한 일기를 근거로 재현되었다. 진본 의궤가 강화도를 찾아오는 건 프랑스로 반출된 지 145년 만이다. 고급 초주지(草注紙, 초고로 기록을 남길 때 쓰는 종이)를 쓰고 화려한 비단 표지와 놋쇠 물림, 둥근 고리로 장정한 의궤는 세계 출판 문화 사상 희귀본으로 꼽힌다. 선명하고 정교한 반차도(班次圖)와 도설(圖說)을 담고 있는 진본 의궤는 강화군민들은 물론 온 국민이 보고 싶어 하는 문화유산이다.

강화도는 '지붕 없는 박물관'으로 불린다. 127점의 지정문화재를 보유하고 있는 강화도는 역사와 문화의 향기를 간직한 보물섬이다.

한반도 지도를 펼쳐놓고 강화도의 형국을 생각한다. 한강과 임진강, 예성강이 바다에 몸을 푸는 지점에 있는 국내 네 번째로 큰 섬이 강화도다. 서울과 개성으로 통하는 수로를 여닫는 뚜껑 같기도 하고 국토의 심장부를 막아주는 방패 같기도 하다. 강화도는 한국사를 집약해놓은 터이자 한반도를 응축해놓은 온전한 섬이다. 실제로 국난을 당해서는 하나의 독립국 구실을 하기도 했다. 민족 성지 참성단이 있는 마니산 정상에 올라보면 사방으로 질펀하게 열린 시야에 신성한 기운이 그윽하다. 세계적인 갯벌과 비옥한 토지는 풍부한 물산을 양산해 수준 높은 문화를 꽃피워냈다.

강화도는 고려시대 항몽기에 나라의 수도가 되기도 했다. 최씨 무인정권은 1232년 여름 장마 때, 천도를 단행했고 그 시절 강화도는 강도(江都)로 통했다. 몽골 기마군단이 쉽게 건너지 못하는 강화도로 수도를 옮긴 고려는 무려 39년간이나 버티며 저항했다. 궁성과 중성, 외성 이렇게 삼중성을 쌓아서 그야말로 철옹성을 만들었다. 그사이 버려진 국토는 몽골군 말발굽에 처절하게 유린당했다. 본토에 남겨진 생민들과 산천초목, 가축들이 적들의 소모품이 되어 시간을 벌어주었다. 이후에도 강화도는 국방상 제일의 보장지처로 여겨져 왔다.

나는 강화도를 자주 찾는 편인데, 좁은 해협에 놓인 다리를 건널 때마다 의문에 빠지곤 한다. 천하를 통일하여 세계사를 다시 쓴 몽골군이 왜 이 해협을 건너지 못했던 걸까. 몽골군이 수전에 약하다는 건 사실일 터였다. 하지만 그들은 기술자와 공병 들을 대동하고 다녔다. 동유럽 정복 루트에서 만나는 숱한 강들을 그들은 곧잘 건넜다. 고려에서도 마찬가지다. 그들은 임진강과 한강을 누차 건너 남하했다. 강화해협은 한강보다 오히려 좁은 편이다. 뻘밭이 있긴 하지만 만조 때는 상관이 없다.

독 안에 든 쥐라는 말이 있다. 백성들을 지켜주는 것보다 자신들의 정권 연장에 급급했던 무인 세력들은 스스로 섬에 들어가 숨어버렸다. 몽골군으로서는 굳이 수전을 치르면서 모험을 단행할 필요가 없었을 것이다. 강화도 외의 고려 땅을 손쉽게 손에 넣고 서역과 중국 정벌 전쟁의 보급품을 공물로 받아내면 그만이었으니까.

이런 저런 역사적 상상력을 발동시키는 섬 강화도. 고려대장경 1,000년 기념소설 『붓다의 십자가』를 신문에 연재하면서부터는 부쩍 더 찾게 되었다. 특히 판각 성지 선원사(禪源寺)는 많은 비밀을 머금고 있어서 발굴 현장을 여러 번 거닐곤 했다. 연(蓮)에 미쳐 연승(蓮僧)으로 통하는 성원 주지스님의 천진한 웃음과 융숭한 접빈객은 감동적이다. 목탁 소리 내는 소와 사자견을 보는 재미도 있다. 사자견은 몽골군들이 정복 전쟁 때 대동했다는 몸값 비싼 개다. 티베트가 원산지로 수억 원, 십수억 원도 호가한다.

복원된 외규장각 건물은 고려궁지(高麗宮址) 안에 있다. 북산 기슭 가파른 계단을 올라 고려궁지에 들어설 때마다 답답함을 느끼곤 한다. 아무리 피난지에 세운 궁궐 터라고 하지만 고려궁지는 강화 유수부(留守府)나 이궁 터보다 협소하다. 39년간 고려의 황궁 자리가 아니었던가. 고려시대는 지금 우리가 생각하는 것보다 훨씬 규모가 컸으리라는 게 사학자들의 의견이다. 북산을 등지고 앞쪽과 왼쪽으로 상당히 넓은 공간이 궁궐 터였다는 얘기다.

> 이곳에서 감탄하면서 볼 수밖에 없고 프랑스인들의 자존심을 상하게 하는 것은 아무리 가난한 집이라도 어디든지 책이 있다는 사실이다.

1866년 병인양요 때 강화도를 침공한 프랑스 해군 장교 쥐베르(M. H. Zuber)가 남긴 기록이다. 문화국 국민임을 자랑하는 프랑스인의 이 고백은 남의 나라 문화재 약탈을 자행한 그들의 이면을 엿보게 함과 동시에 우리로 하여금 많은 생각을 하게 만든다.

병인양요는 대원군이 프랑스 천주교 선교사 9명을 극형에 처한 것에 대한 항의와 보복성 군사작전으로 일어났다. 중국 지푸(芝부)항에 주둔하고 있던 프랑스 극동함대 로즈 제독은 10월 11일 군함 7척을 이끌고 원정을 나서 14일에 강화도 갑곶진(甲串進)에 상륙하고 16일 강화부를 점령한다. 조선은 순무사 이경하(李景夏, 1811~1891), 천총 양헌수(梁憲洙, 1816~1888) 등 무장들에게 문수산성과 정족산성을 수비하게 한다. 11월 7일 프랑스 해병 160명은 대령 올리비에의 지휘로 정족산성을 공략하려다가 잠복 중인 양헌수가 이끈 500명의 사수들의 공격을 받고 갑곶으로 패주했다. 11일 프랑스군은 한 달 동안 점거한 강화성을 철거하면서 관아에 불을 지르고 중국으로 떠났다. 그들의 군함에는 앞서 약탈한 은금괴와 대량의 서적, 무기, 보물 등이 실려 있었다. 강화도 사람들은 어떻게 손을 써보지도 못하고 지켜봐야 했다. 이조판서를 지낸 이시원(李是遠, 1790~1866)이 아우 지원(止遠, ?~1866)과 함께 자결했다. 이 기막힌 사태에 누구라도 책임지는 이가 있어야 한다고 여겨서다. 100여 년의 세월이 흘러 프랑스 국립도서관 사서로 일하던 박병선 박사가 파손 도서 창고에서 의궤를 발견했다. 우리 학계와 정부의 집요한 의궤 반환 요청 작업이 시작되었고 마침내 그 결실을 보게 되었다.

　강화도는 문화재의 보고다. 한 걸음만 떼어도 문화재가 밟힌다. 그래서 내딛는 발걸음이 조심스러울 정도다. 어디든 땅을 파보면 유물 파편이 나온다고 한다. 처음부터 고도로 지정돼 체계적인 발굴을 하고 그에 맞게 개발했어야 옳았다. 또 강화도에는 의문점과 논란이 많다. 재조대장경(再雕大藏經) 판당의 위치, 집정 최이(崔怡, ?~1249)와 최항(崔沆, ?~1257)의 무덤 등이 명확히 밝혀지지 않았다.

　"강화군은 고도로 지정된 경주나 부여, 공주, 익산과는 다른 매력이 있는 곳입니다. 수도권에 있어서 접근성이 좋고 선사시대부터 근대화 시기, 분단 현실까지 통시적인 학습 효과가 가능합니다. 부근리

강화도는 옛부터 군사적 요충지였다. 강화 해군 사관학교 터에 선 저자와 김형우 소장.

(富近里) 고인돌 주변, 마니산, 고려궁지와 용흥궁 주변, 갑곶돈대(甲串墩臺), 광성보(廣城堡)는 주변 지형을 변경하지 말고 정비해서 체험 교육 장소와 문화 공간으로 만들어야겠지요. 강화도는 초등학생들과 중등학생들이 많이 찾고 있습니다. 며칠을 머물면서도 중복되지 않는 체험 학습 프로그램을 끊임없이 개발하는 시스템이 가동돼야 합니다." 강화역사문화연구소 김형우 소장의 제안이다.

"강화 사람들은 자존심이 강하고 부지런합니다. 그래서 잘살았지요. 그런데 서울과 가까우면서도 교통망이 낙후돼 1990년대 중반까지도 5시간씩이나 걸렸어요. 이제는 서울 도심에서 1시간 반이면 강화에 올 수 있습니다. 강화가 약동합니다. 교동 연륙교가 한창 건설 중에 있고요. 주민 의견을 수렴하고 환경을 생각하면서 강화도와 석모도 사이에 조력발전소 건립도 추진 중입니다. 생물자원의 보고인 강화 남단 갯벌은 훼손하지 않아야겠지요." 취재 현장에서 만난 전

갑곶돈대.

강화군수 안덕수 씨의 주장이다.

갑곶돈대에 섰다. 갑곶은 갑옷만 벗어 쌓아놓아도 건널 수 있을 만큼 수심이 얕아서 생긴 지명이라고 한다. 병자호란 때, 청나라 구왕(九王)이 봉림대군(鳳林大君, 1619~1659)에게 항복하라고 재촉했던 곳이며 병인양요 때는 물론이고 1876년 일본과 체결한 강화도조약도 이곳으로 상륙한 일본 사신의 요구로 맺어졌다.

강화도는 바다와 갯벌로 둘러싸인 천혜의 요새였다. 외침에 시달렸던 우리 선조들은 이 천혜의 요새에 마니산, 정족산(鼎足山) 사고(史庫)와 외규장각을 세웠다. 개화기 전야, 외규장각은 프랑스 군대에 약탈당하고 불태워졌다. 그 후로 강화도는 더 이상 요새가 아니다.

치열한 역사의 현장 강화도는 신화가 숨 쉬는 곳이기도 하다. 한반도를 둥지에 깃든 봉황으로 친다면 강화도는 봉황이 품고 있는 알과 같은 존재다. 알 속에는 흰자와 노른자뿐이지만 이 알이 부화하면 온

전한 생명체인 새끼 봉황이 된다. 인고의 세월을 견디며 알을 깨고 나온 새끼 봉황이 세계를 향해 문화를 노래하는 길조(吉鳥)가 되길 바란다.

● 외규장각 역사

1782년 (정조 6년) 설치
1866년 (고종 3년) 병인양요때 도서 약탈당함
1975년 박병선 박사가 프랑스 국립도서관에서 조선시대 문서 발견, 목록 작성
1991년 서울대학교에서 외규장각 도서 반환 요청
1992년 정부가 반환 요청
2010년 G20 정상회의에서 임대 형식(5년마다 갱신)으로 대여 합의
2011년 외규장각 도서 145년만에 반환

● 찾아가는 길
강화 버스터미널에서 도보 20분, 고려궁지 내

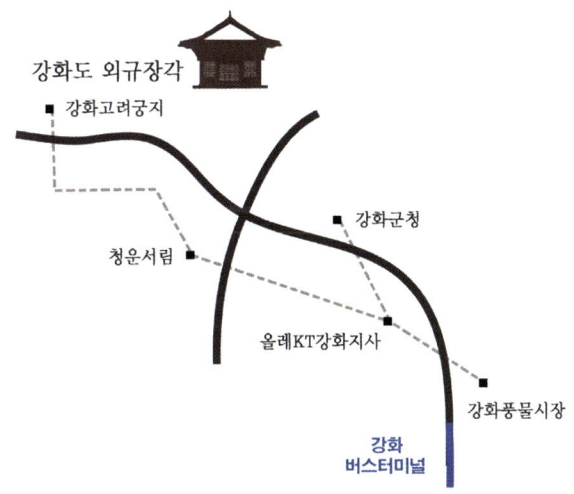

4장
시설

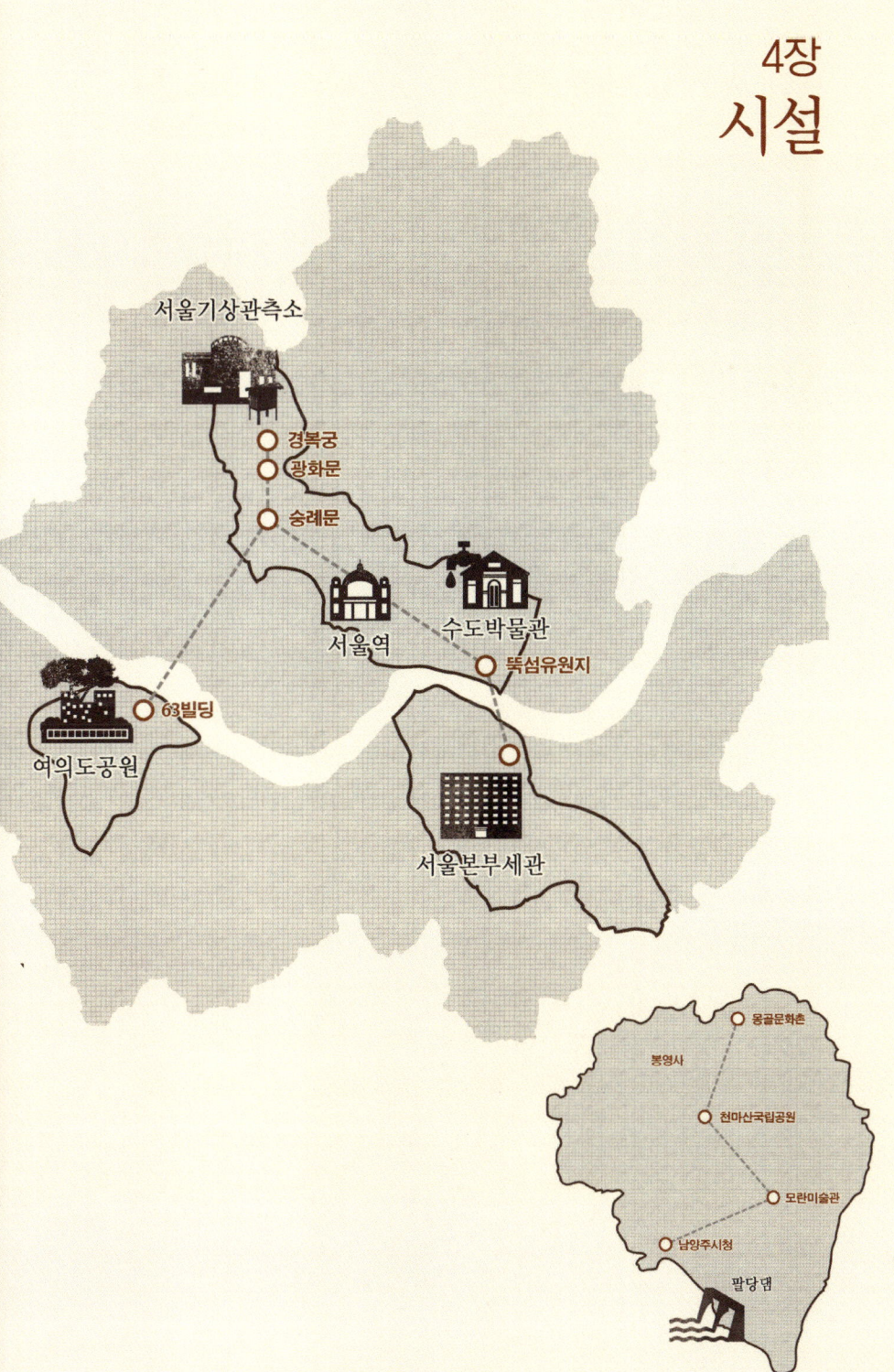

인천 제물포 개항장

인천에 상륙한 근대의 풍경과 한국의 최초들

인천 제물포 개항장은 한국 근대사를 한눈에 파악할 수 있는 현장이다. 제물포 개항장은 답사 코스로 인기가 높다. 서울 양화진에 묻힌 푸른 눈의 선교사들도 제물포 개항장을 통해 들어왔다. 이 땅에 하늘이 열린 이래, 한 번도 경험하지 못했던 서양의 신문물이 제물포 개항장을 통해 전파되었다.

19세기 중엽 중국, 일본에 진출했던 서구 열강은 조선에도 통상(通商)을 요구하다가 인천 해안에서 군사적 충돌을 일으켰다. 병인양요(1866)와 신미양요(辛未洋擾, 1871)가 그렇게 발발했다. 일본은 조선 진출의 기선을 제압하려고 1875년 이른바 운양호 사건을 일으켰다. 이를 빌미로 1876년 강화도조약이 체결되었고 급기야 인천이 개항했다. 지금으로부터 129년 전이다. 개항하자, 일본, 중국, 미국, 영국,

독일, 프랑스 등이 몰려들었다. 개항장 제물포(Chemulpo)라는 이름이 전 세계에 알려지기 시작했다. 제물포는 지금의 인천항 주변 중앙동, 항동 일대에 있던 작은 나루를 가리켰다. 조선시대 군사용 진지 제물량(濟物梁)에서 유래한 것이다. 개항 후 서양인은 인천을 제물포, 일본인은 진센(仁川)으로 불렀다.

개항장에는 응봉산(鷹峰山)을 중심으로 각국의 공원이 조성되고 주변에 청국 조계, 일본 조계, 각국 공동 조계가 생겨났다. 서구식 상공업 시설과 종교, 교육, 문화 시설도 빠르게 건설됐다. 그렇게 근대 문물이 이식되면서 개항장은 국제적인 도시로 변화했다. 독일계 무역상사인 세창양행(世昌洋行)의 기숙사 건물, 해관장을 지낸 존스톤(James Johnston)의 별장(한미 수교 100주년 기념탑 자리), 해관(海關, '세관'의 중국식 이름)의 통역관이었던 중국인 우리탕(嗚禮堂, 1843~1912)의 저택, 서울 정동의 손탁호텔보다 먼저 세워진 최초의 서양식 대불호텔(1888)과 경인철도(1899), 팔미도(八尾島) 등대(1903) 등은 근대화의 상징이다.

> 다음 날 아침 시끄러운 소리에 잠을 깬 나는 부랴부랴 갑판으로 올라갔고 제물포의 경탄할 만한 광경에 그만 넋을 잃고 말았다. 그것은 내 평생 처음 보는 아름다운 장관이었다. 해안선과 항구를 이루는 크고 작은 섬들을 따라 아기자기한 산봉우리들이 솟아 있었고 항구 전체를 사슴 동산처럼 완벽하게 감싸 안은 가운데 마침 떠오르는 아침 햇살이 눈부시게 빛나고 있었다.

1888년 프랑스의 민속학자 샤를 바라(Charles Varat, 1842~1893)의

개항 당시의 제물포(왼쪽)와 지금의 인천(오른쪽).

제물포 원경 예찬이다.

    중국인 거주지는 수려한 관아와 길드, 공회당, 번창하는 상점들로 이어지고 있는데 폭죽 소리와 징, 북 소리로 분주하고 시끄러워 보였다. 확실히 무역에서는 중국인들이 일본인들을 훨씬 앞지르고 있었다. …… 일본인 거주지는 인구가 더 많고 넓었으며 과시적인 데가 있었다. 그들의 총영사관은 사절단을 위압하기에 충분했다. …… 한국인은 제물포 어디에 있는가, 라고 의아해할 것이다. 사실 난 그들을 잊어버렸다. 왜냐하면 그들의 비중은 얼마 되지 않기 때문이다.

영국 지리학자 이사벨라 비숍(Isabella Bird Bishop, 1832~1904) 여사는 예리한 관찰과 생생한 묘사로 정평이 나 있다. 청일전쟁 무렵 다시 제물포를 찾았을 때, 그 번창했던 "중국인 거리는 중세 페스트 오

염 지역만큼이나 궤멸적인 모습을 보였다."고 기술하고 있다. 이와는 대조적으로 일본인 거리는 최상의 활기가 넘쳤다. 은행 지점들과 거류지 사무소, 일본 경찰서, 병원, 소학교, 호텔과 술집들로 변화했다.

  1882년 12월 8일, 조선 외교고문으로 초빙된 독일인 묄렌도르프 (穆麟德, 1848~1901)가 처음 보았던 '고요한 아침의 나라 조선'은 이방인들과 근대 문물이 물밀듯이 들어오면서 국제적인 도시로 탈바꿈하기 시작했다. 제물포라는 지명에 걸맞게 근대 문물이 들고나는 포구가 된 것이다.

  각국 조계지에 많은 외국인들이 모여 살게 되었다. 자치 의회의 필요성이 부각되었고 1891년 8월, 마침내 제물포구락부가 만들어졌다. 구락부(俱樂部)는 클럽(Club)의 일본식 가차(假借)다. 현재까지 보존돼 있는 건물은 나중에 독립문 설계를 맡게 된 건축가 사바틴의 초기 작품으로 사교실, 도서실, 당구대와 야외 테니스 코트까지 갖춘 사교 클럽이다. 클럽에서는 보름마다 무도회가 열렸는데 고종의 시의 뷘쉬(Richard Wünsch, 1869~1911) 박사는 제물포에 입항한 다음 날, 제물포구락부에 가서 이곳 주요 인사들과 만났다. 영국 영사, 프랑스 세관장, 독일 세창양행 대리인 등 50여 명이나 되었다. 분쉬는 서울에 살면서도 이따금씩 제물포구락부를 찾아가 밤을 새기도 했다.(『고종의 독일인 의사 분쉬』, 학고재)

제물포구락부는 현재 영상스토리텔링 박물관으로 거듭났다. 아울러 시민들의 만남의 장소로 제공되기도 하며 영국의 달, 러시아의 달, 이탈리아의 달 등 회원국의 달 행사를 통해 국제 교류의 장도 열고 있다.

신문물이 맨 처음 들어온 인천은 최초의 기록을 가진 것들이 많다. 물론 그것들은 한국의 최초들이기도 하다. 현장을 답사하면서 최초의 신문물들을 하나하나 자세히 들여다보면 개화기 풍경이 보인다.

짱깨집, 장꾸어더에서 유래

서민들의 외식 단골 메뉴 짜장면은 인천이 원조다. 1883년 무렵 제물포 개항장의 중국인 조계지 청관(淸館)에서 생겨났다. '인천 드림'을 꿈꾸며 산둥 반도에서 건너온 중국 쿨리(苦力, 노동자)들과 부두 잡역부들의 간편식이 짜장면이다. 우리가 흔히 알고 있는 '짜장면 공화춘(共和春) 원조설'은 근거가 거의 없다. 제물포 개항장에 짜장면이 등장하고 한참 지난 1905년, 문을 연 산동회관이 1912년 2월 중화민국 건립을 기념하여 '공화국 원년의 봄'이라는 의미로 공화춘이라 개명했기 때문이다. 음식점과 호텔을 겸한 공화춘은 1984년 문을 닫았는데 인천광역시는 중구 선린동 공화춘 옛 건물(등록문화재 제

246호)을 '짜장면 박물관'으로 새롭게 단장해서 문을 열었다. 공화춘은 이미 짜장면의 대명사가 돼버렸으므로 원조 여부와는 별개로 상징적 공간이 돼버렸다. 박물관에서는 짜장면의 역사적 배경은 물론 짜장면이 우리 사회에서 갖는 의미도 살펴볼 수 있다.

예전에는 중국집을 '짱깨집'이라고 부르기도 했다. 비속어로 들리지만 어원을 찾아보면 그렇지도 않다. 주인을 뜻하는 장꾸어더(掌櫃的)라는 말에서 유래한 이름이기 때문이다.

1970년대까지도 '인천의 성냥공장 아가씨'라는 외설스러운 병영 가

근대사의 무대가 된 동인천 일대. 아래가 인천 아트플랫폼, 그리고 옛 중국과 일본 조차지, 위쪽에 자유공원과 응봉산이 있다.

요가 유행했다. 개화기나 일제강점기 때 마찰성냥 한 갑이 쌀 한 되 값이나 되었다. 일본인들이 독점한 탓이었다. 가난했던 시절 성냥공장에 다닌 우리의 누이들은 성냥을 적당히 몸에 감춰 내오기도 했던 모양이다. 그러다 들키기라도 하는 날이면 적잖이 수모를 당했을 터. 여하튼 1886년, 인천에 일본 성냥공장이 들어선 이후로 성냥공장 하면 곧바로 인천이 연상될 만큼 대부분의 성냥이 인천에서 만들어졌다.

서울 주재 미국 총영사 샤이에 롱(Charle Chaillé-Long 1842~1917)은 1887년 9월 3일 뉴욕을 떠나 샌프란시스코와 요코하마를 거쳐 10월 28일 제물포에 상륙한다. 그때 이미 대불호텔과 이태(怡泰)호텔이 있었던 듯하다. 3층짜리 서양식 벽돌 건물인 대불호텔은 공식적으로 1888년 일본인 호리 리키타로(堀力太郎)가 세운 것으로 돼 있다. 하지만 그는 그보다 몇 년 전부터 다른 건물에서 같은 이름의 호텔을 운영하고 있었던 것으로 보인다. "대불호텔로 향했다. 놀랍게도 호텔에서는 일본어가 아닌 영어로 손님을 편하게 모시고 있었다." 한국 최초 개신교 선교사 아펜젤러가 1885년 4월 5일 자로 남긴 비망록이다. 이로 보아 그때 이미 어엿한 호텔로 자리 잡았음을 알 수 있다. 서양식 건물로 쳐도 서울 정동 손탁호텔보다 4년이나 빠르다.

맥아더 동상이 서 있는 응봉산 자유공원은 1888년에 만들어진 우리나라 최초의 서양식 공원이다. 개항 이후 각국 조계 안에 있었기 때문에 당시 이름은 만국공원이었다. 일제강점기 때 서공원으로 명칭이 바뀌었다가 1957년 맥아더 동상 제막식과 함께 지금의 자유공원이 되었다. 맥아더 동상은 인천상륙작전의 현장 월미도를 내려다보고 있다. 월미도는 해안 매립으로 더 이상 섬이 아니다.

일본인이 경영한 인천정미소는 1889년에 세워졌다. 하지만 3년 뒤에 세워진 타운센드상회(W. D. Townsend & Co.)의 스팀동력 정미소가 우리나라 최초의 근대식 정미소라고 할 수 있다. 미곡 표면에 광택이 나게끔 곱게 도정하고 돌까지 골라낼 수 있어서 최상품의 쌀을 만들었다. 이곳에서 도정한 쌀은 특등 수출품으로 일본과 연해주에 나갔다. 상술이 뛰어난 미국인 타운센드는 미곡 무역으로 막대한 재물을 축적했다.

1896년 일제는 한반도 내 미곡시장 장악을 위해 미두취인소(米豆取引所)를 설립한다. 미두취인소는 오늘날 주식거래 시장과 흡사한 쌀 선물시장이다. 쌀을 매개로 한 일종의 도박장으로 투기와 가격 조작이 만연하여 폐해가 컸다. 인천항에 미곡을 싣고 온 한국인 지주와 중소 기업인 들은 일확천금을 꿈꾸며 투기했다가 쪽박을 차기 십상이었다. 이 미두취인소는 개항장 일대를 향락의 거리로 바꿔놓았다. 거리는 요릿집, 술집, 여관 들로 흥청거렸다.(『인천역사문화총서』, 인천광역시 역사자료관 역사문화연구실)

이광수의 장편소설 『재생』에는 인천의 미두꾼 이야기가 구체적으로 묘사되어 있다. 실연당한 주인공 봉구가 의지했던 친구 김경훈은 미두상 김의관의 아들이다. 김경훈은 와세다대 학생으로 부잣집 출신 건달로 등장한다. 미두꾼 아버지를 죽이고 돈을 훔친 그는 상하이로 가서 독립운동에 투신한다. 이 소설에는 미두의 매수, 매도 시점인 210일이 나온다. 기미일(期米日) 가운데 하나인데 오늘날로 치면 선물옵션 만기일에 해당하는 셈이다. 청산 일을 코앞에 두면 인천 시가는 미두꾼들로 북적댄다. 약 2주 동안 대혼란이 벌어지고 벼 100석, 1,000석을 수확하는 넓은 토지들이 훌훌 날아가버린다고 소설은 말하고 있다. 민족 정론지 『개벽(開闢)』은 인천 미두취인소가 "피를 빨

일제강점기 제물포항 하역장의 옛 모습(왼쪽)과 현재 인천 연안부두 전경(오른쪽).

아먹는 악마 굴이요, 독소."라고 경고한다.

미두꾼 이야기는 채만식(蔡萬植, 1902~1950)의 『탁류(濁流)』에도 등장한다. 다만 무대가 인천이 아니라 군산인데 1930년대에 쌀을 매개로 한 도박이 전국적으로 확산됐음을 알 수 있다. 『탁류』에서도 주인공 초봉의 아버지 정주사가 미두에 빠져들어 가산을 탕진한다.

1895년 개항장재판소가 설치된다. 이전 지방 관아에서 행해지던 재판에 관한 모든 사무 처리가 새로 개설된 재판소로 이관된다. 그해 8월 13일, 김구가 개항장재판소로 압송된다. 3월 8일 22세 청년 김구는 황해도 안악군 치하포 나루에서 일본인 상인을 제거한다. 김구는 그 일본인이 국모를 죽인 미우라(三浦梧樓, 1846~1926)와 공범일 거라고 여겨서 일격에 쓰러뜨리고 칼을 빼앗아서 난도질했다. 판결도 없는 옥중생활을 하다가 11월 7일 자 「독립신문」을 통해 자신이 교수형 판결을 받았음을 알게 된다. 꼼짝없이 죽게 될 판국이었다.

김구의 착각

『백범일지(白凡逸志)』에서 김구는 "대군주께서 즉시 어전회의를 여셨고 의결한 결과 국제관계와 관련된 일이니 일단 생명이나 살리고 보자 하여 전화로 친칙(親勅)하셨다 한다." 하며 고종의 전화 한 통이 자신의 목숨을 살렸다고 말하고 있다. 당시 전화는 영어 telephone의 음을 따서 덕률풍(德律風)으로 불렸는데 김구가 인천에서 감옥 생활을 하던 1897년 당시에는 전화가 개통되지 않았다. 2년 뒤인 1898년에야 인천에 전화가 개통됐다. 사실을 추적하자면 1894년 12월 1일부터 인천우편국에서 전보를 취급했고 고종은 그 전보로 김구의 사형 유보를 지시했다. 사형에 대한 중압감으로 경황이 없던 김구가 잘못 들었거나 착각한 것으로 보인다.

일제강점기 때 세워진 인천의 옛 건물들은 현재 인천 아트플랫폼으로 거듭나 현대 미술의 동반자가 되고 있다.

앞줄 왼쪽부터 통역관 퍼시픽 로웰, 부사(副使) 홍영식(洪英植, 1855~1884), 정사(正使) 민영익(閔泳翊, 1860~1914), 서광범(徐光範, 1859~1897), 통역관 우리탕, 뒷줄 왼쪽부터 현흥택(玄興澤, 1858~1924), 통역관 미야오카 츠네지로(宮岡恒次郎), 유길준, 최경석(崔景錫, ?~1886), 고영철, 변수(邊燧, 1861~1892)

> 화륜거 구르는 소리는 우레 같아 천지가 진동하고 기관차의 굴뚝 연기는 반공에 솟아오르더라 …… 수레 속에 앉아 영창으로 내다보니 산천초목이 모두 활동하여 달리는 것 같고 나는 새도 미처 따르지 못하더라.

1899년 9월 18일 오전 9시, 제물포에서 노량진까지 33킬로미터 구간에 기차가 개통된다. 다음 날 「독립신문」은 기차 안에서 보는 풍경을 실감나게 묘사하고 있다.

마포나루까지 수로로 8시간 걸리던 길을 1시간 40분으로 단축한 것이다. 시인 하이네(Heinrich Heine, 1797~1856)의 말처럼 '철도가 공간을 살해'한 셈이다. 개통 당시 증기기관차는 1일 4회 운행했고 내국인 남자가 이용할 수 있는 2등 객실 요금은 80전, 여자가 이용하는 3등 객실 요금은 40전이었다.

근대 계약 이민의 첫 장은 하와이 사탕수수 농장으로 떠난 노동자들이 열었다. 1902년 12월 22일 월요일, 인천내리교회 교인들을 중심으로 한 이민단 121명이 가족 친지들과 눈물의 이별을 한 후, 겐카이마루(玄海丸)호를 타고 인천항을 떠났다. 12월 24일 일본 나가사키 항에 도착, 검역소에서 신체검사를 받고 19명이 탈락한다. 나머지 102명만이 예방접종을 하고 하와이 호놀룰루로 가는 갤릭(Gaelic)호에 탑승했다. 이후 1905년 이민이 금지될 때까지 7,400여 명의 이민자가 제물포항을 떠났다.

최초의 기록을 가진 인물들도 빼놓을 수 없다. 인천 외국인 묘지에 잠든 엘리 바 랜디스(Eli Barr Landis, 1865~1898)는 인천 최초의 현대식 병원과 영어 학교를 지은 인물이다. 1883년 미국 보빙사(報聘使, 답례 답문 사절)의 통역관 우리탕은 일찍이 묄렌도르프를 따라 이 땅에 들어왔다가 인천에 묻혔다. 우리탕은 중국인으로서는 드물게 스페인 여성과 결혼하고 한국에서 통역관을 지낸 세계인이다.

1882년 조미수호통상조약 체결 후 이듬해 푸트 공사가 내한하자 조선은 이에 대한 답례와 양국 간 친선을 위하여 사절을 파견하였다. 1883년 9월 2일 샌프란시스코에 도착한 이들 보빙사 일행은 이색적인 갓과 상투, 한복 차림으로 미국인들과 언론의 각별한 관심을 받았다. 이들은 미국을 방문한 최초의 한국인들이다.

● 제물포 개항장의 최초 기록들

1882년 임오군란 이후 화교 이주
         축구 경기
1883년 짜장면 탄생(청관 내 '공화춘' 일대)
         해관 창설
         영국 무역상사 이화양행(怡和洋行) 제물포지사 설립
1884년 외국인 묘지 조성
         우정총국 인천 분국(최초 지방 우체국) 개국
1886년 중구 전동 중앙기상대
         성냥공장 설립
1888년 대불(大佛)호텔(서울 정동 손탁호텔보다 4년 앞섬)
         응봉산 자유공원(최초의 서양식 공원)
1889년 인천정미소 건립
1891년 내리교회(감리교 첫 예배당)
1892년 영화학당(최초의 서구식 초등교육 기관)
1893년 해운회사 이운사(利運社) 설립
1894년 해성보육원(답동 성당) 설립
1895년 개항장재판소 설치
1896년 미두취인소(쌀 선물시장)
1897년 인천항 신상협회 설립
1898년 경인 시외전화 개통
1899년 경인철도 개통(제물포–노량진 약 33km)
         대한천일은행 인천 지점 설립
1902년 하와이 이민 시작
1903년 팔미도 등대 건립

● 찾아가는 길
지하철 1호선 동인천역 앞 일대

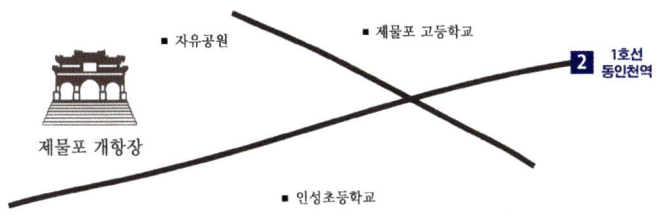

팔미도 등대

그 불빛 따라 근대와 자유가 이 땅에 찾아왔다

"15일 0시 팔미도 등대에 불을 밝혀라!"

1950년 9월 14일 오후 7시. 켈로부대(KLO, 주한 첩보연락처Korea Liasion Office) 고성능 무전기로 맥아더 사령관의 작전명령이 떨어졌다. 한국전쟁 초기 북한군이 낙동강까지 밀고 내려온 위기의 상황이었다. 맥아더 장군은 교착상태에 빠진 낙동강 전선의 국면을 전환하고자 북한군의 배후를 강타할 계획을 세운다. 인천상륙작전이다.

인천항의 길목인 팔미도는 북한군이 점령하고 있었다. 팔미도를 탈환하고 등대에 불을 밝히는 일은 인천상륙작전에서 매우 중차대한 일이었다. 그날 밤 10시, 미군과 한국군으로 구성된 6명의 특공대가 팔미도를 탈환하는 데 성공했다. 그런데 점등 장치가 망가져 불을

팔미도 등대는 우리나라 최초의 등대이다.

켤 수가 없었다. 대원들이 어렵게 수리하여 불을 밝혔다. 9월 15일 새벽, 팔미도 등대의 안내를 받으며 261척의 함정이 인천항에 집결했다. 역사적인 인천상륙작전은 한반도의 전세를 역전시키는 계기가 되었고 9월 27일 한국 해병대가 중앙청에 태극기를 게양, 수도 서울을 수복할 수 있었다.

팔미도 등대는 우리나라 최초의 등대다. 1903년에 세워졌으니 100년이 넘었다. 제물포 개항장이 있는 인천은 최초의 기록들로 넘쳐나는 도시다. 인천의 최초는 곧 한국의 최초가 된다. 1882년 제물포조약이 맺어지면서 고요하던 항구에 제국주의 국가들의 근대 문물이 물밀듯이 들어왔다. 팔미도 등대는 '제국의 불빛'을 뿜어내며 이방인 선

박들의 충실한 길라잡이 노릇을 했다. '거룩하고 아름다운 사랑의 마음'을 담고 있는 낭만적인 등대의 이미지는 훗날에 만들어진 것이다.

알렉산드리아에서는 기원전 300년경에 등대를 세웠다. 로마인도 거의 모든 해변에 등대를 세웠다. 중세시대에 그 등대가 폐쇄되고 교회 건물로 개조되었다. 해변은 암흑 속에 잠겼다. 해상의 등대 불을 끄고 천상의 신만 찾던 시대를 중세 암흑기라고 한다. 산업혁명으로 다시 교역이 활발해지면서 등대에 불이 밝혀졌지만 등대는 제국주의의 소유가 된다.

2011년 8월 16일 오후 1시 30분, 인천 연안부두 여객 터미널에서 팔미도 가는 현대유람선 하모니호에 올랐다. 15.7킬로미터밖에 안 되는 거리지만 유람선은 50분간 천천히 항해한다. 배 위에서 보는 인천항 풍광은 역동적이다. 경쾌한 음악에 맞춰 춤을 추는 단체 관광객들을 뒤로하고 3층 라운지로 올라간다. 국제도시로 도약하는 송도의 고층 빌딩이 보인다. 국내 최장의 다리이자 세계 10대 건설프로젝트라는 인천대교 주탑 밑을 지난다. 100여 년 전 이 뱃길을 건너왔던 눈 푸른 선교사들은 안개 속에 떠 있는 제물포의 아름다움에 황홀감을 느꼈다고 기록했다. 아펜젤러, 언더우드, 스크랜턴, 헐버트, 게일, 헤론……. 그들은 불이 꺼져가는 조선에서 불멸하는 한국인의 혼을 보았지만 일본의 식민지가 되는 걸 막아내지는 못했다.

팔미도가 다가왔다. 모래톱에 의해 연결된 여덟팔 자 모양의 섬, 팔미도는 기어가는 달팽이처럼 보이기도 한다. 관광객과 군인 틈에 밀려 선착장에 발을 디뎠다. 항로 표지 관리원들이 나와 안내한다. 등대의 공식 명칭은 항로표지관리소다. 하지만 항로표지관리소나 항로표지관리원이라는 명칭보다 등대와 등대지기가 더 정겹다.

나무 계단을 오르자 시야가 탁 트인 마당이 나타난다. 팔미도 등대 건립 100주년을 기념해 세운 '천년의 빛' 조형물을 뒤로하고 왼편 직원 숙소동과 오른편 옛 관사를 지나 등대로 가는 산길을 탄다. 해발 58미터 정상에 아담하고 고풍스러운 옛 등대와 성화 모양의 새 등대가 나란히 서 있다. 전망 좋은 그곳에서 시원한 바닷바람을 맞으며 바쁘게 기념 촬영을 하는 관광객들은 이내 잰걸음으로 내려가야 한다. 새 등대 안에 영상 자료가 준비돼 있지만 볼 겨를이 없다. 섬에서 머물 수 있는 시간이 40분가량밖에 안 되기 때문이다.

관광객들이 썰물처럼 빠져나가면 항로표지관리원들은 쓰레기를 줍고 뒷정리를 한다. 관광객들을 안내하고 환경을 정리하는 일은 등대를 관리하고 사무를 보는 일만큼이나 중요하다. 등대지기 문공배, 김성용, 인천지방해양항만청 전재천 주무관과 함께 등탑에 올랐다. 지하 1층, 지상 4층 높이의 원통형 등탑 안에는 나선형 계단이 이어졌다. 내딛는 발소리가 원통 안에서 공명한다. 누군가의 이름을 불러주면 저 아래 바다 밑으로 혹은 저 높은 하늘까지 뻗쳐나갈 것만 같다. 작고 둥근 남서쪽 창으로 보이는 바다가 석양에 붉게 물든다. 등탑 안에서 완상하는 팔미도의 낙조는 뛰어들고 싶도록 아름답다.

신 등탑을 내려와 인천시 문화재로 지정된 구 등탑의 나무문 앞에 선다. 등탑은 흰색 예복을 갖춰 입은 성자의 모습이다. 신전이나 성당의 지성소 같은 느낌을 준다. 문이 닫혀 있다. 문을 열고 안으로 들어간다. 직경 2미터 남짓한 공간 한쪽에 철재 수직 사다리가 뻗어 있다. 등명기가 있는 등롱(燈籠)으로 난 사다리다. 이 땅에 처음 등댓불을 밝힌 이 등대는 당시 석유 백열등을 썼다. 석유를 공기로 압축해서 불꽃을 얻는 버너와 같은 원리로 빛을 냈다. 일몰·일출시간에 맞춰 데이터가 입력돼 자동으로 불이 켜지고 꺼지는 지금과는 사뭇 달랐다.

옛 등대 옆에 구상(具常, 1919~2004) 시인의 글과 맥아더 장군의 브론즈 초상이 담긴 기념비가 있다. 인천상륙작전 때 켈로부대원들이 섬을 탈환하고 등대를 밝힌 비화가 기록돼 있다. 인천상륙작전을 성공시킨 영웅들의 이야기는 우리나라 최초의 등대라는 역사적 가치 못지않은 자산이다. 그런데 내용을 읽다 보면 극적인 장면이 연출해내는 감동이 없다. 등명기 나사못이 빠져 점등하지 못하다가 바닥에서 우연히 나사못을 발견하고 불을 밝혔다는 것, 초초하게 기다리던 맥아더 장군이 등댓불과 등대에 내걸린 성조기를 발견하고 연합군 함대에 진격 명령을 내렸다는 것 등은 설득력이 떨어진다. 밤 10시면 바다에서 과연 성조기를 확인할 수 있었을까. 애국심을 불러일으키게 하는 팔미도 등대 탈환 작전은 우리나라 최초의 등대라는 사실 못지않게 매우 중요한 역사적 사건이다. 보다 상세하고 명확한 근거가 제시돼야 할 것 같다.

이 일화를 헨리크 시엔키에비치(Henryk Adam Aleksandr Pius Sienkiewicz, 1846~1916)의 소설과 비교해보자. 특별한 사건이 없어도 뜨거운 감동을 자아내기 때문이다.

> 파나마 근처 항구도시 애스핀월 앞 바위섬. 폴란드 출신의 백발노인 스카빈스키가 등대지기로 들어온다. 등대는 불운한 그의 인생 역정에서 맞는 종착역과도 같았다. 노인은 새벽에 일어나 식사를 하고 등대의 렌즈를 공들여 닦는 것으로 하루 일과를 시작했다. 하루 치 식량과 물을 공급해주는 배를 맞이하고 나면 평화가

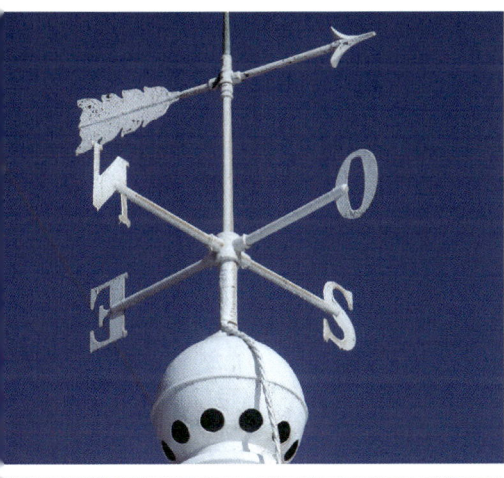

등대의 낮 전경(오른쪽)과 풍향계(왼쪽 위), 전시실 내부(왼쪽 아래).

찾아왔다. 날이 저물면 등대의 불빛이 칠흑같이 어둡고 신비스러운 암흑 속에서 빛났다.

어느 날 보급품과 함께 책 한 권이 배달된다. 조국 폴란드어로 된 시집이다. 시를 읽던 노인은 40년 전에 떠나온 조국에 대한 향수로 몸부림친다. 엎드려 흐느끼며 고향의 오솔길과 숲, 마을에 대한 기억을 더듬는다. 밤이 왔다. 여느 때 같았으면 등대에 불이 빛나고 있어야 했지만 노인은 머리를 가슴에 파묻은 채 조국으로 달려가는 꿈을 꾸고 있었다. 다음 날 새벽, 항구경비원이 찾아왔다. 등대에 불을 켜지 않아 간밤에 배 한 척이 침몰했고 노인은 해고되었다. 하지만 모국어로 된 시집을 품에 안은 노인의 눈빛은 햇살처럼 빛났다.

"팔미도와 부도, 소청도, 선미도 이렇게 네 곳 등대를 순번제로 돌며 관리합니다. 2009년부터 팔미도가 개방되고 수십만 명이 찾아오는데 학생들이 많이 와서 역사를 배워가는 장소가 되었으면 좋겠습니다."

기상청을 거쳐 항로표지관리원이 되었다는 문공배 씨의 바람이다. 등대지기 임기를 마치고 나면 남는 건 낚싯대뿐이라지만 이곳 팔미도 등대에서는 낚시조차 신통치 않다고 한다. 팔미도와 한국 근대를 열었던 개항장을 연계한 수학여행 코스를 개발하고 전국 중고교에 홍보하는 것도 좋을 것 같다.

인천으로 들어오는 길목에 세워진 팔미도 등대는 대한제국이 세웠으나 일본 제국주의가 그 소득을 독점했다. 그간 이 등대의 설계자는 이시바시 아야히코(石橋絢彦)라는 일본인으로 알려져왔다. 그런데 배재대 김종헌 교수는 영국인 하딩(J. R. Harding)의 작품이라고 주장한다. 하딩은 덕수궁 석조전을 설계한 건축가다. 김 교수는 팔미도 등대가 인천광역시 유형문화재에서 국가문화재로 승격할 만한 충분한 가치가 있다고 말한다. 그러기 위해서는 보다 명확한 사실들이 규명돼야 한다.

경인 아라뱃길이 열렸다. 한강 하류 아라 김포 터미널에서 18킬로미터의 수로를 통과하여 아라 인천 터미널, 연안부두 터미널을 거치는 유람선이 팔미도에 닿게 된다. 2011년 11월부터 개통된 이 아라뱃길은 인공적으로 건설한 운하다.

이 길은 꽤 깊은 역사성을 띠고 있다. 일찍이 1243년(고종 30년), 고려 무인정권 집정 최이가 처음 구상하고 굴착을 시도한 적이 있었다. 당시는 몽골의 침략을 받은 고려 조정이 강화도로 천도한 상태였다. 김포 쪽 해안인 착량에 몽골군이 나타나 조수간만의 차를 살피고 공격 방도를 찾으려 하자, 최이는 강화도로 드나드는 뱃길을 새로 개척할 필요성을 느꼈다. 경기 안남(부평) 들을 굴착하여 한강 하류와 잇는 운하를 건설하기로 했다. 이런 대규모 토목공사를 통해 민심을 하나로 모으려는 목적도 있었다. 거대 토목공사와 독재 권력은 상관관계가 있다. 최이 역시 그랬다고 생각된다. 자신들이 버려졌다고 여긴 본토의 생민들은 반란을 일으키는 등 민심 이반이 심각했기 때문이다. 그러나 운하를 파 들어가다가 암반을 만나고 만다. 지금처럼 폭약이나 굴착 장비가 없던 시절이라 포기할 수밖에 없었다.

고려인들의 미완의 꿈은 21세기에 와서 되살아나 아라뱃길로 열렸다. 그 효용성에 대해서는 말이 많았다. 환경 단체의 반대와 경제성 논란으로 여러 해 동안 지연되기도 했다. 현재는 여객 유람선 10척,

연안항로(부산, 제주, 여수) 3척, 국제항로(중국 청도, 천진, 동남아, 러시아) 6척이 운항 중이다.

● 팔미도 등대

주소	인천광역시 중구 무의동 산373
분류	인천광역시 유형문화재 제40호
규모	구 등탑 7.9m, 신 등탑 31m
역사	1903년 6월 1일 초점등(석유 백열등)
	1950년 9월 15일 인천상륙작전 때 신호 점등
	1954년 8월 29일 발동발전기 무신호기 설치
	1991년 9월 13일 태양광발전 장치 설치
	2002년 2월 4일 구 등탑 인천광역시 유형 문화재 지정 제40호 지정
	2003년 12월 16일 신 등탑 준공
	2009년 1월 1일 팔미도 등대 민간 개방

● 찾아가는 길

인천 연안부두에서 하루 2회(오전 11시, 오후 3시 30분) 출항

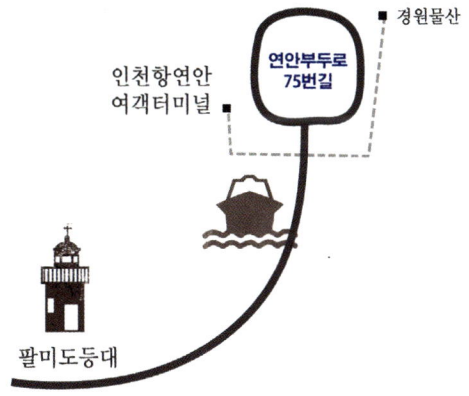

서울역

식민지, 산업화, 민주화, 근현대 영욕 지켜본 서울의 관문

서울역은 숨 가쁘게 달려온 한국 근현대사의 창(窓)이다. 원형을 거의 그대로 유지한 채 확장을 거듭해온 역사(驛舍)에는 당대의 사회상이 반영된, 사람 사는 이야기들이 묻어 있다. 서울내기건 서울의 꿈을 찾아온 시골뜨기건 서울역과 광장에 얽힌 추억 하나쯤 갖지 않은 이가 어디 있으랴. 집을 떠나 평행선 위를 미끄러지다 만난 낯선 세계에는 두려움과 설렘이 가득했다. 도착과 출발의 교차점은 늘 현기증이 일 만큼 부산했고 크고 작은 사건들을 빚어냈다. 그 사건들과 씨줄, 날줄로 엮인 개인사에는 저마다 속 깊은 사연들이 배어 있다. 생생한 뉴스의 현장, 서울역은 그래서 블로그나 문학 작품에 자주 등장하는 소재가 되곤 한다.

설 연휴 기간인 2011년 2월 4일 입춘 꼭두새벽, 서울역은 한적했

서울역의 야경. 한국의 모든 철로는 서울역으로 통한다.

다. 귀성객들로 붐볐던 대합실과 플랫폼에는 여행자 몇몇이 서성이고 딱히 돌아갈 곳이 없어 낙엽처럼 뒹구는 사람들이 간간이 보일 뿐이었다. 겨우내 칼날을 세웠던 혹한의 일기는 피부에 와 닿을 만큼 풀려 있었다. 문득 곽재구 시인의 시 한 소절이 저절로 입가에 맴돌았다.

> 단풍잎 같은 몇 잎의 차창을 달고
> 밤 열차는 또 어디로 흘러가는지
> 그리웠던 순간들을 호명하며 나는
> 한 줌의 눈물을 불빛 속에 던져 주었다.

열차가 정차하고 승객들이 타고 내리는 장소인 철도역은 병원, 학교, 은행, 백화점 등과 함께 출현한 근대 시설이다. 수도 서울의 심장부에 위치한 서울역에는 숱한 고난과 시련을 이겨내고 산업화, 민주화를 이룩한 이 땅 사람들의 발자취가 궤도처럼 깔려 있다. 거대 도시의 관문인 서울역 광장으로 내딛는 첫발은 꿈과 도전을 향한 질주로 이어졌다. 땀 흘려 일하고 공부하며 저마다 눈부신 성취를 이룬 많은 이들이 금의환향하기 위해 다시 서울역을 찾았다.

귀성길, 그들의 양손에는 선물 꾸러미가 그득했다. 그 속에는 드라마 같은 성공담도 서리서리 개켜져 있었다. 하지만 모두가 양지에 설 수만은 없는 게 세상살이다. 누군가는 서울에서 좌절을 겪고 누군가는 서울역 주변을 떠도는 신세로 전락했다.

서울역은 종착역이자 시발역이다. 한국의 모든 철로는 서울역으로 통한다. 해방 그리고 분단 뒤 북으로 가는 철길은 막혔다. 대륙과 연결된 철로가 끊긴 남한은 섬 아닌 섬이 돼버렸다. 하지만 서울역은 원래 남으로 일본을 향하고 북으로 만주와 바이칼 너머까지 이어진, 남과 북 사이 철의 실크로드에 놓인 국제선의 중간 역이었다.

인류사에서 근대는 공간과 시간을 좁히고 대량생산과 대량소비를 가능케 한 열차의 등장으로부터 시작됐다. 값싸고 신속한 운송 수단은 산업화를 앞당겼다. 하나의 소비구조로 연결된 사람들은 일정한 구역 안에서 일체감을 형성했다. 근대적 의미의 민족이나 국민국가의 등장도 철도와 열차 덕분이다. 자동차 산업이 지금처럼 발전하기 전까지는 철도가 육상 교통의 왕자였다. 전깃줄이 산업국가의 신경선이라면 철로는 피를 돌게 하는 동맥이다. 그 동맥을 우리 스스로 만들지 못하고 외세의 힘에 의존했던 근대의 불행이 경인선(1899), 경부선(1905), 경의선(1906), 호남선(1914) 등에 침목(枕木)처럼 고여 있다.

서울에 증기기관차가 등장한 것은 1899년이다. 그해 9월 18일 오전 9시, 노량진에서 미국제 '모걸(mogul) 탱크형(形)' 증기기관차가 엄청난 굉음을 울리며 제물포를 향해 질주하기 시작했다. 경인선 열차의 첫 운행 순간이었다. 이날을 기념해 철도의 날을 정했다.

1896년 고종은 미국인 모스(James R. Morse)에게 경인철도 부설권을 허가한다. 모스는 1897년 3월 29일 인천 우각현(牛角峴)에서 기공식을 올리지만 자금난으로 곧 공사를 중단한다. 그 후 일본 정부가 중심이 된 경인철도회사가 부설권을 인수해 제물포-노량진 구간 33.2킬로미터를 개통했다. 이로써 '인천에 상륙한 근대 문명'이 레일을 타고 서울로 몰려들기 시작한다.

1900년 7월 5일 한강철교가 준공되면서 7월 8일 노량진-경성역 구간이 연결되었다. 당시 경성역은 현재 서울역 자리가 아니라 이화여고 근처 서대문역이었다. 지금의 서울역에는 목조건물로 된 남대문역이 있었는데, 1900년 경부선의 역사로 개설된 것이다. 이 남대문역은 1923년 1월 1일 경성역으로 이름이 바뀐다. 이미 1917년 일본은 한국 철도 경영을 남만주철도주식회사에 위탁했다. 한국과 만주를 하나로 묶어 대륙 침략을 본격화하기 위한 조치였다. 1925년 경성역사를 준공하고, 오늘날의 구(舊) 서울역사 업무가 시작됐다. 광복 후 1947년 11월 1일 경성역은 서울역으로 명칭이 바뀌었다. 2004년 4월 1일 신(新) 서울역사로 이전하기까지 구 역사는 78년여 간 수도 서울의 관문 역할을 해왔다.

서울이 사대문 안을 벗어나지 않고 말이나 수레가 교통수단이던 시절에 등장한 철마(鐵馬)는 근대 조선인들의 사유 폭과 풍경의 개념을 바꿨다. 공간이 좁혀졌고 표준시가 정해졌다. 일본보다 30분 늦고 중국보다 30분 빠른 한국 표준시가 1908년 4월부터 1911년 말까지 시행되었다. 바람이나 소, 말 혹은 인력에 의존한 탈것을 기관차가 대신하게 됨에 따라 자연적인 풍경도 상업화됐다. 차창 밖으로 내달리는 풍경을 감상하기 위해 일부러 값비싼 열차를 타는 사람들이 생겨났다. 하지만 같은 풍경은 이내 식상해지기 마련이다. 낯선 사람들과 멀거니 마주앉아 있는 것도 민망하고 따분한 노릇이다. 열차 안에서 부담 없이 읽을 수 있는 문고판 추리소설과 연애소설, 잡지 들이 생겨났다. 그리고 소리 내어 읽던 오래된 낭독 습관이 묵독이라는 새로운 형태의 독서 습관으로 변해갔다. 그러면서 차차 개인을 발견하기에 이르렀다.

옛 서울역사는 철골구조인 신 서울역사와는 건축양식이 사뭇 다르다. 바로크, 르네상스 양식이 혼합된 이 붉은 벽돌 건물은 한 번만 봐도 오랫동안 기억에 남을 만큼 인상적이다. 별 특징 없는 도심의 빌딩 숲 사이에 독특한 중앙 돔을 이고 서 있는 이 이색적인 건물은 미적으로도 빼어나다.

"현재 남아 있는 일제강점기 건축물 가운데 가장 뛰어난 외관을 갖고 있는 건물입니다. 붉은 벽돌 틈에 흰색의 화강석으로 수평 띠를 두르고 벽면 모서리에 귓돌을 설치해 변화를 꾀하고 있지요. 서울역사는 단위 건축물로서가 아니라 도시 공간과 유기적인 관계 속에서 성장해온 시설입니다. 지난 100년 동안 그랬듯 미래 100년 동안에도 그렇겠지요."

동행취재한 신예경 남서울대 건축공학과 교수의 박사학위 논문, 「20세기 서울역사의 도시 공간적 변모」에는 서울역 변천사를 상세히 기술하고 있다.

옛 서울역사에는 한때 가림막이 쳐져 있었다. 복합문화 공간으로 거듭나기 위해 새로 단장하기 위해서다. 가림막에는 대한민국 근현대를 상징하는 사진들이 내걸렸다. 모두 서울역사를 배경으로 포착한 역사적인 순간들이다. 8·15 해방을 맞아 군중은 서울역 광장에 몰려나와 플래카드를 들고 환호했다. 1953년 휴전 직후 살기 위해 무작정 상경한 가족사진에서 아버지는 밥상을 걸머졌고 두 아이는 혹시 잃어버릴까 봐 서로 손을 꼭 부여잡았다. 1961년 5월 16일 새벽에는 군인들이 서울역 광장의 행인들을 통제했다. 경부고속도로가 개통되기 이전인 1960년대 서울역은 무작정 상경한 시골뜨기들이 많았다. 특히 무작정 상경한 시골 소녀는 '참새'로 통했는데 '참

복합문화 공간으로 거듭난 옛 서울역사 내부.

새'가 뜨면 서울역 광장을 맴돌던 '독수리(야바위꾼, 뚜쟁이, 포주)'들이 잽싸게 채가곤 했다. 눈 감으면 코 베가는 서울에서 그들은 눈 뜬 참새들을 유인해 호스티스나 창녀로 팔아넘겼다. 무작정 상경했는데도 여공이나 식모, 버스 차장이 된 경우는 그나마 다행이었다.

1971년 3월 30일 서울역 풍경 사진에는 밤늦게 서울역에 도착한 시골 소녀를 부녀보호소 직원들이 안내하는 장면이 찍혀 있다. 그때까지도 윤락가로 팔려가는 일이 잦았기 때문이다. 1980년 5월에는 서울 시내 35개 대학 학생들이 역 광장에서 민주화를 요구하는 집회를 열어 '서울의 봄'을 연출했다.

예나 지금이나 명절 때면 귀성길은 혼잡하다. 1970~1980년대에는 87명 정원인 3등 객차에 230여 명이 승차해 콩나물시루 같은 풍경을 연출했다. 그럴 때 선반은 더없이 좋은 침상이 됐다.

오래전 서울역 광장에는 암표상과 소매치기가 활개를 쳤다. 무임 승차도 많았다. 2009년 9월부터 서울역 등 전국 주요 역 개찰구의 자동 개·집표기와 검표원을 없앴는데도 무임승차는 늘지 않았다고 한다. 인터넷 예매문화가 정착한 오늘날 암표상은 옛날이야기가 되어 버렸고 소매치기 대신 성추행 사건들이 늘고 있다. IMF 외환위기 이후에는 노숙인이 늘어났다.

"혹독하게 추웠던 이번 겨울에 서울역 노숙인들이 날씨 따뜻한 부산역으로 많이 내려갔습니다. 꼬지('구걸'을 뜻하는 은어)로 돈을 모아 표를 산 것이죠. 봉사 단체에서 세끼 식사를 제공하고 응급치료를 해주지만 근본적인 해결책은 되지 못합니다. 역시 정부가 나서서 자활 프로그램을 실시해야겠죠. 종교 단체는 그저 보완하는 수준입니다. 우리 모두 조금만 더 낮아지고 조금만 더 작아지면, 서울역 주변 노

서울역 복원전시실(위)과 컨퍼런스룸(아래)

숙인과 쪽방촌 거주자 2,000여 명이 함께 살 수 있는 길이 열리지 않을까요?"

'2011 설날사랑큰잔치'를 연 한국교회희망봉사단 사무총장 김종성 목사는 새벽 이른 시간임에도 생기가 넘쳤다. 예배를 마치고 급식을 하는 기독교 긴급구호센터 앞에서였다. 서울역 주변에는 기독교 긴급구호센터를 포함해 구세군 브릿지센터, 따뜻한 채움터, 나눔 공동체, 해돋는 마을 등 모두 5개의 노숙자 실내 급식 시설이 있다.

철도는 근대의 한 상징이다. 그 상징의 초창기 주체가 일본이었다는 게 우리 역사의 아픔이다. 남북 분단은 서울역을 남과 북 사이를 통과하는 역이 아닌 종착역으로 만들었다. 철도가 단절된 북방은 우리 앞에 역사적 사명으로 남아 있다. 봄이 오는 새벽, 한국 근현대사를 고스란히 기억하고 있는 공간 서울역에서 육로로 유라시아 대륙을 달리는 날을 소망한다. 그 전까지 우리는 육상교통의 섬 시대를 사는 셈이다.

리모델링한 옛 서울역사는 현재 문화 공간으로 거듭났다. 열차를 기다리는 자투리 시간에 전시회장을 둘러볼 수가 있다.

● **한국 철도의 최고 기록**

최고 고지대역   태백선 추전역, 해발 855m
최북단역   경원선 신탄리역, 북위 38° 13'
최남단역   전라선 여수역, 북위 34° 45'
최장 터널   금정터널, 울산-부산 간 20.323km
최장 교량   한강 A교, 용산-노량진 간, 길이 1,112.8m (1944년 8월 1일 개통)
최고 교량   길아천, 중앙선 금교-치악 간, 높이 32.97m

● **서울역**

위치	서울특별시 용산구 동자동 43-205
준공	2004년 1월 1일
설계	(주)아키플랜종합건축
총면적	9만 5172㎡ (지하 2층, 지상 5층)
이용자 수	2,649만 명 (2010년 현재 승차 1,317만 명, 강차 1,332만 명)

● **서울역사**

주소	서울특별시 중구 청파로 426
분류	사적 제284호
준공	1925년 9월 30일
설계	쓰카모토 야스시
규모	지하 1층, 지상 2층
총면적	1만 7,269㎡

● **쓰카모토 야스시 (塚本靖, 1869~1937)**

1893년 동경제대 조가학과 졸업. 동경제대 공학부 교수 및 학부장 역임. 1923~1924 건축학회장 역임. 1937년 제국예술원 회원. 작품으로 동경제대 공학부 강당과 교실(1919)이 있다.

● **찾아가는 길**

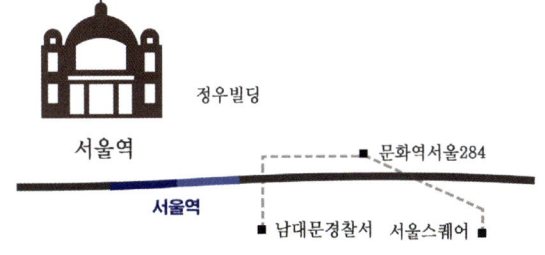

팔당댐, 팔당호, 수도박물관

음과 양의 물이 만나는 곳, 수도권 2,300만 명의 생명수

서울은 물의 도시였다. 남부순환로를 비롯한 강남의 도로들이 물에 잠겼고 운전자들은 자동차를 버리고 탈출했다. 물은 허리까지 차올랐다. 그래도 비는 줄기차게 내렸다. 버스 정거장은 물의 정거장이 되어버렸다. 도시 홍수였다. 아스팔트와 시멘트의 도시 서울은 홍수에 취약했다. 산사태가 났고 하수구로 빠지지 못한 물들이 도시를 점령해버렸다. 통제를 벗어난 물은 사나웠고 수재(水災)로 이어졌다.

2011년 7월 26~28일 하늘에서 쏟아진 물 폭탄으로 대한민국 수도 서울이 물난리를 겪었다. 1907년 중구 송월동 서울측후소에서 기상관측이 시작된 이후 사흘간 강우량으로는 104년 만의 기록이라고 한다. 평상시에는 초당 124톤의 물을 방류하던 팔당댐이 28일 새벽 2시 15분부터 초당 1만 8,000톤을 쏟아냈다. 국토해양부 한강홍수통제소의 결정에 따른 방류였다. 물의 도시를 관통하는 한강은 흙탕물

다목적댐인 팔당댐에서 방류를 하고 있는 팔당댐. 두미협곡을 막아 만든 다목적댐이다.

로 넘쳐났다. 한강 둔치는 범람했고 나들목 수문은 굳게 닫혔다. 강남 신사동 한강 나들목은 28일 오후에야 수문이 열렸다. 물이 빠진 한강공원은 개흙 범벅이었다. 한남대교 하류 쪽 공원은 여전히 물에 잠겨 있었다. 개흙밭이 강남 도심 곳곳에 생겼다. 서울은 이제 새로운 물길을 내야 할 때다. 이 정도의 폭우는 너끈히 받아내고 걸러낼 수 있는 하수도를 마련해야 할 때다.

서울시민과 경기도민 2,300만의 생명수 한강은 축복이다. 한강의 기적은 눈부신 경제 발전을 뜻한다. 수도권 시민들의 젖줄, 한강은 한국 근대화의 산증인이기도 하다. 팔당댐과 팔당호를 만든 이래 시민들은 풍요를 누려왔다. 현재 세계 최대 규모의 식수원으로 1급수다. 뿐만 아니라 제한 급수를 실시한 적이 없는 천혜의 수자원이다.

서울시는 수돗물 '아리수'를 내놓고 자랑한다. 한강변에 있는 6개의 취수장(팔당, 풍납, 강북, 구의, 암사, 자양)에서 원수(源水)를 얻는다.

문명 앞에는 숲이 있고 문명 뒤에는 사막이 있다. 숲은 강의 원천이고 사막에도 강물이 적셔지면 도시가 들어설 수 있다. 강은 인간의 마을과 도시의 젖줄이다. 선사시대부터 인류는 강가에 터를 잡고 살았고 역사시대에 인류는 그 강가에 도시를 건설했다.

우물은 오랫동안 인류의 급수 공급원이었다. 우물이 감당할 수 없을 만큼 도시가 커지면서 수도 시설이 만들어졌다. 세계에서 가장 오래된 수도는 B. C. 313년 로마 아피아가도에 설치된 시설이라고 한다. 근대식 수도는 1804년 영국에서 완속사 여과법(Slow Sand Filter low speed sand filtration, 보통 침전법, 물이 자연스럽게 모래 층을 투과하며 여과되는 방식)이 개발되면서 급속사 여과법(high speed sand

서울시 뚝도 아리수 정수센터에 있는 수도박물관. 르네상스식 건물과 1908년 대한제국의 근대적 상수도 시설인 송수실과 여과지를 견학할 수 있다.

filtration, 약품 침전법, 약품을 투여해 이물질을 섞어 뭉치게 해 가라앉힌 후 물을 여과시키는 방식)으로 발전, 일반화되었다.

우리나라는 1908년 서울에 뚝도 수원지 정수장이 준공되면서 서울시민에게 수돗물을 공급했다. 미국인 콜브란과 보스트윅은 고종 황제로부터 따낸 상수도 부설 운영권을 영국인이 설립한 대한수도회사에 양도했다. 대한수도회사는 완속 여과지 정수 시설을 완공하고 9월 1일부터 급수를 시작했다. 물지게를 지고 서울 골목골목을 누볐던 그 유명한 북청 물장수들이 그때 실직했다. 당시 서울시의 인구는 20만가량이었는데 12만 5,000명이 수돗물을 먹었다. 위생적인 수돗물 공급으로 콜레라와 장티푸스 등의 풍토병이 줄어들었다.

1973년 준공한 팔당댐은 수력발전으로 전력을 생산하고 수도권 용수 공급과 홍수 조절 기능을 해왔다. 남한강과 북한강이 합류하는 두물머리 7킬로미터 하류에 있는 팔당댐은 한강수력본부 팔당수력발전소가 관리한다. 연간 2억 5,600만 킬로와트시(kWh)의 발전량을 생산하며 하루 260만 톤의 광역 상수원을 공급한다. 연중 365일 불이 켜져 있는 한강수력 팔당발전소는 거대한 물의 정거장이다.

팔당댐이 있는 곳은 두미협(斗迷峽)이다. 두미협곡을 지나는 한강을 두미강(斗迷江)이라 불렀고 여기에 두포(斗浦)가 있었다. 두(斗)는 용량을 재는 그릇인 '말'을 뜻한다. 옛 나루터인 두포에 들어선 오늘날의 팔당댐이 저수량을 재고 조절하는 기능을 하고 있어 흥미롭다.

이곳에서 상수원 보호 구역으로 묶인 북한강 삼봉리와 문호리, 남한강 국수리와 영동리 지점까지를 팔당호라고 일컫는다. 산이 모이고 물이 합치는 곳에는 국량이 큰 터가 풀어지기 마련이다. 그 언저리에 큰 마을이나 도시가 들어서고 때로는 도읍지가 된다. 이곳 팔당호로부터 한강이 서해에 몸을 푸는 인천까지 수도 서울과 경기도 여러 도시가 포도송이처럼 엉글어 있다. 한강 하류에 집중된 도시들은 여러 문제를 낳기도 하지만 효율성 또한 높아 비약적인 경제성장의 주축과 동력이 돼왔다.

팔당호는 생태 환경이 빼어난 물의 천국이다. 이 물의 천국은 크게 세 권역으로 나뉜다. 다산 정약용 선생의 유적지가 있는 능내리의 다산권, 양수리권, 광주권이다. 광주권인 남종면 분원리에는 팔당수질개선본부가 있다. 본부 건물 9층, 연중무휴로 개방하고 있는 '팔당전망대'에서 물의 정거장, 물의 천국을 조망한다. 물은 1,000개의 얼굴을 지녔다. 몽환 속 같은 물안개가 피어나는 이른 새벽, 거울처럼 잔잔한 한낮과 축축한 이내가 깔리는 저녁 무렵 물의 표정은 저마다 색다르다. 물의 거울에는 산과 산이 서로 손을 맞잡는 모습도 비친다. 하늘 건너가는 구름이 그사이에 들어오면 완벽한 풍경화다. 날이 저물면서 스스로 깊어가는 물의 마음 깊은 자리에 자신을 비춰볼 수 있다면 그는 지혜로운 자다.

강가에 말을 세우니 저 멀리로 붉은 명정이 바람에 펄럭거렸네. 물위로 구불대던 배의 돛대 그림자는 강안을 돌아 나무에 가리게 되자 다시는 볼 수가 없었네. 강가의 검푸른 먼 산들은 마치 누님의 쪽진 머리 같고, 물빛은 누님의 화장 거울 같고, 새벽달은 누님의 눈썹 같았어라.

1771년 9월 초순 어느 날, 연암(燕巖) 박지원(朴趾源, 1737~1805)이 두포에서 양평 아곡으로 떠나가는 배를 보고 읊은 절창이다. 그 배에는 여덟 살 위인 큰 누님의 상여가 실려 있었다. 마흔셋에 세상을 뜬 누님를 그리는 애틋한 동생의 정리가 절절하다. 영원히 사라져가는 것, 그래서 추억할 수밖에 없는 마음을 담담하게 읊었다. 마치 한 폭의 풍경화를 보는 것만 같다. 슬픔을 승화시킨 연암 문학의 미학을 본다.

팔당전망대에서 내려와 삼성리 선착장으로 간다. 상수원 보호 구역 내에서의 불법행위 순찰과 지도, 단속하는 업무를 맡고 있다. 육상 순찰 팀과 연계하여 낚시, 세차, 수상 쓰레기 투기를 막고 청소한다. 총 14척(순찰선 4, 청소선 5, 수초 제거선 및 수초 운반선 4, 오일펜스 운반선 1)의 다양한 배들을 갖췄다. 청소선과 수초 제거선은 농가 부산물, 생활 쓰레기와 억새 등을 매년 1,200톤가량 수거한다. 그래도 팔당댐까지 밀려드는 쓰레기가 있어서 두 대의 크레인으로 연간 300톤가량을 건져낸다.

5인승 순찰선에 오른다. 물을 가르며 35노트로 달리는 순찰선은 팔당호의 지킴이다. 본부의 종합상황실, 육상 순찰 팀과 하나가 되어 수도권 시민들의 생명수를 보호하고 관리한다. 거대한 발자국 모양의 족자도 남쪽, 남한강 쪽으로 달린다. 호숫가에는 수초들이 무성하다. 팔당댐에서 표고 25미터를 일정하게 유지하기 때문에 수초가 잘 자란다. 이 수초들은 호안 침식을 방지한다. 시멘트벽보다 더 나은 기능을 한다.

물 위를 달리는 순찰선 위에서 한강의 발원지를 떠올린다. 강원도 태백시 금대봉 기슭 검용소(儉龍沼)다. 도시 문명에 지친 영혼을 씻어 정화하고 싶을 때마다 내가 찾곤 하는 곳이다. 석회암반을 뚫고 콸콸 솟아나는 맑은 물은 신화 속의 한 장면을 연출한다. 암반 경사

팔당호는 생태 환경이 빼어난 물의 천국이다.

면으로 둥그런 물의 정거장들을 만들며 내리뻗는 형국은 꿈틀거리는 용의 모습이다. 여름날에는 웅덩이 가장자리로 푸른 이끼가 무성하여 신비로움을 더한다. 검용소는 태고(太古)의 숨결과 원형을 간직하고 있는 성소(聖所)다. 바위틈에서 용출하는 시퍼런 소(沼)를 들여다보고 있자면 정말 용이 살고 있는 것 같아서 외경이 느껴진다. 검푸른 물이 솟구치는 틈에 자라 바위를 엎어놓은 것은 보는 이의 두려움을 막아주기 위함이었다고 한다. 자라 바위 덮개가 없었다면 웬만한 강단이 없으면 감히 들여다보지 못했으리라. 언제부턴가 검용소는 신성성이 사라져버렸다. 이 깊은 산중에 찾는 이들이 부쩍 늘어나자, 자연보호 차원에서 목조 계단을 설치하면서 원형이 깨져버렸다. 안타까운 노릇이다.

　유년 시절 나는 아버지를 따라 운장산 물탕골이라는 곳으로 소풍

가운데가 팔당댐이고 오른쪽 끝이 두물머리다.

을 가곤 했다. 깊은 산중 폭포수에 목욕하고 밥을 지어 먹었다. 아버지는 명상 수련을 하셨고 나는 신라 화랑도들도 이랬겠지 하는 상상을 달리다가 흉내를 내보기도 했다. 그런 유년의 체험은 청년 시절, 백두대간을 종주하고 한민족의 문화 원류를 찾아서 멀리 만주 벌판 너머 시베리아 바이칼 호수까지 날아가기에 이르렀다. 인문교양서 『바이칼』(문학동네, 2002)은 북방문화의 자궁인 그곳을 여러 차례 답사하고 나서 쓴 졸저다.

  물은 흘러가지만 인간들은 그 물을 보며 추억을 만들고 싶어 한다. 한강변에는 무수한 위락시설이 들어서 있다.

  "보세요. 저 카페들과 모텔 건물들을! 상수원 보호 구역이 끝나는 지점부터 자연의 원형을 깨뜨리는 인공 시설물들이 갑자기 늘어나고 있지요. 상수원 보호 구역은 절대적으로 지켜져야 할 생명선입니다. 최고의 물을 위해 시민들이 자발적으로 생명수를 지키려는 노력이 있어야 해요. 이렇게 호수 위를 달리면서 물의 소중함을 현장 학습하는 프로그램이 필요할 때입니다. 학습선을 건조해서 수도권 어린이들부터 체험시키는 것이죠."

박종표 수질관리팀장은 지금의 선착장을 기획하고 제안한 실무자다. 외항선을 타던 그가 부임한 1989년 당시, 도마리 작은 선착장에는 순찰선 3척이 전부였다고 한다.

박 팀장이 배를 돌린다. 두물머리를 오른쪽으로 감돌아 북한강 쪽으로 향한다. 근원이 다르면 물빛이 다르다. 물위를 달려오는 바람의 감촉 또한 다르다. 남한강 물빛보다 더 파란 북한강은 상쾌한 느낌을 준다.

물에도 음양이 있다. 그 음양이 팔당호에서 뒤섞여 하나의 태극을 이룬다. 호소에 갇힌 물은 길들여져 얌전하다. 이 많은 물도 수도권 시민들이 닷새 동안밖에 쓸 수 없다. 남한강과 북한강에서 흘러들어오는 물이 있어 팔당호는 늘 만수위다. 수도권 2,300만의 생명줄인 팔당호는 대한민국의 미래를 비추는 거울이다.

● **팔당댐**

주소	경기도 남양주시 조안면 능내리 822번지
역사	1966년 기공
	1973년 준공, 담수 완료
제원	높이 29m, 길이 575m, 수문 15개,
	저수량 2억 4,400만t, 저수위 평균 25m,
	만수위 25.5m, 호반 둘레 77km, 최대 수심 24.3m
유입량	남한강 55%, 북한강 43.4%, 경안천 1.6%

● **경기도 팔당수질개선본부**

주소	경기도 광주시 남종면 분원리 250-3
역사	1975년 팔당상수원 보호 구역 지정
	1989년 경기도 팔당상수원 관리사무소 개소
	2006년 경기도 팔당수질개선본부로 개편

● **수도박물관(뚝도 수원지 제1정수장)**

주소	서울특별시 성동구 왕십리로 25
역사	1903년 상수도 시설 특허 취득
	1908년 준공
	2008년 수도박물관 개관(서울특별시 유형문화재 제72호 뚝도수원지제1정수장)

● **찾아가는 길**

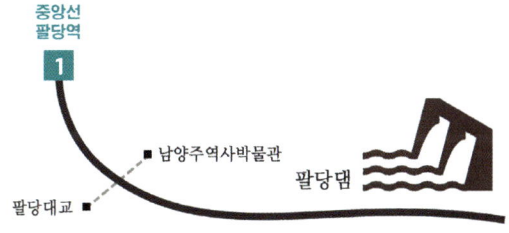

서울본부세관

관세주권의 수호자, 1878년 두모진해관이 효시

대한민국은 교역량 세계 7위를 자랑하는 무역 대국이다. 2011년 우리나라는 수출 5,565억 달러, 수입 5,244억 달러, 무역수지 321억 달러를 기록했다. 무역 규모 1조 809억 달러로 사상 최대치를 달성했다. 1970년대 중반, 초등학교 건물 정면에 '100억 달러 수출, 1,000달러 소득'이라는 표어를 내걸었던 풍경이 눈에 선한데 30여 년 만에 60배가 넘는 비약적인 성장을 한 것이다.

무역 규모 1조 달러를 달성은 세계 아홉 번째다. 1992년 미국이 세계 최초로 달성했고 중국, 일본(2004), 프랑스(2006), 영국, 이탈리아, 네덜란드(2007)에 이어 대한민국이 그 대열에 합류했다. 기념비적인 일이다.

화려한 경제성장은 그 이면에 응달도 있어서 소득의 양극화와 부

인천시 중구 항동에 남아있는 인천세관 옛 창고(위)와 보세창고들. 옛 창고는 근처로 옮겨졌고 다른 건물들은 화물사무실(중앙)과 선거(船渠, 선박의 짐을 싣고 부리기 위한 설비) 사무실로 이용. 1910~1920년대 건물들로 지정문화재로 등극 예정.

의 불평등 문제를 낳았다. 이른바 '1퍼센트 대 99퍼센트 사회'가 된 것이다. 성장과 복지의 조화는 이제 시대정신이 되어버린 느낌이 든다. 분명한 건, 우리를 절대적인 빈곤으로부터 벗어나게 한 것이 정부 주도의 수출 정책이었음은 부인할 수 없다.

대한민국의 대외 총무역량은 중국, 일본, 미국, 사우디아라비아, 싱가포르 순이며 관세 수입은 약 51조 원으로 총 국세 수입(172조 원)의 30퍼센트 수준이다. 외국 상품을 들여올 때 부과, 징수하는 조세가 관세다. 수출세, 수입세, 통과세가 있으나 우리나라에는 수입세만 있다.

서울 강남 언주로 언덕에 있는 서울본부세관은 일대에서 랜드마크 역할을 한다. 이 자리에 함께 있었던 관세청은 1998년 대전으로 이전했다. 서울세관 교차로는 여전히 '관세청 사거리'로 통한다. 서울본부세관은 관세청 산하 전국 30개 세관 가운데 하나지만 관할 면적과 실적 면에서 관세청 전체의 절반가량을 차지한다. 9·11테러 이후 시행되고 있는 AEO(Authorized Economic Operator, 수출입 안전관리 우수공인업체) 제도의 경우는 2011년 7월 현재 전국에서 총 100개 업체가 인증받았는데 65개 업체를 서울세관에서 인증했다. 서울세관은 관세청을 대표하는 기관이라고 할 수 있다.

푸른 방패와 양팔 저울, 그리고 1878. 관세청의 엠블럼이다. 방패는 차단과 보호를 위한 병장기이고 저울은 상거래에 필요한 도구다. 방패로 국가 재정과 국민경제를 보호하고 국민 생활 위해 요소를 차단한다. 밀수품과 불량한 수입 먹을거리 반입을 차단해서 국민의 건강한 식탁을 지킨다. 저울로는 국제 교역을 촉진한다. 숫자 1878은 부산 두모진해관(海關, '세관'의 중국식 이름)에서 국제 화물에 처음으

관세청 사거리에 위치한 서울 세관.

로 관세를 물리기 시작한 해를 뜻한다.

1876년 일본과 무역규칙을 체결할 무렵 조선은 관세 주권 개념조차 없었다. 당시 조선은 국제무역 관행조차 알지 못해 7년 동안이나 무관세 시대를 보낸다. 조선 정부가 부산 두모진에 해관을 설치하고 일본인에게 상품을 구매하거나 판매하는 조선인을 대상으로 세금을 거두기 시작한 건 개항 후 2년이 지나서부터였다. 하지만 관세 징수로 조선인 상인의 왕래가 끊어지자, 일본인 상인들이 집단으로 항의하고 저항한다. 결국 3개월 만에 두모진해관이 폐쇄되고 만다.

1882년 조선 정부는 미국과 통상조약, 청나라와 무역장정을 체결하면서 관세 주권을 보장받는다. 이에 따라 일본만 무관세 지역으로 둘 명분이 사라진다. 세관 설치와 운영에 경험이 없던 조선 정부는 청나라에 사신을 보내 자문을 구한다. 독일인 묄렌도르프가 1882년 겨울, 조선에 입국해 세관 창설을 도맡게 된 계기다. 청나라에서 목인덕으로 불린 그는 고종으로부터 통리교섭통상사무아문 협판 벼슬을 받는다. 오늘날로 치면 외교통상부 차관에 해당한다. 그는 1885년 9월 해임될 때까지 약 3년간 조선의 세관 업무를 총괄했다. 한국인 최초의 세관원 남궁억(南宮檍, 1863~1939)은 1983년 서울 재동에 세운 1년제 관립영어학교 동문학(同文學) 제1회 졸업생인데 묄렌도르프 밑에서 2년간 근무한다. 조선 정부 기관인 세관의 운영 주체는 묄렌도르프를 중심으로 한 외국인들이 대부분이었다. 중국인 통역관 우리탕과 미국인 의료 선교사 알렌이 대표적이다.

우리탕은 매우 드라마틱한 인물이다. 조선에서 처음으로 미국 등 서방세계에 파견된 외교사절단 보빙사 일원으로 활약했다. 프랑스에서 유학한 그는 유럽 일대를 돌며 국제적인 안목을 익힌다. 그러다 37세 때, 20세 연하의 스페인 여인을 만나 사랑에 빠지고 결혼한다. 묄렌도르프의 초청으로 조선에 건너와서 세관원 생활을 하던 그는 인천 청학동 외국인 묘지에 묻혔다.

어제 제물포에 있는 해관 청사가 불타버렸다.

1885년 7월 19일 자 『알렌의 일기』에 적힌 구절이다. 해관 주치의 알렌은 그때 제중원 의사가 되어 있었다. 『제물포해관 문서철(Despatches from Chemulpo)』이 발굴, 공개되기 전까지는 알렌의 일기 내용이 정설로 받아들여졌었다.

묄렌도르프 각하, 인천해관이 완전 소실되었다는 소식을 전하게 되어 정말 유감입니다. 화재로 인하여 금고 안의 내용물을 제외하고 모든 것이 타버렸습니다. 화재는 밤 12시 10분경에 처음 발견되었습니다. […] 현재까지 조사한 바로는 화재는 아마도 제 사무실 근처, 우리탕의 사무실에서 발생한 것으로 보이며…….

7월 16일 자 보고서 내용이다. 이 보고서에는 보빙사로 미국에 간 우리 사절단이 요청한 가축들이 인천항을 통해 수입된 사실도 들어 있다. 서울에서 온 관리가 암소 1마리, 황소 2마리, 조랑말 3마리를 면세로 통관해줄 것을 요청했다는 기록이 보인다.

『제물포해관 문서철』은 2009년 서울특별시 유형문화재 제294호로 지정받았다. 현재 서울본부세관 1층 관세박물관에 보관돼 있다.

서울본부세관 관세박물관을 찾았다. 이곳에 소장돼 있는 『제물포해관 문서철』에 주목한 까닭은 문화유산을 제대로 발굴하고 보존한 과정이 특별해서다. 그간 개발과 경제논리에 눈이 어두워 유서 깊은

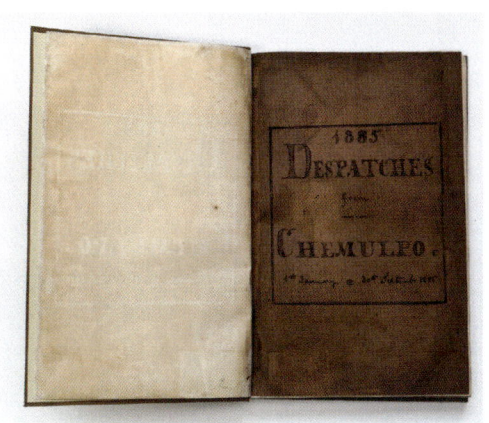

원본 『제물포 해간 문서철』 표지.

건축물을 헐어버리거나 기록물을 없애버리는 예가 많았다. 제물포개항장의 초기 세관 건물과 우리나라의 고도성장기 30여 년을 함께해 왔던 항동의 3층 청사는 흔적도 없이 사라져버렸다. 개항장에 있던 초기 세관 터에는 호텔이 들어섰고 항동 보세창고 옆 옛 청사는 2년 전에 헐려 주차장으로 바뀌었다. 표석 하나 없는 현장들을 보면서 충격을 넘어 허탈감마저 느꼈다. 쓰러지기 직전의 옛 창고와 보세창고 두 동이 남아있을 뿐이다.

더 큰 충격은 부산세관 옛 청사가 헐려버린 일이다. 현재 부산세관 청사 서쪽 육교 부근에 있던 옛 청사는 항도 부산의 상징적인 건물이었다. 일본인 이시다(岩田)의 설계로 1911년 준공한 르네상스 양식 건물인데 붉은 벽돌과 화강암을 사용했고 2층 건물 위로 3층과 4층 높이로 쌓은 종탑이 미려했다. 붉은 벽돌은 러시아에서 한 개씩 종이에 싸서 운반해왔다고 한다. 1973년 부산광역시 유형문화재 제22호로 지정되었다. 그런데 부산시의 도시근대화계획에 따른 도로 확장 공사로 1979년 6월 2일 철거해버리고 만다. 문화재로 지정된 건물을 다른 곳에 옮겨놓지도 않고 스스로 그 흔적을 지워버린 것이다. 부산세관 청사 뜰에는 종탑부만 옮겨 보존하고 있다.

『제물포해관 문서철』 원본을 조심스럽게 넘겨본다. 1980년 관세청에서 박물관을 건립한다는 정보를 접하고 고 진기홍 씨가 기증했던 기록물이다. 이후 20여 년간 낡아 바스러져가는 문서철에 아무도 관심을 보이지 않았다. 우연히 박물관을 방문한 해양학자 한상복 박사가 비범한 문서임을 밝혀낸다.

"서울세관이 2006년 서울대학교 규장각 한국학연구원과 이태진 교수에게 이 문서의 존재를 알리면서 비로소 이 문서의 가치가 공식적으로 인정을 받게 됩니다. 서울세관이 학예사를 고용해 수장고와 전시실의 유물 목록을 만들고 있던 과정에서 저는 호기심이 발동해 문서철을 넘겨보게 되었어요. 곧바로 묘한 매력에 빠졌지요. '문화세관 프로젝트'가 발족됐고 저는 책의 원형 복원과 번역 및 영인 과정에 깊숙이 개입했죠. 2007년, 전국 주요 국공립도서관 및 한국학연구원에 복원한 원본과 거의 똑같이 제작한 영인본과 번역본을 배포했습니다. 이후 학계에 알려져 근대사나 개항사 연구자들이 인용하는 자료가 됐지요."

서울세관 김성수 주사는 복원한 책자를 펼쳐 보이며 말했다. 자료 조사와 정리에 열성적인 김 주사는 문서철 첫 페이지 장서인을 보고 고서 전문가들을 찾아다니며 어렵사리 기증자를 찾아냈다. 하지만 90세가 넘은 기증자는 전혀 기억을 못했다고 한다. 인천해관 화재 당시 건져낸 경위는 물론 그 이후 100년간 보존돼온 경위 또한 그렇게 묻혔다.

우리는 흔히 세관을 관세 수입과 밀수 단속 기관으로 본다. 세계무역은 WTO(세계무역기구) 체제의 일반특혜 관세 적용에서 진일보한 FTA 시대로 접어들었다. 그에 따라 국제 관세 행정의 패러다임도 변했다. 세관의 역할이 '세수 확보, 밀수 방지, 대물 관리'에서 '교역 안전, 공정 무역, 대기업 관리'로 전환되는 추세라고 한다.

"중국 모처에 우리 개화기 20년 치의 공문서가 보존되어 있다는 믿을 만한 정보를 갖고 있습니다. 당시 한국해관에서 근무했던 외국인 관원들이 보고한 문서들이지요. 기회가 닿으면 앞으로 한중 관세 당국끼리 원만한 협의를 이끌어내어 그 문서들을 우리 학계에 소개

할 생각입니다. 근대사와 개항사, 우리 세관 역사 연구 자료로 활용케 하고 싶습니다." 서울세관장의 의지에서 재화가치 그 이상을 추구하는 대한민국 관세청의 새로운 비전을 본다.

   시민들에게 열린 서울본부세관 관세박물관은 교육적 가치가 크다. 헐어버린 문화재 건물의 벽돌 한 장과 『제물포해관 문서철』은 우리가 무엇을 지켜내고 무엇을 나침반으로 삼아야 할지를 말해준다.

● 서울본부세관
주소   서울특별시 강남구 언주로 721번지
준공   1980년 12월 10일

● 한국 관세청 역사
1878년   부산 두모진해관 관세 업무 개시
1883년   총해관 설치(4월 26일)
         독일인 묄렌도르프 총세무사 임명
         인천, 원산, 부산 해관 개관
1885년   7월 6일 인천해관 청사 화재로 소실
1889년   서울 마포 해관 분국 설치
1906년   남대문 보세시장 개설(현 상공회의소 자리)
1907년   총세무사청 남대문출장소 설치
1961년   서울세관 청사 준공(서부역)
1980년   관세청 서울세관 청사 준공(현 위치)
1998년   관세청은 정부대전청사로 이전

● 찾아가는 길
지하철 7호선 학동역 또는 강남구청 역에서 버스로 환승

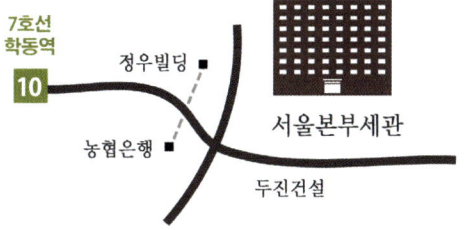

서울기상관측소

기상예보 실력은 국력, 미래 블루오션 전진 기지

 기상은 대기 중에서 일어나는 물리적인 현상을 일컫는다. 따라서 시시각각으로 변한다. 그날그날의 비, 구름, 바람, 기온 등의 기상 상태인 날씨를 장기간 종합하면 그것이 기후가 된다.
 지구온난화로 세계 곳곳에서 이상기후 현상이 발생하고 있다. 100년 만의 폭설과 살인적인 폭염, 태풍과 대지진이 예고 없이 일어난다. 일본의 지진-쓰나미-원전 사고는 사람들에게 공포심을 불러일으켰다. 비나 바람을 타고 우리나라까지 방사성 물질이 날아올 여지가 있어 온 국민이 촉각을 곤두세웠다. 그래서 어느 때보다 기상청의 일기예보에 이목이 집중됐다. 조금이라도 미심쩍거나 오보라고 생각되면 여론이 들끓었다. 슈퍼컴퓨터, 기상위성, 수치 예보 모델 등 최첨단 시스템을 제대로 운용하라고 목소리를 높였다.
 4월 22일 지구의 날 즈음해 서울기상관측소를 찾았다. 한국 기상

언덕 위의 하얀집 서울기상관측소. 정동 길 건너 송월동에 있다.

인의 살아 있는 전설 김동완 전 통보관과 함께였다. 1992년 은퇴할 때까지 33년간 라디오와 TV 기상뉴스를 독점하다시피 해온 그는 여전히 구수한 입담과 유머가 넘쳤다.

"지금은 모델 뺨치는 늘씬하고 볼륨감 넘치는 미인들이 기상 캐스터를 하지요. 그들은 날씨 전달자입니다. 나는 기상청 출신 기상 전문가로서 방송을 통해 날씨 정보를 전달한 게 아니라 날씨에 관해 해설을 했습니다. 복덕방을 드나들며 익힌 속담을 그때그때 적절히 섞어가며 생활 기상 뉴스를 개척했어요. 한창때는 연예인보다 더 많은 인기를 누렸죠. 시절이 변해 이제는 제아무리 탁월한 기상 전문가라도 남자가 하면 채널을 돌릴 거라더군요. 지금은 그런 시대지요. 흘러간 물로는 물레방아를 돌릴 수가 없어요."

서울시 교육청 청사 위쪽에 자리 잡은 그의 옛 근무지로 가는 길은 가풀막이었다. 바람 부는 그 길에 꽃비가 내린다. 왔다 싶으면 이내 가버리고 마는 짧은 봄날, 흐드러진 저 꽃가지를 뒤흔드는 봄바람이 얄궂다.

> 오늘은 여우가 시집가는 날입니다. 영국의 한 과학자가 조사한 바에 따르면 봄 날씨는 하루에도 서른여섯 번이나 변한다고 합니다. 봄바람은 풍향이 자주 바뀌어 본적도 번지수도 없습니다. 낮에는 따뜻했다가도 퇴근할 때는 쌀쌀한 바람이 변덕스럽게 부니 여벌의 스웨터를 준비하시기 바랍니다.

군더더기 없이 깔끔한 멘트가 이어졌다. 그가 봄철에 했던 방송 멘트 가운데 하나다. 원고 없이 하는 멘트가 날마다 달랐다고 한다. 그렇지만 지금과는 비할 바 없이 오보가 많았다고 고백한다. 1950년대는 적중률이 50퍼센트밖에 안 돼 일기예보를 믿으면 손해이던 시절이었고 1960년대는 믿거나 말거나, 1970년대는 믿어볼까나 하는 정도였고 1980년대부터 안 믿으면 손해 보는 시대가 열렸다고 말한다. 일반적으로 일기예보는 적중률 80퍼센트가 넘어야 경제가치가 생긴다고 본다.

"한국은 뚜렷한 사계절과 장마철이 더해져 오계절의 나라입니다. 날씨가 바뀌면 환경이 바뀌고 환경이 바뀌면 사람들의 감각과 인지가 그에 걸맞게 반응합니다. 그래서 한국인이 머리가 좋은 겁니다. 우리말에 유독 형용사가 풍부한 것도 날씨와 관련이 있고요."

이동성 고기압을 좋아한다는 그에게 그 이유를 묻자, 이동성 고기압 중심권에 있으면 바람도 없고 쾌청한 일기가 되기 때문이라고 한다. 하지만 사연 많은 우리 인생에 어디 이동성 고기압만 있겠냐며 바람 타고 궂은비 오더라도 슬기롭게 대처하는 삶을 주문한다. 이쯤

되면 일기 통보관의 인생철학을 묻지 않을 수 없다. 일소일사(一所一事), 한 가지 일에 미친 듯이 몰두하는 거라고 했다. 이 일 하고 있으면서 다른 일 생각하면 둘 다 충실할 수 없다는 것이다.

어느덧 언덕 위의 하얀 집 앞에 다다랐다. 1907년 일본 육군기상대가 자리 잡았던 공간(해발 86미터)에 서 있는

인천기상대.

서울측후소다. 인천에 중앙기상대가 있던 시절 조선총독부가 직할하던 곳이다. 근대 기상의 역사에도 어김없이 일본의 그늘이 드리워져 있다. 산과 평지 중간쯤 되는 높이라서 서울 시내가 잘 조망된다. 앞마당 아래로 성벽 공사가 한창이다. 본래 남쪽 방향 정동길에서 올라온 성벽은 서울기상관측소를 지나 북서쪽 인왕산으로 이어졌다. 하지만 팽창한 회색 도시에 의해 성벽의 흔적이 대부분 지워지고 실밥처럼 간간이 복원되고 있다.

뜰에 심은 나무들은 모두 계절 관측 표준목이다. 벚꽃, 개나리, 진달래, 복숭아가 피었고 매화가 져간다. 이곳 표준목에 꽃이 피어야 서울에 그 꽃이 핀 것으로 간주한다. 강수, 강설, 온도, 습도, 기압, 풍향, 풍속, 일사량 등의 기상 정보를 바로 이곳에서 하루 24시간 매시 정각에 수집한다. 컴퓨터를 통해 기상청 중앙센터에 보고되고 당일 서울시의 표준 날씨 기록이 된다. 서울 다른 곳에 비가 내렸어도 이

곳 마당 우량계에 빗물이 고이지 않으면 서울에 비가 오지 않은 것이 된다. 눈 역시 마찬가지다. 한강 결빙은 오전 6~7시에 한강대교 노량진 방향 2~4번 교각 사이 상류 100미터 지점이 얼어야 결빙으로 친다. 한강대교가 선정된 까닭은 이곳으로부터 가까워 접근성이 좋아서다.

정확한 기상예보는 국력을 상징한다. 산업 분야에서는 '날씨 경영'이 도입됐다. 조선소나 전자업체, 빙과업체, 여행업계, 패션계 등도 기상 마케팅을 한다. 기상 정보는 기업에 돈이자 생명이다. 해운·항공업계는 '날씨 경영'이 필수다. 잘못하면 국내총생산(GDP)의 10퍼센트 가량의 손해를 입는다고 한다. 골프 지수, 패션 지수, 열사병 지수 등 맞춤 정보로 날씨 장사를 하는 민간 기상 업체도 많다. 기상청 데이터를 구매해 자체적으로 분석, 서비스하는 일종의 틈새 공략 사업체들이다. 기상사업 1호 업체 케이웨더가 대표적이다.

일기예보의 역량은 세 가지 요건에 의해 결정된다. 수치 예보 모델의 성능 40퍼센트, 관측 자료의 다양성 32퍼센트, 예보관의 역량 28퍼센트 순이다. 수치 예보 모델이란 지구를 3차원적인 격자로 나눠 각 격자점에서 날씨를 지배하는 물리 방정식들을 수학적으로 계산할 수 있도록 만들어진 컴퓨터 프로그램이다. 수치 예보 모델을 운영하는 국가는 유엔 산하 세계기상기구(WMO, World Meteorological Organization) 180개 회원국 가운데 한국을 포함해 13개국이다. 그 가운데 유럽중기예보센터(ECMWF, European Centre of Medium Range Weather Forecasts)가 1위, 영국 2위, 일본 3위이며 한국은 9위다.

기상청은 세계 6위 수준으로 수치 예보의 정확도를 높이는 것을 목표로 잡고 있다. 서해에 기상관측선도 띄웠다. 기상 선진화는 1441년

서울 신대방동에 위치한 기상청. 정확한 기상예보는 국력을 상징한다.

세종대왕 시대에 세계 최초로 측우기(測雨器)를 발명하고 강우량을 계량한 나라의 자존심이 걸린 일이다. 측우기는 수표(水標, 저수지나 강의 수위를 재기 위해 설치한 눈금 표지)와 함께 자랑스러운 조선 기상학의 문화유산이다. 우리나라는 일찍이 고려시대에 서운관(書雲觀, 관상감[觀象監])에서 천변 현상을 꾸준히 관찰하고 기록해왔다. 그러다 1884년 조선의 외교고문 묄렌도르프가 인천항과 원산항 세관 구내에 기상관측 기기를 설치해 관측을 개시했다. 근대화 개혁의 일환이었다.

1887년에는 부산세관에서도 관측이 시작됐고 이 업무는 1904년까지 17년 동안 이어졌다. 그 무렵 일본은 부산에 간이 기상관측소

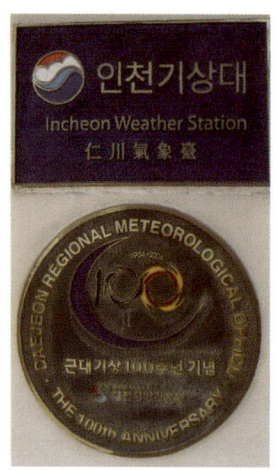

근대 기상 100주년 기념 동판.

를 설치, 매일 3회 데이터를 도쿄로 전송해 일기예보에 활용했다. 기상 자료는 일제의 군사작전에서 매우 중요한 정보이기도 했다. 러시아 역시 인천, 부산, 원산에서 관측한 기상 자료를 러일전쟁 직전까지 자국에 보고했다.

1904년 3월, 일본은 인천 총독부 관측소에서 한반도 기상 업무를 총괄한다. 메이지유신으로 서구의 기상학을 도입한 일본은 이를 한국에 이식한다. 광복 이듬해인 1946년 초까지 기상 업무는 일본인 직원들이 맡았다. 한국인 기상 기술자는 20여 명에 불과했다.

1939년 7월 조선총독부 관측소는 조선총독부 기상대로 개칭되고 대한민국 정부 수립과 함께 국립중앙관상대가 출범한다. 인천 개항장 응봉산(자유공원) 정상에 있던 국립중앙관상대는 1950년 9월 인천상륙작전 때 함포사격으로 파괴되면서 귀중한 기상 자료들이 불타고 만다.

1953년 서울로 이전할 때까지 반세기 동안 인천은 한반도 기상관측의 중심이었다. 인천기상대는 시민에게 날씨를 알리는 방법으로 낮에는 깃발을, 밤에는 색깔 전등을 사용했고 낮 12시에 대포를 쏘아 시각을 알렸다고 한다. 그 때문에 응봉산은 오포산으로 불렸다.

한국은 1904년을 근대 기상 원년으로 삼고 있다. 데이터의 연속성 때문으로 보이는데 이는 바로잡을 필요가 있다고 보인다. 주체적으로 기상관측을 시작했던 1884년을 원년으로 삼아도 무방해서다.

'하늘을 친구처럼 국민을 하늘처럼', 기상청의 캐치프레이즈다. 하늘이 친구라면 우선 친구의 표정을 잘 헤아리고 그 마음을 읽어내야 한다. 그래야 하늘 같은 국민을 불편 없이 섬길 수 있다. 문제는 하늘을 친구 삼는 일의 어려움이다.

잠시 개었다 비 내리고 비 내리다 다시 갠다.(午晴午雨雨還晴)
천도가 이럴진대 하물며 세상인심이야.(天道猶然況世情)

조선의 천재 문인 매월당(梅月堂) 김시습(金時習, 1435~1493)의 절창이다. 동양의 전통적인 사유 체계는 하늘과 인간의 밀접한 상관성을 근간으로 한다. 하늘, 곧 천도(天道)에 준거해 인륜(人倫)이 정립된다. 인간의 도덕규범은 사회적 약속이기에 앞서 자연법칙이 낳은 당위다. 봄, 여름, 가을, 겨울의 사계절과 24절기에는 천체의 운행과 같은 법칙성이 있다. 그 법칙성이 깨지거나 변주하면 혼란에 빠진다. 근래 지구온난화로 인한 이상기후는 한결같아야 할 천도의 변주라고 할 수 있다.

기상이변이다
이상기후라고
말하지 말자

기후가 절로 이상한가
삶의 내용이 이상하고

생활방식이 문제있으면
자연도 기후도 살아남기 위해
정상 반문하고 이상해지는 법

아, 이제 지구시대는
이상기후가 정상기후다!

박노해 시인의 「이상한 기후」가 공감을 불러일으킨다.

오늘날 기상학은 미래를 예측하는 블루오션 산업이다. 일기예보의 사회적 가치는 무한하다. 아무리 시스템이 선진화돼도 그것을 운용하는 예보관의 역량이 달리면 오보를 피할 수 없다. 오보를 비난하거나 변명하기보다 노하우가 축적되도록 짐짓 기다려주고 당당하게 실수를 인정하는 자세가 중요하다. 주변국과의 정보 교환이나 공동대처도 필요하다. 한·중·일 3국이 기상, 지진 경제 공동체를 구축하면 정확도도 높아지고 안전망도 확보된다. 동일본 대지진의 경우처럼 자연 재난은 예기치 않은 순간에 찾아오곤 한다. 천재(天災)가 인재(人災)와 연결되지 않도록 대비하는 지혜가 절실하다.

● 기상청

주소	서울특별시 종로구 송월동 1번지
규모	지상 2층
준공	1933년

● 기상청 역사

1884년	제물포개항장 기상관측 실시
1904년	근대적인 기상관측 실시(목포 등 다섯 곳)
1928년	기상상황 정규방송(경성방송국)
1955년	국립중앙관상대 이전(인천에서 서울로)
1966년	국제기상기구(WMO) 가입(68번째)
1988년	남극 세종기지에서 관측 시작
1990년	기상청으로 승격
1993년	주간예보 매일 발표
1996년	신청사 이전(송월동에서 신대방동으로)
2003년	기상위성 보유로 기상 첨단시대 개막
2011년	기상관측선 운항

● 찾아가는 길

서울기상관측소: 지하철 5호선 서대문역 3, 4번 출구에서 도보 10분
인천기상대: 동인천역 2번 출구에서 도보 15분

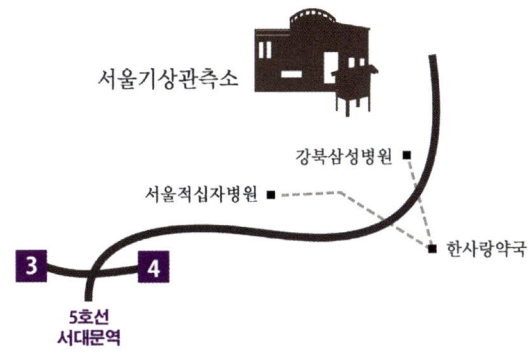

서울 여의도공원

100년 전 목초지, 돈과 권력이 모이는 '대한민국 심장'으로

여의도는 바람이 세다. 북서쪽 국회의사당은 서해에서 강을 타고 불어오는 드센 바람을 탄다. 정 반대편인 남동쪽 63빌딩은 황포 돛을 닮았다. 그 옛날 마포나루에 드나들던 경강상인들은 바람과 돛을 이용해 물길을 오르내렸다. 여의도 형국은 배와 흡사하다. 북쪽 한강과 남쪽 샛강 사이에서 진수하는 배는 만선(滿船)의 풍요와 여유를 누리고 있는 것처럼 보인다. 단풍이 물들어가는 가을 한낮, 여의도공원 '문화의 마당'에 서면 각종 금융회사 건물들이 빌딩 숲을 이룬다. 증권회사와 은행 본점은 물론 전경련회관, 금융감독원도 여의도에 자리 잡고 있다.

흔히 여의도를 허드슨 강과 이스트 강에 둘러싸인 뉴욕의 맨해튼과 비교하지만 대한민국에서 여의도가 차지하는 비중은 그보다 훨

한강의 기적의 발상지인 여의도는 지금도 진화하고 있다. 가을색이 짙어가는 여의도공원 숲에는 다양한 생명들이 자라고 있고, 그 앞에는 고층 건물 공사가 한창이다.

씬 크다. 국회의사당, 언론사는 물론 세계적인 규모의 순복음교회까지 있기 때문이다. 게다가 국회의사당 앞에서는 대통령 취임식까지 한다. 금융기관이 밀집한 동쪽에는 돈, 국회의사당과 정당들이 있는 서쪽에는 권력이 몰린다. 여의도는 명실상부하게 돈과 권력이 공존하는 섬이다.

여의도의 지리적인 중심은 국회대로와도 인접한 여의도공원이다. 마포대교와 서울교의 연장선 위에 놓인 공원은 자연생태의 숲, 문화의 마당, 잔디마당, 한국 전통의 숲으로 구성된 명소다. 아침저녁에는 운동 나온 주민들, 점심때는 산책 나온 직장인들의 발길이 잦다. 많을 때는 하루 5만 명가량의 시민들이 공원을 찾는다. 올림픽대로와 원효, 마포, 서강 대교는 물론 지하철과 유람선까지 있어 교통도

편리하다.

'문화의 마당' 50미터 높이의 창공에서 태극기가 펄럭인다. 가로 12미터, 세로 8미터의 대형 태극기는 현재 우리나라에 게양된 것 가운데 가장 크다. 그래서 공원 어디서나 볼 수 있다. 드센 강바람을 맞는 태극기는 때도 많이 타고 곧잘 찢어지기도 한다. 공원관리사무소에서는 해마다 7~8차례 태극기를 새로 바꿔 단다. 비용도 만만찮지만 관리도 쉽지 않다. 생태 숲과 산책로가 중심인 공원에 왜 초대형 태극기를 달아 놓았을까.

나부끼는 태극기를 쳐다보노라면 100만 군중의 함성소리가 귓가에 쟁쟁하다. 그렇다. 이곳은 오랫동안 광장이었다. 1971년 9월, 너비 280~315미터, 길이 1,350미터, 39.9헥타르(11만 4,300평)의 5·16광장이 들어섰다. 여의도광장은 나중에 바뀐 이름이다. 국군의 날 퍼레이드도 여기서 했고 국풍 행사, 대통령 선거 유세, 종교행사는 물론이고 각종 대규모 시위도 이곳에서 치러졌다. 1987년 대통령 선거 때는 노태우, 김영삼, 김대중 후보가 저마다 100만 넘는 청중을 동원해 진귀한 '숫자 전쟁'을 벌였다. 1989년 교황 요한 바오로 2세(Joannes Paulus II, 1920~2005)가 주재한 제44차 서울 세계성체대회 때도 100만 명의 천주교 신자들이 운집했다. 이렇듯 여의도광장은 이 땅 사람들이 한자리에 모여 환호하고 성토하고 기도하던 현장이었다. 이제 광장의 흔적은 지워지고 대형 태극기 게양대와 야외무대 사이로 움츠러든 아담한 '문화의 마당'에서 가까스로 그 축소판을 찾아볼 수 있다. 1997년 여의도광장을 폐쇄했기 때문이다. 조순 서울시장 시절의 일이다. 김대중 대통령 집권기, 여의도광장은 군사 문화의 부정적 잔재라는 오명을 썼다. 광장의 역사성과 필요성은 편향된 시각에 의해 묻혔다. 그리하여 충분한 논의와 검토 없이 아스팔트를 걷어내고 공원을 만들었다. 대한민국 최대의 광장을 상실한 것이다.

공원 외곽으로 난 길이 2.4킬로미터의 자전거 도로를 달려본다. 그렇지만 1990년대 중반까지 한눈에 가슴을 파고들던 드넓은 광장의 장쾌함을 맛볼 수 없다. 대신 공원 숲과 산책로에서 계절의 빛과 숲의 소리에 고즈넉이 침잠하며 나를 돌아보는 여유로움을 만난다.

여의도(汝矣島)는 '너의 섬'의 한자 표기다. 한강 모래톱과 퇴적물이 쌓여 만들어진 이 하중도(河中島, 하천이 운반한 퇴적물이 쌓여 된 섬)는 거의 쓸모가 없었던 모양이다. 지금의 신길역 주변의 '방학호진(放鶴湖津) 나루터'와 한강성심병원 건너편의 '영등포 나루터'로 건너다니며 뽕나무를 가꾸고 소나 말을 방목하던 섬이었는데, 홍수가 나면 저지대가 범람하곤 했다. 1933년 말, 여의도와 밤섬을 합친 여율리의 호구는 일본인 1호 4명, 한국인 101호 608명으로 총 612명이 전부였다(경성부 행정구역확장 조사서). 국회의사당 자리에는 양말산이 있었는데 어원은 말을 기르던 양마산(養馬山)이다. 조선조 때 궁녀들의 공동묘지가 있던 자리여서 국회 건물에 바람 잘 날 없다는 호사가들의 소문도 있다. 하지만 문헌상으로는 확인되지 않는다.

1916년 일제는 양말산 남쪽 자락과 지금의 여의도공원 자리의 초지에 중국 대륙과 만주 진출을 위한 비행장을 닦는다. 그 비행장에 1917년 봄 미국인 조종사 '아트 스미스'가 곡예비행을 한다. 1920년 5월에는 로마에서 도쿄로 비행하던 공군 중위 '후에란이'와 '마세로'가 착륙한다. 여의도는 물론 인근 노량진, 마포 일대에 몰려든 군중들이 만세를 불러 환호했다.

남쪽에서 바라본 여의도공원 전경(왼쪽)과 생태 연못(오른쪽).

그러나 더 큰 감격 시대는 1922년 12월 10일에 열린다. 한국인 최초로 조국의 하늘을 비행했던 안창남(安昌男, 1901~1930)은 일제강점기 온 겨레의 가슴을 후련하게 만들었다. 30만 서울 시민 가운데 자그마치 5만여 명이 여의도 군용 비행장으로 몰려들었다. 휘문, 중앙, 보성 고보를 비롯한 서울 시내 학교의 전교생이 깃발을 들고 나왔고 인천에서는 경인선 열차를 전세 내 타고 왔다. 일제 침략의 주역 사이토(齋藤實, 1858~1936) 총독까지 참석했다.

휘문고보를 중퇴하고 일본에 건너가 1920년 일본 오쿠리(小栗) 비행학교를 졸업한 안창남은 1921년 일본 제국비행협회가 처음 실시한 비행 면허 시험에 수석 합격한 수재였다. 그뿐만 아니라 각종 비행대회에 나가 우승을 휩쓴 스타였다.

아스팔트 걷어낸 생태 연못엔 물벼룩 서식

그날 여의도 벌판에는 겨울바람이 세찼다. 비행하기 어려운 날씨여서 일행들이 만류했다. 하지만 안창남은 수만 군중을 더 기다리게 할 수 없다며 정오가 되자 격납고에서 비행기를 끌어냈다. 조선지도가 그려진 금강호(金剛號) 비행기가 모습을 드러냈다. 연습용으로 쓰는 뉴풀식 헌 비행기였지만 사람들은 함성을 울렸다. 경성악대의 주악이 울려 퍼지는 가운데 안창남의 비행기가 여의도 하늘로 높이 날아올랐다. 동시에 목이 터져라 울려대는 만세 소리와 박수 소리가 천지를 뒤흔들었다. 눈물을 뿌리는 사람들도 있었다. 민족의 설움을 떨쳐내는 순간이었다.

'우리도 하늘을 날 수 있다. 우리도 해낼 수 있다.' 안창남은 울분을 안고 살아가는 겨레의 가슴에 희망의 불씨를 지핀 민족의 영웅이었다. 1923년 9월 관동대지진 때 조선인 대학살의 위기를 겪은 안창남은 이듬해 중국으로 망명한다.

한국인 최초로 조국의 하늘을 비행했던 안창남.

여의도공원에는 비행기에 얽힌 일화가 많다. 1945년 8월 15일 일본 천황의 무조건 항복은 중국에서 미국 정보전략처(OSS, Office of Strategic Service) 한미 연합 군사 훈련을 끝내고 조국 광복을 위해 투입되기로 했던 요원들을 망연자실하게 했다. 광복군이 당당하게 되찾으려 했던 조국이었건만 기회를 잃고 만 것이다. 8월 17일, 미군 중령 버드를 단장으로 하는 24명의 요원을 태운 C-47 군용기가 중국 시안(西安)을 떠나 여의도 상공에 도착했다. 미 육군 소속 정운수(鄭雲樹, 1903~1986) 중위를 비롯해 광복군 이범석(李範奭, 1900~1972) 장군과 김준엽, 장준하(張俊河, 1918~1975) 등이 탄 비행기였다. 그때까지 무장해제를 하지 않았던 일본군은 착륙을 막았다. 광복군을 태운 비행기는 도리 없이 평양에서 가솔린 공급을 받은 뒤 산둥성으로 기수를 돌려야 했다. 그 후 이승만 박사와 김구 선생이 여의도공항을 통해 귀국한다.

여의도공원 터의 100년 역사는 크게 보아 비행장 시대와 광장 시대 그리고 공원 시대로 나눌 수 있다. 대규모 집회와 시위로 들끓었던 광장에는 이제 제법 울창해진 소나무와 참나무, 작살나무 숲 사이로 괴불나무와 보리수, 산사나무가 붉고 앙증맞은 열매들을 매달고 있다. 10년 넘게 가꿔온 '한국 전통의 숲'에는 꾀꼬리와 오색딱따구리가 찾아오고 물벼룩이 사는 생태 연못에는 해오라기와 원앙이 노닌다. 아스팔트를 걷어내고 공들여 만든 공원에는 자연이 깃들었다.

> 여의도공원 생태연못에는 물벼룩이 살아요. 물벼룩은 생태 환경의 바로미터예요. 여의도가 완전히 살아났어요. 여의도는 물벼룩 모양이에요. 심장 모양 같기도 하고요. 여의도는 서울뿐만 아니라 대한민국의 심장과 같은 곳이라고 생각해요. 심장이 깨끗해야 건강한 몸이 되잖아요.

남편과 함께 현미경 관찰 교실 강사로 활동하는 안순란 씨는 여의도공원 지킴이를 자처한다. 매점과 화장실로 쓰던 낡고 비좁은 건물 대신 깔끔하고 넓은 교육 시설을 세웠으면 한다는 그들은 여의도광장 시절에 대해 부정적이다. 하지만 아직까지 광장의 필요성을 역설하는 이용자도 많다. 그들은 협소한 광화문광장과 서울광장이 옛날 여의도광장을 절대 대체할 수 없다고 회상한다. 특유의 역동성을 지닌 대한민국에 100만 군중이 모일 수 있는 광장 하나쯤은 있어야 용출하는 힘을 건강하게 뿜어낼 수 있다고 주장한다. '광장'과 '밀실'은 대립이 아니라 서로 조화를 이룰 때 소망스러운 사회가 된다. 군사정권이 만들고 민주화된 국민의 정부가 광장을 없앤 건 생각해볼 문제다.

여의도는 한강 개발의 꽃이다. 한강의 기적은 여의도가 발상지인 셈이다. 그 형국이 배 모양이건 물벼룩 혹은 심장 모양이건 여의도는 하나의 상징이자 기준이다. '여의도 면적의 몇 배'라고 말하는 어법이 그 한 예다. 100년 전 여의도는 한갓 강바람이 부는 목초지에 지나지 않았다. 기적의 여의도가 동아시아 금융 경제의 심장이 되고 여의도공원이 비행장 시대와 광장 시대의 역사를 떠올리는 사색의 중심이 되길 바란다.

● **여의도 공원**

위치	서울특별시 영등포구 여의도동 2번지
면적	22만9539㎡
	생태의 숲 3만6523㎡
	문학의 마당 5만2993㎡
	잔디마당 7만7515㎡
	한국전통의 숲 6만2508㎡
준공	1999년

● **찾아가는 길**

지하철 5호선 여의도역 2, 3번 출구에서 도보 10분
지하철 5호선 여의나루역 1번 출구에서 도보 10분
지하철 9호선 국회의사당 3, 4번 출구에서 도보 10분

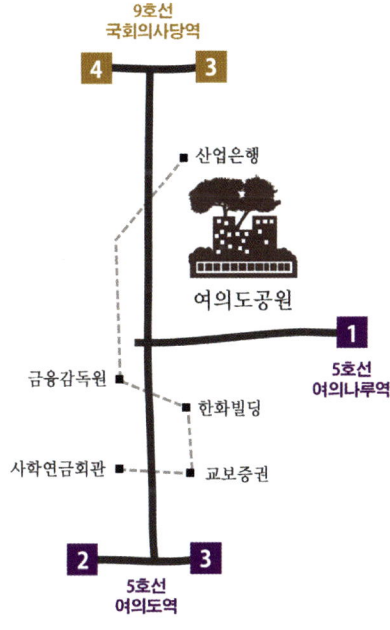

5장
生活

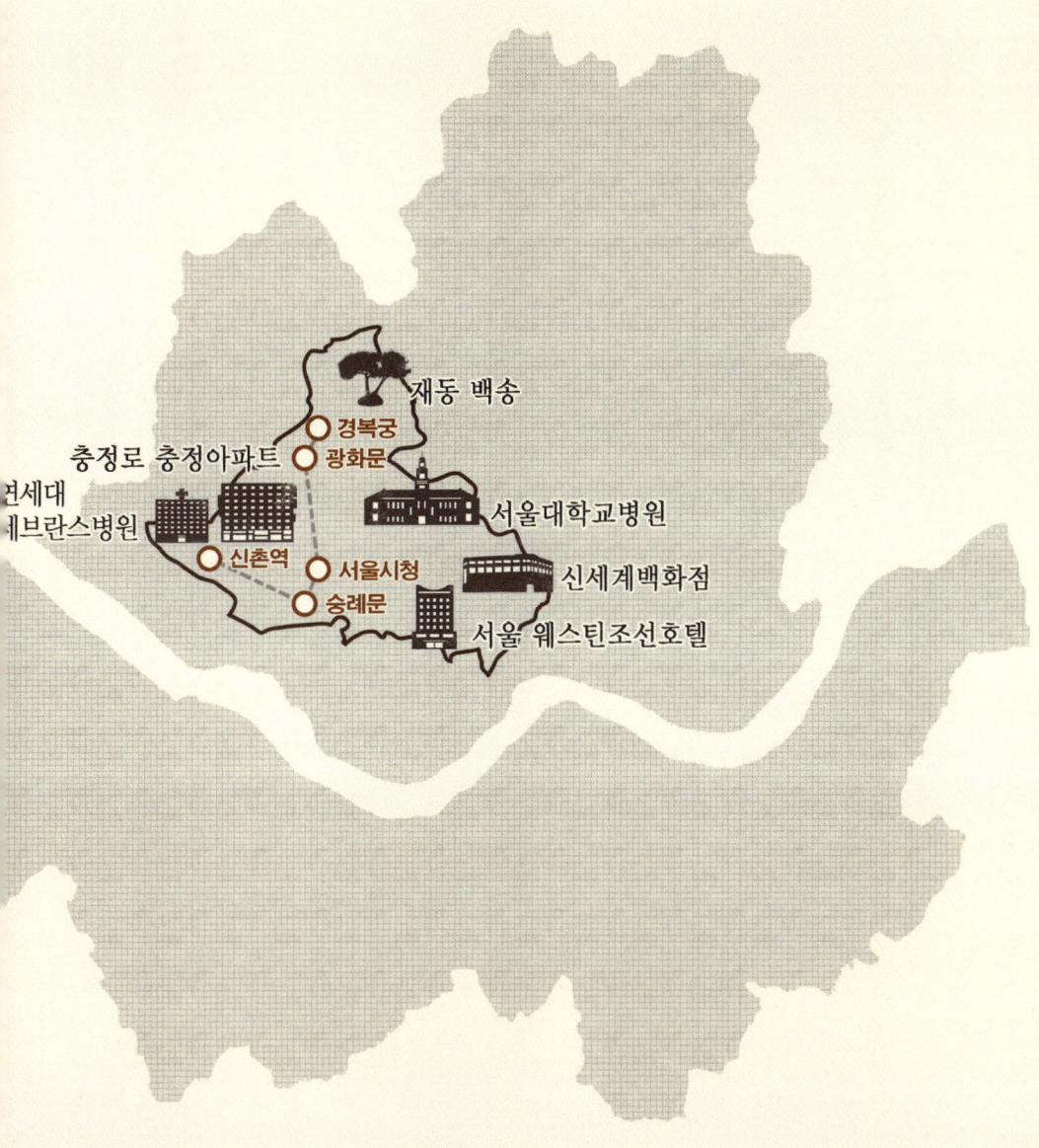

신세계백화점

이상 단편소설 「날개」에도 등장, 근대의 매력과 풍요가 흐르던 곳

백화점은 근대의 상징이자 욕망의 시공간이다. 1852년 프랑스 파리 봉마르셰(Le Bon Marché)백화점이 처음 생긴 이래, 백화점을 도심에 세운 나라는 하나같이 산업혁명 이후 공업화로 이행하는 과정에 놓여 있었다. 과학의 발전에 힘입어 문화와 예술을 소비하고 향유하는 매개체 가운데 하나가 백화점이다.

   도시화는 인구 집중을 불러왔고 시민들은 공간을 자본화하기 시작했다. 한 장소에서 다양한 제품들을 비교하며 일괄 구매하고 덤으로 지인들을 만나 문화까지 향유할 수 있는 백화점은 흔히 욕망의 환기구로 통한다. 욕망이 충족되는 공간이야말로 천국이다. 그래서 일찍이 백화점 예찬론자가 된 에밀 졸라(Émile Zola, 1840~1902)는 백화점을 '상업의 대성당'이라고 불렀다. 그동안 성당에서 침묵하는 신

(神)에게 엄숙히 기도하던 시민들은 이제 백화점에서 쇼핑을 하며 풍요로운 물신을 찬양한다.

날개야 다시 돋아라.
날자. 날자. 한번만 더 날자꾸나.
한번만 더 날아보자꾸나.

이상(李箱, 1910~1937)의 단편소설「날개」끝 구절이다. 소외된 근대의 지식인인 주인공 '나'는 몇 시간째 거리를 배회하다가 자신도 모르게 미쓰코시(三越)백화점 옥상에 올라간다. 나약하고 무능했던「날개」의 주인공은 쇼핑이나 휴식을 위해 이곳을 찾은 게 아니다. 무의식적인 발걸음이 그를 이곳으로 데려왔다. 정오를 알리는 사이렌 소리가 울리자 불현듯 겨드랑이에 가려움을 느낀다. 날개가 돋았던 자리다. 하지만 지금 그에게는 날개가 없다. 날아보자는 열망뿐이다. 그가 찾은 곳이 하필이면 왜 백화점 옥상이었던 걸까. 식민지 국가의 무기력한 개인은 근대의 매력에 도취되고 만다. 커피광이자 모던보이였던 이상의 시(詩)에도 백화점을 동경하는 대목이 보인다.

미쓰코시는 1930년 진고개(尼峴, 명동, 장동 일대)에 들어선 우리나라 최초의 백화점이다. 일본 미쓰코시백화점 한국 지점으로 신축되었는데 현재의 신세계백화점 본점 외관은 당시의 원형을 거의 그대로 유지하고 있다.

옥상 카페와 조각공원은 고객들이 즐겨 찾는 곳이다.「날개」의 주인공이 살았던 1930년대에도 이곳은 상류층들이 즐겨 찾는 휴식공간이었다. 일본계 백화점이었지만 고객의 6~7할이 조선인이었다.

신세계백화점 본점 야경. 본관은 1930년 10월에 완공돼 일본 미쓰코시백화점 경성점으로 개점했고, 2007년 2월에 현재의 모습으로 리모델링되어 재개장했다.

　　백화점은 우리 근대 문화사의 보랏빛 스펙트럼이다. 불행히도 자발적인 근대화를 하지 못한 우리는 식민지 시절 일본 자본에 의해 세워진 백화점을 이용해야 했다. 일본은 1904년에 도쿄 니혼바시(日本橋)에 미쓰코시 본점이 들어섰다. 백화점은 일본인의 전통적인 일상을 잠식하고 그들을 근대적 소비의 주체로 불러낸다. 그리고 이내 식민지 조선에도 그대로 이식된다. 그 선두 주자가 신세계백화점의 전신 미쓰코시백화점이다. 충무로 목조건물 3층에서 일본 전통 의상 원단과 의류 잡화를 취급하던 미쓰코시백화점 경성출장소 오복점(吳服店, 포목점)이 이젠 번듯한 신축 건물에 엘리베이터와 미술관까지 갖추고서 밤마다 휘황한 네온사인을 밝히는 백화점으로 발전한 것이다.

이후로 진고개에 히라타(平田), 초지야(丁字屋), 미나카이(三中井) 같은 일본계 백화점들이 들어서면서 조선인 상권이 크게 위축되었다. 이에 맞서 자연히 민족계 백화점들이 생겨나기 시작했다. 청년 민족 자본가 박흥식(朴興植, 1903~1994)이 1932년 종로에 세운 화신백화점이 대표적이다. 박흥식은 기발한 아이디어와 민족주의 마케팅으로 미쓰코시와 경쟁한다. 1933년 월간 『삼천리』 2월 호 기사에 따르면 하루에 찾는 고객이 미쓰코시 12만 6,000명, 화신 11만 7,000명이었다고 한다. 당시 서울의 인구가 30만이었으니 믿기지 않는 수치다. 하긴 백화점이 수학여행 코스였다니 그럴 수도 있겠다.

박흥식의 민족주의 마케팅은 큰 호응을 얻는다. 1935년 1월 화신백화점은 불이 나서 큰 타격을 입는다. 박흥식은 좌절하지 않고 전국에 화신연쇄점(체인점)을 공격적으로 설립, 조선 10대 자산가가 된다. 그는 일본인 자본가나 실업가와의 교류에도 적극적이었다. 그러다가 1941년 태평양전쟁이 발발하자 일제의 전시 총동원 정책에 적극 협조하고 만다. 그 때문에 해방 이후 수난을 당하고 화신백화점은 쇠퇴 일로를 걷는다.

한편 미쓰코시는 해방 직후 동화백화점으로 상호를 변경, 종업원 대표가 관리하다가 적산(敵産, 일제가 남긴 재산)으로 편입된다. 이후로 전쟁을 겪으면서 겨우 명맥만 이어오다 1962년 동방생명으로 소유권이 넘어갔고 1963년 동방생명을 삼성이 인수한다. 그해 11월 12일 고객응모 행사를 통해 신세계로 이름을 고쳐 오늘에 이르고 있다.

본관 1층으로 들어간다. 백화점 1층은 백화점의 얼굴이요, 꽃이다.

최고 브랜드로 통하는 명품 매장과 보석, 향수 등 전략 상품이 진열돼 있다. 따라서 궁전처럼 화려하고 세련된 분위기가 연출된다. 이것을 즐기며 점원들의 눈인사를 우아하게 받아낼 수 있다면 당신은 일단 귀족의 자질을 가졌다고 할 수 있다. 구매 능력이 없더라도 당당할 필요가 있다. 근대화 시기의 백화점 열기는 바로 이런 심리를 바탕으로 한 것이 아닐까.

중앙 정면에 고풍스러운 계단이 보인다. 이 중앙 계단은 유럽 고대 건축물에 쓰인 라임스톤, 트래버틴 등의 석재를 사용해 품격을 높였다. 1990년대까지만 해도 중앙 계단 앞에서 패션쇼가 열렸을 정도다. 신세계백화점 명동 본점 옥상 트리니티 가든(Trinity Garden)은 아늑한 공간이다. 카페 소파에 앉아서 현대 미술의 거장들이 빚어낸 조각 작품들을 감상한다. 기다란 다리가 인상적인 「마망(Maman)」, (루이스 부르주아Louise Bourgeois, 1911~2010)는 유명한 작품이다. 어머니의 모습을 상징했다고 하는데 가느다란 다리가 자못 위태로워 보여서 한국의 전통적인 어머니상과 매치시키려면 깊은 사색을 필요로 한다. 하지만 신세대 엄마를 떠올리면 금방 느낌이 온다.

1930년대 이 옥상 위에서 '날개'가 돋기를 꿈꿨던 소시민은 지금 어떤 모습일까. 소비를 넘어 '사치의 민주화'가 된 오늘날, 입장료 없는 도심 속 생활 유원지는 더 이상 욕망의 분출구가 아니다. 찾는 이를 주연배우로 대접하고 즐거움과 휴식을 제공하는 잘 꾸며진 무대 같기만 하다.

본관 옥상공원에는 루이스 부르주아, 헨리 무어(Hennry Moore, 1898~1986), 후안 미로(Joan Miro, 1893~1983) 등의 세계적으로 유명한 조각가들의 작품이 설치되어 있다(왼쪽 위). 고전적인 품격이 있는 본관 계단(왼쪽 아래)과 화려한 신관 홀(오른쪽)이 절묘하게 대비된다.

물품 판매소에서 도시 문화 공간이 되기까지

"흔히 미국과 유럽은 몰(mall) 문화고 서울은 백화점 문화라고 말합니다. 우리 백화점은 상품 판매 그 이상을 추구하는 도심 속 문화 공간입니다. 백화점 쪽에서 고객에게 제공하는 가치가 고객이 지불하는 가격보다 당연히 높아야만 합니다. 단지 가격 문제라면 마트에 가야겠지요."

신세계 본점 뒤편 사무동 18층, 삼성그룹 창업자 이병철(李秉喆, 1910~1987) 회장의 '고객제일' 휘호가 걸린 방에서 박건현 신세계백화점 대표를 만났다. 박 대표는 마케팅 전문가다. 1982년에 입사해 신세계에서만 30년간 줄곧 일했는데 지난해 12월 대표이사에 취임하기 전까지 27년간 여러 지점을 거치며 마케팅에 주력해왔다.

백화점을 도시의 얼굴이라고 말하는 그는 물품 판매에 그쳤던 10여 년 전과 달리 이제는 백화점이 도시 생활을 즐기는 명소로 변모했다고 평한다. 과거에는 일본 백화점을 일방적으로 벤치마킹했지만 이제는 일본에서도 한국을 배우러 온다고 한다. 특히 한국형 복합쇼핑몰인 부산 해운대의 센텀시티점은 일본 방송사들이 빈번하게 찾고 있다.

마케팅 전략을 묻자, 박 대표는 고객과 납품 업체, 내부 고객의 조화를 꼽는다. 밖에서 보기에는 모두가 하나로 보이기 때문이란다.

"내부 고객이란 우리 회사 직원들을 말합니다. '다 함께, 신나게, 멋지게' 일하면 자연스럽게 목표가 달성돼요."

박 대표는 이벤트에 남다른 기획력과 추진력을 갖고 있다. 1995년 4월 영등포지점에서 일할 때, 1,000명의 직원들을 10량의 특별열차에 태워 정동진 해맞이 행사를 열었다. 인기 드라마 〈모래시계〉가 종영한 직후였다.

"당시에는 인기 코스로 부상하기 전이어서 바닷가에 달랑 소나무 한 그루뿐이었어요. 커피숍도 숙박 시설도 없었고요. 영등포역에서 밤 10시에 떠나 신나게 노래하고 웃으며 새벽 5시 40분에 정동진에 도착했어요. 해장국 먹고 해돋이 보고 돌아왔지요. 직원들이 무척 좋아했습니다."

이른바 펀(Fun) 경영을 추구해온 그는 우리나라 백화점은 아직도 성장 잠재력이 크다고 말한다. 그 이유로 선진국에서는 백화점 매출이 줄어들고 있는 데 반해 한국 백화점은 높은 성장세를 유지하고 있다는 점을 든다.

한국 백화점의 경쟁력 원천은 카드 사태와 금융 위기를 거치면서 체질을 개선한 데 있다고 한다. 고객의 요구를 세심하게 반영하고 정보 기술을 활용한 인건비 절감도 경쟁력을 강화한다고 한다.

"백화점 인기 선물 변천사를 보면 우리나라의 경제성장이 그대로 그려져요. 1960년대에는 참기름, 달걀, 설탕, 조미료, 내의가, 1970년대에는 식용유, 치약, 통조림 등이 인기였어요. 와인이나 상품권 같은 건 없었답니다. 식용유나 설탕을 사려고 늘어선 행렬이 이곳 본점을 몇 바퀴 돌던 때도 있었어요. 직원들이 막대기를 들고 툭툭 쳐가며 새치기를 못하게 했지요. 지금은 상상조차 못할 일입니다."

밝게 웃어 보인 박 대표는 글로벌 쇼핑 인프라 구축으로 백화점이 외국 관광객을 불러들이는 데 한몫하기를 희망했다. 부산 해운대 센텀시티점은 이미 일본, 중국, 동남아 등 외국인 관광객들이 즐겨 찾는 쇼핑 명소가 되었다. 세계 최대 백화점으로 기네스북에 등재된 센텀

신세계백화점 신관에서 내려다본 서울 시내. 길 건너 오른편에 서울중앙우체국이, 왼편에 한국은행이 보인다.

시티점은 전체 방문 고객의 10퍼센트가 외국인이라고 한다. 2005년 센텀시티점을 개발할 당시 발견된 온천에 스파 시설을 도입해 얻은 효과다. 센텀시티점은 관광 온 외국인들이 쇼핑도 하고 운동도 하는 복합문화 시설이 된 것이다.

● **신세계백화점**

주소   서울특별시 중구 충무로 1가 52-5
본관   건축연도 1930년
      설계자 하야시 코헤이(林幸平)
규모   지하 7층, 지상 19층
총면적 총 13만 1,700㎡, 신관 11만 8,200㎡

● **신세계백화점 국내 최초 기록들**

1964년   4월 4일 DM 발행
1967년   10월 23일 바겐세일 실시
1968년   9월 16일 쇼핑백 등록
1969년   6월 13일 여대생 아르바이트 채용
        7월 1일 크레디트카드 제도 도입
1979년   8월 1일 모니터 제도 도입
1983년   8월 26일 주부사원 모집
1984년   10월 문화교실 개원(구 동방플라자)
1989년   9월 1일 홈쇼핑 실시
1993년   11월 12일 할인점 개점(창동 이마트)
2009년   3월 3일 부산 해운대 센텀시티 개관

● **찾아가는 길**

지하철 4호선 회현역 7번 출구에서 무빙워크 이용

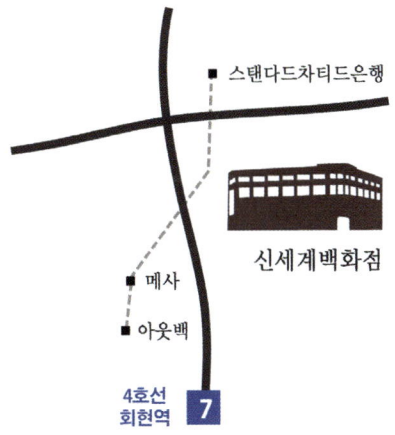

서울 웨스틴조선호텔

꼬리만 남은 제국의 흔적, 개화기엔 신문화의 통로

서울광장 남동쪽에는 호텔이 많다. 행정과 경제, 문화 시설이 집중된 시내 중심가라서 업무와 쇼핑은 물론 관광하기가 좋다. 빌딩 숲 사이로 경복궁과 북한산이 조망되기도 해서 운치 있다. 이곳 소공동에 위치한 조선호텔은 대한민국 호텔의 대명사다. 웨스틴조선호텔로 공식 명칭이 바뀌었지만 설립 당시부터 오랫동안 불려왔던 조선호텔로 통용된다. 한국 최초와 최고 기록들을 만들어내며 어언 100년의 세월을 더듬어온 조선호텔은 근대사와 현대사의 중심 공간이기도 하다. 이곳은 단순한 숙박과 사교 모임 장소가 아니었다. 정치와 경제의 중심축이었고 문화의 발신자였다.

3면으로 된 Y자 형태의 건물부터가 이채롭다. 이 삼각형 공간에는 특유의 장소성과 역사성이 깃들어 있다. 오래된 도시에는 역사를 계

호텔에 딸린 정자처럼 보이는 황궁우 건물. 가까스로 남아 있는 전통 양식에서 미학을 찾기가 쑥스럽다.

승해온 사람들의 정신이 녹아 있기 마련이다. 현장에서 시간 여행을 떠나다 보면 당대를 살았던 사람들의 정신과 생활상을 자연스럽게 만날 수 있다.

조선호텔 옆에는 고풍스러운 3층 팔각지붕 건물이 서 있다. 고종 황제가 하늘에 제사를 지내던 환구단의 부속건물 황궁우(皇穹宇)다. 얼핏 보면 호텔에 딸린 정자처럼 보인다. 하지만 사적 제157호 문화재로 호텔 소유가 아니다. 1899년에 축조하고 태조 이성계의 신위(神位)를 모셨던 곳인데 주변이 온통 고층 빌딩 숲 속이라서 차라리 주

조선호텔의 옛 모습.

저앉아 있다는 표현이 더 적합하다. 환구단은 황궁우 남쪽, 지금의 호텔 자리에 있었다. 바투 조여든 건물들 때문에 하늘이 비좁아 보이는 이곳에서 신성한 기운 같은 건 더 이상 느껴지지 않는다.

경제 논리가 지배하는 서울은 정말 깊다. 깊어도 너무 깊다. 황궁우는 서울광장 쪽이나 을지로 입구 쪽에서는 눈에 잘 띄지도 않는다. 600년 전통 도시 서울은 본래 계획도시였다. 처음부터 자연과 완벽한 조화를 꾀해 하나의 예술 작품과도 같았다. 대도시의 경제적 정글로 변한 오늘날, 가까스로 남아 있는 옹색한 전통 양식의 공간에서 미학적 관조를 논하는 건 분명 시대착오적이다. 1897년 10월 12일 새벽, 고종이 대한제국을 선포하고 황제에 오른 자리라는 사실도 그리 큰 의미가 없어 보인다. 군사력과 외교력 등 국력이 밑받침되지 않은 제국 선언은 오래 버티지 못하고 일제 식민지로 전락하기 때문이다.

1913년 일제는 화강암 기단으로 된 환구단을 헐고 이듬해 서양식 5층 건물(지상 4층, 지하 1층) '조센호테루(朝鮮ホテル)'를 세운다. 설계자는 경복궁 정면 조선총독부 신청사(1995년 해체)를 설계했던 독일 건축가 게오르그 데 랄란데(Georg de Lalande, 1872~1914)다. 조선왕조의 상징적 공간에 세운 조선호텔은 총독부 산하 철도호텔 가운데 하나다. 남대문역과 가까운 이곳 소공동(小公洞), 곧 작은공주골은 태종의 둘째 딸 경정(慶貞公主, ?~1455) 공주의 저택이 있어서 유래된 남촌의 한 마을 이름이다. 일본인들의 상권이 새롭게 형성되면서 부상한 남촌에는 동양척식회사, 조선은행, 경성우편국, 조선식산은행, 미쓰코시백화점이 차례로 들어서서 행정과 경제·문화의 중심지가 된다.

　조선호텔은 개관 당시부터 장안의 화젯거리로 등장했다. 사교 댄스, 수직 열차(엘리베이터), 프렌치 레스토랑, 아이스크림, 서구식 결혼식 등 생소한 서양 문화를 처음으로 선보였다. 하지만 인근 초가에서 남루하게 살아가던 조선인들에게는 들어갈 수 없는 별천지였다. 그것은 보통의 일본인들에게도 마찬가지였다. 1938년 일본인 실업가 노구치(野口遵, 1873~1944)가 조선호텔이 바로 보이는 지점에 지상 8층, 지하 1층의 반도호텔(롯데호텔 자리)을 세운 까닭이 조선호텔에서 문전박대당한 수모를 씻기 위함이었다는 일화가 있다.

　한국 근대소설에 등장하는 조선호텔은 조선의 처절한 실상과 너무도 이질적이다. 1941년 발간된 이효석(李孝石, 1907~1942)의 『벽공무한(碧空無限)』에는 러시아 댄서 '나아자'와 조선인 문화사업가 '일마'가 하얼빈에서 기차를 타고 경성에 도착, 조선호텔에 여장을 푼다. 둘은 결혼을 약속한 사이다. '나아자'는 호텔의 호화로운 치장에

호텔 '나인스 게이트 그릴'에서 바라본 환구단 야경. 박제된 건물로 남은 '하늘모심' 현장이다.

놀라고 창밖으로 보이는 황궁우의 아름다움에 빠진다. 그러자 '일마'는 옛날 사람들이 세운 낡은 집이라며 추한 현실을 일깨워준다.

"팔각당 넘엔 개천이 있구. 그 넘에 빈민굴이 있다우. 빈민굴 없는 데가 없겠지만 조선은 전체가 커다란 빈민굴이라우."

조선호텔처럼 조선 왕조의 유산이 남아 있는 곳에 건설된 건축물은 조선인들에게 식민지의 현실을 일깨워주는 장소였던 것이다.(「'조선호텔'-제국의 이상과 식민지 조선의 표상」, 정영효)

1945년 해방 후 이 호텔을 거처로 삼았던 이승만 대통령은 일본식 명칭인 '조센호테루'를 조선호텔로 바꿔 부르게 한다. 1950년 한국 전쟁 때는 북한 인민군이 호텔을 점령해 사용했으며 1953년 1월부터 미8군 숙소로 쓰였다. 그 무렵에 밥 호프(Bob Hope, 1903~2003)와 마를린 먼로(Marilyn Monroe, 1926~1962) 등 미국의 유명 연예인들이 방문해 위문 공연을 하기도 했다. 맥아더 장군, 포드(Gerald Rudolph Ford Jr., 1913~2006) 전 미국 대통령도 다녀갔다. 그러다 1961년 미군으로부터 양도받아 몇 달간 총리공관으로 쓰다가 교통부가 관광호텔로 관리하게 된다.

임페리얼 슈트라고 불렸던 201호실은 왕족에게만 제공되던 특실이었다. 일본과 유럽의 왕족들이 묵어갔고 이승만 대통령, 김구, 서재필이 머물렀다. 1963년 당시 장군 박정희가 민주공화당을 창당한 것도 이 방이다.

지금의 Y자 형 건물은 황궁우 조망을 고려해 1970년에 재건축했다. 그때 옛 조선호텔 건물을 헐어버렸기 때문에 역사적인 순간들을 간직한 현장 201호실이 보존되지 못했다. 1979년 세계적인 호텔 체인 웨스틴 인터내셔널호텔과의 합자로 호텔 명칭이 현재의 웨스틴 조선호텔로 개칭됐다. 1995년 신세계가 주식을 모두 인수, 지금까지 국내 자본으로 운영하고 있다.

우리나라 호텔 가운데 가장 오래된 조선호텔은 세계 100대 호텔에도 자주 오른다. 공항에서부터 호텔 직원의 에스코트를 받아 객실에서 사인만 하면 체크인이 되는 '익스프레스 체크인 서비스'는 외국인들이 즐겨 이용한다고 한다. 한국 최초의 호텔은 1888년 인천에 들어선 대불호텔이다(제물포 개항장 편 참조). 서울 정동에 있었던 손탁호텔은 1902년에 문을 열어 양탕국(커피)을 팔았다. 하지만 그 호텔들은 모두 역사 속으로 사라졌고 1996년 10월, 조선호텔은 한국 최초 호텔로 기네스북의 인증을 받는다. 정문 왼쪽 벽에 동판이 박혀 있다.

1층 나인스 게이트 그릴 안쪽에는 서재필 룸이 있다. 1년여 동안 조선호텔에 묵으면서 독립운동을 했던 서재필을 기리는 뜻으로 만들었다고 한다. 벽면에 그의 사진과 「독립신문」 등을 전시해놓았다. 소규모 모임(16명) 장소로 적격이다.

나인스 게이트 그릴은 대한제국의 유산 황궁우를 후원처럼 조망할 수 있는 공간이다. 그 풍광이 빼어나다. 바람 불거나 비 혹은 눈이 내리는 날 이곳에 앉아서 창밖을 보면 거기 공간 형식으로 남은 옛사람들의 정신세계가 가만히 말을 걸어온다. 밀려드는 강한 제국에 맞서 이름뿐인 제국을 표방했던 조선의 지배층은 몰락의 길을 걸으면서도 단을 쌓고 하늘에 기원했다. 체제 변혁의 기회를 놓친 그들은 끝까지 '하늘 모심'을 버릴 수 없었다. 그러나 하늘이 국가의 운명을 좌우하는 건 아니다. 일본은 조선을 강제로 병합하고 그 터를 밀어낸 다음, 대륙으로 팽창해가는 교두보로 제국의 호텔을 세웠다. 일본은 내국인 관광단을 모집해 만주까지 이어진 철도 여행을 권장했고 조선호텔은 중간 경유지가 되었다. 당시 일본인들은 넌지시 황궁우를 바라보며 우월감을 가지고 '조선의 미(美)'를 즐겼을 터다. 오래 기억되고 여러 사람들이 예찬하는 인간의 창작물은 어떤 목적으로 만들어졌건 간에 미적 요소를 지닌다. 찬란한 정신이 스러지고 박제된 건물로 남은 황궁우를 바라보며 아름다움을 느끼는 걸 탓할 수 있으랴.

한국은 기적의 나라입니다. 100년 전의 국치, 한국전쟁, 외환위기를 겪었지만 그때마다 강인하게 일어섰습니다. 그리고 이제 주요 20개국(G20) 정상회의를 개최하는 나라가 되었습니다. 저는 우리 조선호텔의 터가 지닌 역사적 의미를 잘 압니다. 일본인들이 세운 작은 호텔에서 세계적인 호텔로 거듭났지요. 한국 젊은이들에게 권합니다. 혼자서 세계로 나가 마음껏 누벼보라고요. 특히 호텔리어들에게는 한국에서 안주하지 말고 세계의 마을을 두루 돌아다니라고 하지요. 여기서 마을은 호텔입니다. 호텔은 그 자체로 하나의 완벽한 마을이니까요. 주방에서도 일해보고 다양한 체험을 하다 보면 경영 마인드가 생깁니다.

20층 라운지에서 만난 오스트리아 출신 총지배인 게하드 슈미트(Gehard R. E. Schmidt)는 외국에서 자유롭게 활동하려면 무엇보다도 섬세한 영어를 구사할 수 있어야 한다고 말한다.

문화재 환구단과의 떼려야 뗄 수 없는 결연 때문일까. 호텔 측은 문화재 관련 봉사활동을 많이 한다고 한다. 17층에 '한국'이라는 콘셉트로 디자인된 새로운 스위트룸 3개를 오픈했다. 한국의 대표적인 디자이너 심정주, 최시영, 엄주언 등 3명은 '온돌' '툇마루' '디딤돌' '성곽' 등 한국 전통 건축물에서 찾은 디자인 요소를 현대적으로 형상화해 호텔 객실에 반영했다.

   백화점이 그랬던 것처럼 호텔 문화는 일본에 의해 근대의 표상으로 이식되었다. 이제는 국가가 나서서 문화를 전파하는 시대가 아니다. 또한 신분 제약 없이 누구라도 그 문화를 향유할 수 있다. 슈미트의 말처럼 세계로 열린 독립된 마을이 호텔이다. 그러나 서민들이 그 세련되고 품격 높은 마을의 촌장이나 주민이 되는 일은 여전히 쉽지 않아 보인다.

● 서울 웨스틴조선호텔

주소	서울특별시 중구 소공동 87번지
개관	1914년 10월 10일(기네스북에 오른 한국 최초의 호텔)
규모	지하 1층, 지상 20층(4층과 13층은 없음)
객실	총 456실

● 찾아가는 길

지하철 1, 2호선 시청역 6번 출구, 지하철 2호선 을지로입구역 7번 출구에서 도보 10분

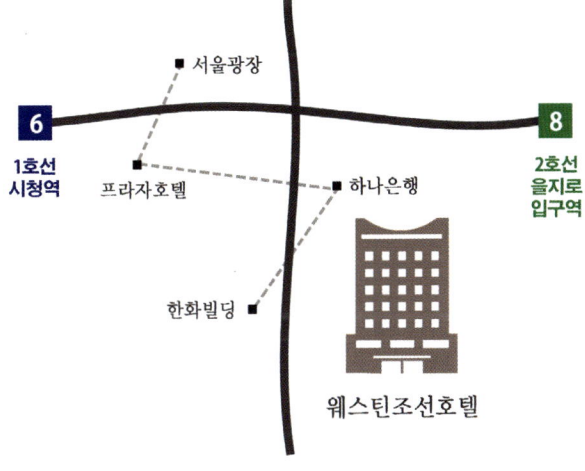

재동 백송

600년 굵은 두 팔로 떠받드는 하늘과 역사

100년 만의 대설이 내린 순은의 아침.

찬란한 아침 햇살을 받으며 백룡이 꿈틀댄다. 은빛 비늘을 반짝이는 두 마리의 용은 막 천상으로 오를 기세다. 눈부시다. 땅에 뿌리박고 사는 나무가 이렇게 고귀한 자태를 지닐 수도 있던가. 늘 푸른 잎은 천상의 족속을 닮았다. 우아한 날개는 9만 리를 난다는 상상의 새 대붕(大鵬)의 노래를 기억하고, 뿌리는 정녕 지구의 핵에 가 닿았을 것만 같다.

빽빽한 빌딩 속에서 경황없이 밥벌이하는 회색 도시인들은 자신이 숲의 자손임을 기억하지 못한다. 안국역 2번 출구를 나와 헌법재판소 정문으로 들어간다. 백송(白松)이라는 말만 꺼내도 경비실에서 친절하게 일러준다. 대한민국 최고의 영향력과 신뢰도를 지

600여 년 된 재동 백송은 헌법재판소 뒤뜰 축대 위에 있다. V자 형태의 가지가 넘어지지 않도록 양쪽 가지를 쇠막대로 받치고 있다.

닌 공공기관은 다른 사법기관에 비해 사뭇 개방적이다. 9개의 무궁화가 조각된 대리석 건물을 오른쪽으로 돌면 북서쪽 모퉁이 바로 그 자리에 수령 600년의 은현한 성자가 V자를 그리고 서 있다. 새뜻한 거목 체험이다. 크고 오래된 나무는 나이와 몸피만큼이나 감동을 자아낸다.

서울에서 꼭 봐야 할 나무 한 그루를 꼽으라면 망설임 없이 재동 백송을 들겠다. 도심 한복판 헌법재판소 안의 재동 백송 앞에 서면 하늘에서 '신비의 사다리'가 내려온다. 그 사다리를 한 계단 두 계단 타고 오르는 건 행복한 일상 탈출이자 원형성에로의 회귀다. 세상의 중심에 선 우주목이기 때문이다.

오래된 나무에는 정령이 있다던가. 사람은 연년세세 갈리지만 나무는 수백 년에 걸쳐 한 자리를 지키고 서서 고스란히 세상사를 관조하기에 신성을 부여하는 것인지도 모른다. 더구나 이 백송처럼 빼어난 수형(樹形)을 지녔다면 시민들의 예찬을 받아 마땅하다.

헌법 질서 수호와 국민 기본권 보장을 위해 설립된 헌법재판소는 5·18 민주화운동 특별법, 동성동본 금혼, 그린벨트 규제, 과외 교육 금지, 노무현 대통령 탄핵 소추안, 미국산 쇠고기 고시, 행정수도 특별법 등을 심판하며 늘 한국 현대사의 중심에 있었다. 그때마다 여론이 들끓고 국민들의 눈과 귀는 헌법재판소가 있는 재동으로 쏠렸다.

민감한 사건을 심판해야 할 때, 아홉 명의 재판관들은 장고(長考)를 거듭하며 치열한 시간들을 보내야만 했다. 그들은 점심시간에 백송 아래 산책로를 뒷짐 지고 거닐곤 한다. 고색창연한 기와집(윤보선[尹潽善, 1897~1990] 대통령 생가)과 돌담, 그리고 수려한 백송이 자아내는 운치에 무젖다 보면 심신이 편안해졌다. 동료 재판관들과 담소하며 그윽이 백송을 우러러보기도 했다. 백송을 보자면 자연스레 하늘을 보게 된다. 직립보행의 인간이 하늘을 떠받들고 선 성자 같은 나무를 올려다보는 건 서로 빼닮은 꼴이어서 더 정겹다. 해맑은 날이건 흐린 날이건 높은 하늘은 말이 없고 백송은 늘 정갈하며 기품이 넘친다. 재판관들은 그렇게 백송을 우러르며 결단의 순간들과 만났다. 서로 터놓지 못한 속내는 웅숭깊은 나무에게 속삭였을 법도 하다.

천연기념물 제8호 재동 백송은 조선 왕조 창업 즈음에 누군가가 중국에서 가져와 심은 것으로 추정된다. 경복궁이 머지않은 북촌(北村) 사대부가의 뜰에서 귀공자로 자랐다. 영조 때 재상 조상경

(趙尙絅, 1681~1746)이 이 백송을 즐겼고 이후로 풍양 조씨들은 구한말 세도정치 세력으로 부상했다. 흥선대원군의 작은 아들 고종을 임금으로 등극시키는 데 공헌한 신정왕후(神貞王后, 1808~1890) 조대비(趙大妃)가 그 중심축이었다. 다른 한 축에 안동 김씨들이 있었다. 대원군은 안동 김씨의 세도를 끝내고 왕정복고를 시도한다. 모두가 불안해할 때 대원군은 이 백송의 둥치가 전보다 더 새하얗게 변하는 걸 보고 상서롭게 여겼다고 한다. 그에게는 무정한 자연물에서 어떤 기미를 보고 인사를 점치는 특유의 직관력이 있었던 듯하다.

박지원의 손자 박규수(朴珪壽, 1807~1876), 개화파 홍영식도 이 백송을 뜰에 두고 즐겼다. 홍영식(洪英植, 1855~1884)은 갑신정변이 '3일천하'로 막을 내리자 대역죄로 처형되었다. 그 집은 광혜원으로 거듭난다. 1885년 2월 고종은 미국인 의료 선교사 알렌의 건의를 받아들여 한국 최초의 근대식 병원을 세웠다. 광혜원은 12일 만에 제중원으로 이름이 바뀐다. 알렌은 제중원에 세브란스 연합의학대학(Severance Union Medical College)을 만들고 학생들을 선발한다. 제중원은 많은 외국인과 내국인 환자들을 치료했고 1887년 시설을 늘려서 구리개(銅峴)로 옮기게 된다. 병이 나면 주술을 쓰거나 굿을 했던 조선인들에게 이 최초의 서양식 병원은 신통한 곳이었다. 개원 1년 만에 1만 명의 환자를 돌봤다니까 당시 서울 인구가 20만이었던 점을 감안하면 아주 높은 비율이다.

그 후 백송이 있는 터와 건물은 대한제국이 매입해서 관용으로 쓰다가 경기여고와 창덕여고가 거쳐갔다. 지금의 헌법재판소는 1993년에 들어섰다.

헌법재판소에서 바라본 백송. 뒤편으로 경복궁 민속박물관과 청와대, 그리고 북악산이 보인다.

    헌법재판소 건물을 신축할 때, 백송은 터줏대감 대접을 제대로 받는다. 고고한 600년 은자의 품격에 걸맞은 영역을 확보해주느라 남향을 포기하고 동향으로 지었던 것이다. 터를 닦을 때부터 관여했던 어느 국장은 그때 그런 선택이 참 잘한 일이었다고 회상한다. 여름날 집무실에 쏟아지는 강렬한 석양 때문에 불편이 많지만 백송의 운치를 살려내 시민들과 함께 즐기는 명소가 됐기 때문이다. 견학 온 학생들, 일본인 관광객들의 발길이 백송 산책로로 간간이 이어진다. 나무 한 그루가 최고의 영향력을 자랑하는 기관만큼이나 대접을 받고 있는 형국이다.

    1995년 9월 26일 백송은 외상을 입었다. 사나운 돌풍에 그만 북쪽

둥치의 큰 가지가 부러졌다. 헌법재판소 가족들에게 비상이 걸렸다. 나무 의사가 달려오고 정성스러운 치료에 들어갔다. 잘려진 가지를 차마 버릴 수가 없었다. 여러 토막으로 잘라서 재판관들 방에 두고 기념물처럼 완상했다.

재동 백송은 아주 건강하다. 그의 자목(子木) 두 그루는 인근 정독도서관에 뿌리를 내린지 30년이 넘었다.

이곳 터가 세다고 말하는 호사가들도 있다. 일찍이 수양대군(首陽大君, 1417~1468)은 김종서(金宗瑞, 1383~1453)를 제거하면서 피를 뿌렸고 그 피비린내를 없애기 위해 사람들이 재를 뿌렸대서 재동이 되었다고 한다. 거기에 홍영식의 죽음과 제중원 환자들의 죽음도 연상된다. 하지만 도성 심장부 근처에서 그만한 역사적 사건은 흔한 일이고 제중원의 경우도 죽어나간 환자보다 병을 치료하고 생명을 연장한 사람들을 생각해보면 얼마든지 해석이 달라진다. 헌법재판소에서 일하는 사람들과 백송을 감상하고자 방문하는 사람들은 입을 모아 명당이라고 한다. 우아한 노거수 한 그루가 주는 밝은 기운이 이처럼 크고 값지다.

우리는 흔히 잊을 수 없는 사람과 의미 깊은 날을 기념하여 나무를 심곤 한다. 600여 년 전, 어느 이름 모를 이가 심은 재동 백송은 사연 많은 역사를 조목조목 관찰해온, 입이 무거운 목격자다.

제중원을 세우는 의료 선교사 알렌, 로비스트처럼 이권 개입

개화기에 순수하게 복음을 전하고 봉사하는 삶을 살았던 선교사만 있었던 건 아니다. 우리나라 최초의 개신교 선교사 호러스 알렌은 제중원(구 광혜원) 의사이자 주한 미국 공사관 서기관, 임시 대리공사와 전권공사를 지내며 당대 한국의 외교를 주도했다. 그 과정에서 막대한 이권을 행사했다. 얼굴사진에서 풍기는 알렌의 인상은 자못 날카롭다. 마치 먹잇감을 노리며 공중을 선회하는 맹금류 같은 인상이다. 한 손에는 성경책을, 다른 손에는 청진기를 든 이 선교사는 마음속에 장사꾼의 저울이 들어앉아 있었던 것 같다.

공사관 일행의 몸에서는 똥 냄새, 지린내가 풍겼는데 그들은 선실에서 끊임없이 줄담배를 태워댔다. 선실 안은 악취로 진동했다. 그들의 옷에 기어 다니는 이(이)를 가리키면서 잡으라고 주의를 주었지만 참을 수 없을 만큼 고약한 악취를 없애지는 못했다. 이 배의 승객들은 조선사절단을 한 방으로 몰아 격리해준 데 대해 감사했고 나 자신도 그렇게 생각했다.

박정양 공사는 사절단 가운데 가장 나약하고 바보 천치 같은 인물이었다. 공사 수행 비서 강진희는 지분거리기 좋아하는 사람이었고 3등 서기관 이상재는 더러운 사람이다. 조선 정부가 정식으로 임명한 번역관 이채연(李采淵, 1861~1900)은 영어 한마디 할 줄 몰랐다. 1등 서기관 이완용과 2등 서기관 이하영(李夏榮, 1858~1919)은 그래도 전반적으로 조선사절단의 나쁜 인상을 상쇄, 보충해주고 있다.

1887년 12월 미국 샌프란시스코로 향하는 여객선 오셔닉(Oceanic)호 안의 조선 외교사절단 실태다. 청결하지도 않고 국제 매너도 엉망인 조선 관리들을 인솔하기가 참 부끄러웠던 모양이다. 알렌은 일기 곳곳에서 짜증난다는 표현을 쓰고 있다. 그가 혹평하고 있는 박정양 공사에게는 꼬박꼬박 아버지라고 부르는 이중성도 보인다. 이용 가치가 있었기 때문이다.

알렌은 1884년 9월 제물포를 거쳐 조선에 들어왔다. 미국 장로교 선교부 소속의 의료 선교사인 그는 1883년 중국에 파견되었지만 사역은 실패하고 만다. 어렵게 조선으로 진출한 그는 주한 미국 공사관 소속 의사로 근무하다가 갑신정변을 맞게 된다. 이때 민비의 조카 민영익이 자객의 칼을 맞고 빈사상태에 빠지는데 알렌은 봉합 수술과 극진한 치료로 민영익의 목숨을 살려낸다. 민영익은 생명의 은인 알렌에게 현금 10만 냥을 보내고 친형처럼 모신다. 알렌은 민영익보다 두 살 위였다. 알렌은 민영익과의 친분을 이용하여 병원 건설안을 왕실에 올리고 민비와 고종의 신임을 얻어서 급기야 제중원의 전신 광혜원을 연다.

의료 선교보다 외교 업무에 치중했던 알렌은 동료 의사 헤론과도 갈등을 빚곤 했다. 그는 왕실의 비호 아래 많은 이권을 따낸다. 경인 철도 부설권은 외국인들이 가장 탐내는 이권 사업이었다. 알렌은 러시아 공사 베베르를 구워삶고 외부대신 이완용과 농상공부 대신 조병직(趙秉稷, 1833~1901)을 포섭해서 자기 친구 모스에게 이 부설권을 따준다. 약삭빠른 무역 브로커 모스는 커미션을 받고 일본에 부설

정독도서관에 있는 백송의 자목 두 그루(위)와 헌법재판소의 백송(아래).

권을 넘긴다. 모스는 알렌의 공작으로 이미 운산 금광 채굴권도 따낸 상태였다. 그는 그 채굴권마저도 3만 달러를 받고 미국인 헌트(L. S. Hunt)에게 넘겨버렸다. 당시 광산 노무자 연봉이 30달러가 안 됐으니 엄청난 액수다.

미국은 평안북도 운산 금광에서 40여 년 동안 순금 80여 톤을 채굴한다. 당시 시세 1,500만 달러, 현재 시세로 치면 32억 달러(한화 3조 6,000억 원)이 넘는 천문학적인 액수이다. 너무도 빈한했던 개화기 조선으로선 막대한 국부 유출이었다. 숱한 이권 사업을 헐값에 외국인들에게 내준 조선은 자립 기반을 잃고 예속 경제를 자초하고 만다.

초창기 미국 대리공사 역할도 했던 알렌은 제물포에 별장까지 두고 왕실과 그 별장을 오가며 호화로운 생활을 누린다. 어려운 여건에서 인습과 병마와 싸웠던 거개의 선교사들과는 판이하게 다른 생활이었다.

의료 선교를 목적으로 파송된 처지이면서도 알렌은 한국 문화에 대한 이해와 관용이 턱없이 부족했던 것으로 보인다. 정동 미국대사관저 하비브하우스에는 알렌에 얽힌 에피소드가 전해진다. 키가 1미터 80센티미터가 넘었던 그는 대리공사 시절 한옥의 천장 서까래에 머리를 찧는 일이 잦았다. 그는 천장이 낮아 실내에서 모자를 쓰고 있을 수가 없으니 천장을 높여달라고 본국에 요청한다. 본국에서는 '실내에서 모자를 쓰지 말 것'을 명했을 뿐 수리비는 지급하지 않았다. 알렌은 자비를 들여 천장을 높일 수밖에 없었다. 그 일은 당시 사람들의 입에 자주 오르내렸다.

의사이자 선교사였고 대리공사이기도 했던 알렌은 직위를 이용해 자신의 존재감을 한껏 부풀린 인물이었다. 낮은 데로 임해서 복음을 전하고 나눔과 섬김을 실천하는 선교사 본연의 임무와는 거리가 멀었다. 기울어가는 왕조에서 거간꾼 노릇까지 겸해 적잖은 떡고물을 챙긴 알렌은 을사늑약이 체결되고 이 땅에 더 이상 희망이 보이지 않자, 미련 없이 미국으로 돌아간다. 하지만 그가 이 땅에 전파한 서양의 근대 의학은 가히 천지개벽 같은 문명개화의 사건이었다. 솔직한 심경을 드러내고 사건을 상세하게 기록한 일기 또한 어수선했던 개화기 시대 상황을 이해하는 데 귀중한 사료다. 이타적인 삶으로 숭경받는 여러 선교사들과 잇속에 눈이 먼 제국주의자의 중간쯤에 선 알렌은 많은 생각을 불러일으키는 인물임에 틀림없다.

● 재동 백송

위치 서울특별시 종로구 재동 35번지 헌법재판소 내
분류 천연기념물 제8호
수령 약 600년

  나무높이 17m 뿌리 부분 둘레 3.82m

  터의 변천사 광혜원, 제중원, 경기여고, 창덕여고, 헌법재판소

● 찾아가는 길

지하철 3호선 안국역 2번 출구에서 도보 5분(헌법재판소 입구에서 신분증을 제시해야 함)

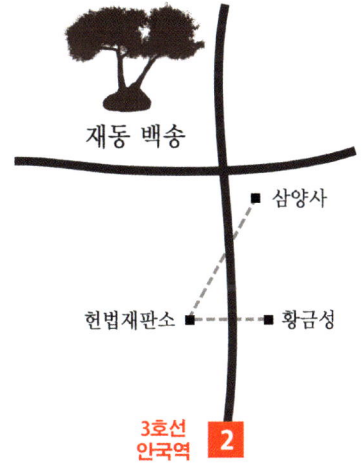

서울대학교병원

**히포크라테스 정신이 전파된 지 100여 년,
이곳에서 대한민국 의료의 표준이 세워지다**

건강하게 오래 살다 편안히 죽는 건 인간의 소망이다. 한국인들이 곧잘 입에 올리는 오복(伍福)에도 그 세 가지가 들어 있다. 동양고전 『서경(書經)』에 전거를 둔 오복, 곧 수(壽), 부(富), 강녕(康寧), 유호덕(攸好德), 고종명(考終命) 가운데 수와 강녕, 고종명이 그것이다. 흔히 치아가 오복에 든다는 말을 하곤 하는데 와전이다. 부자가 되고 봉사하는 삶(유호덕)이 오복에 든다.

현대인들은 대부분 병원에서 생을 시작하여 병원에서 생을 마감한다. 산부인과 분만실에서 태어난 인간은 병원에서 운영하는 요양병원을 거쳐 장례식장에서 영별 의식을 치른다. 그사이 정기적으로 병원을 찾아 건강검진을 받고 질병이 발견되면 입원해서 치료를 받는다. 이렇듯 병원은 우리의 삶과 떼려야 뗄 수 없는 곳이다. 의사가

세계적인 의료 수준과 빠른 서비스, 일괄적인 진료 시스템은 의료 관광 산업을 낳았다.

완치할 수 있는 환자는 그리 많지 않다고 한다. 하지만 환자의 고통을 덜어주고 안도감을 주는 일이 의사가 할 수 있는 미덕이다.

통계청 조사에 따르면, 한국인의 평균 기대수명은 80세다. 의학 발달을 감안하면 현재 생존해 있는 중년 인구의 절반 정도가 90세 이상을 살고 100세를 넘기는 경우도 상당할 것으로 예상된다. 머잖아 인간 수명 100세 시대가 열리는 것이다. 그사이 암(癌)에 걸릴 확률은 34퍼센트라고 한다. 국민 세 사람 가운데 한 사람은 암에 걸린다는 얘기다. 70만 명 이상이 암과 싸우고 있는 가운데 한 해 약 18만 명의 신규 암환자가 발생한다. 암환자의 60퍼센트가 완치되기는 하지만 암은 사망 원인 가운데 첫째가는 질병이다. 짜고 삭힌 음식 좋아하는 한국인들은 위암 발병률이 높다. 암 외에도 뇌혈관 질환과 심장 질환도 주요 사망 원인에 든다.

아픈 사람을 치료하는 일은 의사들만의 소관이 아니다. 문화사적으로 보면 종교인이나 무당, 약초꾼들도 치료 행위를 해왔다. 동양의 전통 사회에서 한의사들은 배타적 독점권을 확보하지 못했다. 근대에 들어와서 의사 면허 제도가 정착되면서 국가가 이 면허 제도를 관리하고 통제한다. 하지만 민간에서는 여전히 허가받지 않은 의료 행위가 이루어진다. 병원의 표준화된 치료 이외에 환자들은 이른바 대체 의학도 이용하기 때문이다. 대체 의학은 그 효과에 대한 객관적이고 과학적인 근거가 부족해 제도권 의료계에서는 정식으로 인정하지 않는 치료법이다.

서울 대학로와 창경궁(昌慶宮) 정문 사이 블록에는 대한민국 의료의 표준 서울대학교병원이 있다. 창경궁에 딸린 후원 함춘원(含春苑) 자리다. 원남동 사거리 쪽으로 난 정문으로 들어서면 왼편 언덕에 고풍스러운 붉은 벽돌집이 나온다. 시계탑 건물로 불리는 100년이 넘은 대한의원 본관이다. 친일파 이완용이 이재명 의사의 칼을 맞고 중태에 빠져서 입원해 수술받은 병실 홍화당 5호실이 이 건물 2층에 있었다. 지금은 의학박물관이 되었다. 시계탑 건물 앞에는 종두법을 도입한 지석영(池錫永, 1855~1935) 선생의 동상이 서 있다. 병원 본관은 시계탑 건물 뒤편에 날개를 펼친 모양을 하고 있다.

본관 앞 도로는 차량들로 붐비고 현관 안팎에는 환자들과 그 가족들로 부산하다. 종합병원 부문 브랜드 파워 1위를 고수하고 있는 국립병원답다. 대학로 본원의 경우, 2011년 한 해 입원한 환자가 61만여 명이고 외래환자가 200만 명을 넘었다.

긴박한 응급실 풍경, 입술이 마르고 애가 탔던 수술실 밖 대기실의 기억을 가진 이들이 많다. 죽음으로 이를지도 모르는 질병이나 사고를 피할 수 없는 것이 우리들의 실존적인 삶이다. 병마와 싸우는 환자와 환자 가족은 마치 의사와 연합군 체제를 구축한 사람들 같다. 연합군 체제를 가동해 병마와 일전을 치르자면 비용이 들므로 의료보험제도가 시행되고 있다. 우리나라는 비교적 의료보험제도를 성공적으로 정착시킨 경우라고 한다.

선교사들이 이 땅에 근대 의료의 서막을 열었다. "믿으라, 그리하면 낫는다."는 일종의 가언적 명령을 바탕으로 한 근대 의료는 기독교와 서구 문화가 주도하는 풍토를 만들었다. TV 드라마로 방영된 〈제중원〉이야말로 이 근대 의학의 효시다.

1884년 12월 4일 밤 10시. 지금의 조계사 부근에서 우정국 개국 축하연회가 무르익고 있었다. 개화파의 리더 김옥균, 왕비 민씨 세력을 대표하는 민영익, 철종의 사위 박영효(朴泳孝, 1861~1939), 우정국 총판 홍영식, 독일인 외교 고문 묄렌도르프, 미국 공사 푸트 등이 참석한 잔치였다.

"불이야!" 고함소리를 듣고 민영익이 밖을 살피러 나갔다가 자객의 칼에 난자가 되어 돌아왔다. 갑신정변의 발발이었다. 묄렌도르프는 민영익을 자신의 집으로 옮기고 급히 한의사들과 북장로회 의료 선교사 알렌을 불렀다. 알렌이 도착했을 때, 한의사들은 치명적인 깊은 상처에 고약을 집어넣으려던 참이었다. 기겁을 한 알렌이 나섰지만 한의사들은 완강히 거부했다. 묄렌도르프의 집사가 한의사들을 제지했고 비로소 알렌이 치료를 시작할 수 있었다. 모두 일곱 군데에 자상을 입어 출혈이 심해서 목숨이 위태로웠다. 알렌은 출혈 부위의 동맥을 묶은 다음 명주실로 꿰맸다. 상처 부위를 석탄산(독약) 요오드포름(살균제)으로 깨끗이 소독하고 스펀지로 덮은 후 붕대로 감았다. 며칠 뒤 봉합 부위가 벌어져 민영익이 통증을 호소하니 알렌은 모르핀 주사를 놨다. 상처가 아물자 그는 건전지를 이용해 전기치료를 했다. 이전까지 조선에서 행한 어떤 한방 치료에서도 볼 수 없었던 방법이었다. 민영익은 3개월 만에 기적처럼 완치되었다. 알렌은 이 한 번의 치료 행위로 고종과 왕비의 전폭적인 신임을 얻었고 1885년 국립병원 '제중원' 설립을 이끌어냈다.

서양식 병원 제중원은 초창기에 실적이 매우 좋았다. 하지만 의료와 선교 사이에서 생겨난 불화, 조선 정부의 재정난과 청나라의 내정 간섭으로 한계에 봉착했다. 1904년 제중원 의사 에비슨이 미국 갑부 세브란스(L.H.Severance, 1838~1913)의 기부금으로 남대문 밖(지금의 서울역 맞은편 대우빌딩 자리)에 세브란스병원을 세우고 이듬해 구리개의 제중원 부지와 건물을 대한제국 정부에 양도함으로써 역사의 뒤안길로 사라졌다. 연세대학교 의과대학 세브란스병원은 제중원이 설립된 1885년을 병원 개원 원년으로 삼고 있다. 물론 서울대학교병원도 똑같이 그때를 원년으로 삼는다.

"제중원은 분명 고종이 세우고 조선 관리가 파견된 국립병원입니다. 그래서 제중원 초대원장은 알렌일 수가 없어요. 초대 원장은 외아문 독판(지금의 외교통상부 장관) 김윤식이라고 할 수 있습니다."

병원사연구실에서 일했던 전우용 교수는 근거 있는 사료를 제시했다. 연세대학교 의과대학 세브란스병원이 알렌을 제1대 원장으로 삼고 있는 걸 지적한 것이다.

서울대학교병원 홈페이지에는 '국립 서양의학 교육기관인 의학교와 광제원(廣濟院)으로 맥락이 연결되고 대한국 적십자병원과 함께

1907년에 대한의원이 되므로 서울대학교병원 역사와도 맥이 닿는다. 국민 의료를 대표하는 국가 중앙병원으로서 우리 병원은 제중원의 경험적 자산을 얻어야 한다.'는 내용이 담겨 있다. 취지는 이해하지만 객관적으로 보면 정통성이 부족해 보인다. 한국의 대표적인 양대 병원이 병원 원년 기점을 두고 다투는 모습 또한 바람직해 보이지 않는다.

서울대학교병원의 전신인 대한의원은 일제가 서울에 설치한 통감부(統監府)의 제안으로 설립된 국립병원이다. 1906년 4월 통감 이토 히로부미(伊藤博文, 1841~1909)의 주선으로 기획되어 같은 해 9월 함춘원 터에다 현대식 병원 건물이 짓기 시작했다. 통감 이토 히로부미는 일본 군의총감 사토 스스무(左藤進, 1845~1921)를 불러들여 병원 건립 사무 전반을 맡겼다. 이듬해인 1907년 11월 대한의원 건물이 준공되자 광제원, 의학교, 대한국 적십자병원에 소속되어 있던 한국인 관리와 의사, 학생 들도 이 건물로 옮겨갔다.

지금은 의학박물관이 된 대한의원 건물.

대한의원은 내과, 외과, 산부인과, 안과, 이비인후과, 피부과, 치과 등 전문 분과별로 나누어진 근대식 종합병원이었고 정교하게 짜인 교과과정에 따라 4년제 의학 교육을 실시했다. 대한의원은 1910년 8월 29일 조선이 일본에 강제 병합되면서 중앙의원으로 이름이 바뀌었다가 9월 30일 조선총독부의원이 된다.

1914년 4월 1일, 경성의학전문학교(경성의전)가 문을 열자, 조선총독부의원에서 부속의학강습소를 넘겨 조선총독부의원이라는 병원만 남게 된다. 경성의전 출신으로 모교의 교수가 된 한국인이 백인제(白麟濟, 1898~?)다. 평안북도 정주(定州)에서 출생한 그는 1915년 경성의학전문학교에 입학, 3·1운동에 가담하여 한때 투옥되었다. 석방 후 1921년 수석으로 졸업하고 1928년 동경제대에서 의학박사 학위를 취득, 같은 해 경성의학전문학교 외과 주임교수가 되었다. 한국인으로서는 하늘의 별 따기와 같은 일이었다. 1934년 독일에 1년간 유학하고 1936년 돌아왔다. 귀국 후 서울에서 백병원(白病院)을 개업한 그는 당시 국내 의술계의 제1인자로 손꼽혔다. 1950년 6·25전쟁 때 납북되었다.

1924년 경성제국대학 예과가 개설되어 문과, 이과 합쳐 168명의 학생을 선발했는데 그 가운데 한국인은 44명이었다. 1926년에는 의학부가 개설되고 1928년에는 조선총독부의원이 경성제국대학 의학부 부속의원으로 바뀐다. 1945년 8월 15일 해방이 되면서 '제국'이라는 이름을 지우고 10월 22일 경성대학 의학부가 공식 발족된다. 1946년 8월 22일 미 군정청 문교부는 '국립서울대학교 설립에 관한 법령'을 공포하고 서울대학교는 우리나라 최초의 종합대학으로 발족한다. 1978년 특수법인 서울대학교병원으로 개편해 오늘에 이르고 있다.

　서울대학교병원에는 이름을 다 부를 수 없을 만큼 많은 명의(名醫)들이 있다. 그들은 오늘도 천사 같은 장기 기증자들을 기다렸다가 간과 신장을 이식하여 죽어가는 생명을 살려낸다. 인공관절이나 척추 수술로 활동을 돕고 암, 에이즈와 화해하면서 살아가는 방법도 나눈다. 그 와중에도 의사들이 SCI(과학논문인용색인) 등재 학술지에 발표한 논문 수가 한 해 평균 1,500편이 넘어 세계적인 대학들과 어깨를 나란히 하고 있다. 풍부한 임상 경험, 최고의 시설과 인적 자산을 바탕으로 연구 중심 병원으로서의 기능도 수행한다. 하지만 세상에는 여전히 질병으로 고통받는 사람들이 새로 생겨나고 국가 대표 병원은 24시간 불을 끌 수가 없다.

임상 실력 G5, 한국 의료는 변방 아닌 세계 주역

"산업화의 성공은 우리 의료 분야에서도 예외가 아닙니다. 한국 의료는 이제 변방이 아닌 세계의 주역으로 발돋움하고 있어요. 세계적인 의료 수준과 빠른 서비스, 일괄적인 진료 시스템은 의료 관광 산업을 낳기에 이르렀습니다. 세계적인 학술대회도 열립니다. 2013년 9월 제15차 세계 신경외과학회(WFNS) 학술대회의 서울 유치가 그 좋은 예죠. WFNS는 1955년에 창립, 103개의 국가 3만 명의 회원을 보유한 대표적인 학회인데 지난 2007년 나고야에서 경쟁국 일본, 싱가포르, 중국 등을 누르고 WFNS 역사상 처음으로 1차 투표 과반수를 얻어냈어요."

시계탑 건물 1층 집무실에서 만난 정희원 서울대학교병원장은 뇌종양 수술의 권위자다. 그는 2010년 6월 병원장이 된 직후 한국u헬스협회 2대 회장으로 선임되었다. u헬스는 IT를 활용한, 언제 어디서 누구나 안전하고 자유롭게 이용할 수 있는 건강관리와 의료서비스를 말한다. 국내 대표적인 병원들과 삼성전자, KT, SKT 등이 참여하고 있다.

문: 신경외과 최고의 명의가 행정에 매달리면 손실 아닙니까. 요즘도 수술실에 들어가세요?
답: 수술을 거의 못 합니다. 실력 있는 후배들이 많아서 기회를 주지 않네요(웃음).
문: 의사면허 10만 시대가 열렸습니다. OECD 국가 가운데서 우리 의료 수준은?

답: 기초의학은 다소 취약한 편이지만 임상은 G5, G10에 듭니다. 특히 성형과 위암 수술, 간이식, 뇌종양 수술은 세계적이지요. 원스톱으로 하루 몇 시간 만에 끝나는 종합검진 시스템은 세계인들이 부러워합니다. 미국에서도 단체로 와서 종합검진을 받고 가니까요. 거기서는 여러 병원을 돌며 며칠에 걸쳐서 받게끔 되어 있거든요. 한국은 의료보험제도도 서민 중심으로 잘돼 있다고 봅니다. 특히 암 진료 수가는 미국의 10분의 1 정도로 아주 저렴한 편입니다. 한국 암센터는 선진국과 거의 대등한 수준이고요.

두창을 '마마' 혹은 '손님'이라고 부르며 무당 불러 배송굿을 해주는 게 거의 유일한 치료법이었던 나라, 머리가 아프면 맨땅에 사람 형상을 그려놓고 머리 부위에 낫을 꽂아두던 나라가 100년 만에 세계적인 의료 국가로 발전한 셈이다. '마마'는 우두 바이러스 접종(종두)을 하면서부터 기나긴 주술 행위가 막을 내렸고 이제는 지구상에서 근절된 질병이다.

문: 의료 서비스 시장도 개방할 수밖에 없다고 하는데…….
답: 지금 이대로가 좋다는 의견이 많습니다. 글로벌 시대의 당연한 방향이겠습니다만 선진 의료가 들어오면 아직은 경쟁이 어렵지요. 특히 동네 의원 같은 1차 의료 기관은 지금도 어렵잖습니까. 하지만 머잖아 개방하게 되겠지요. 우리 병원은 경쟁력을 갖추기 위해서 애쓰고 있고 자신 있습니다.
문: 『대한민국 의료를 세계로』, 특수법인 30주년 기념 백서를 읽

어보았습니다. 병원의 국제화에는 어떤 성과가 있습니까?
답: 로스앤젤레스에는 건강검진을 위한 사무소가 있어서 거기서 수속을 밟아 우리 병원으로 건강검진을 받으러 오고 있고요. 중동과 중국과도 의료 기술을 제공하기로 양해 각서를 체결했습니다. 앞으로 우리나라에 의료 관광을 오는 외국인들이 많아질 것입니다. 대한민국 최고의 두뇌들이 모여드는 의료계가 이제는 과거 산업 역군들이 했던 역할을 해야겠지요.
문: 대한민국 국가 대표 병원 수장으로서 건강을 유지하는 비결은 무엇입니까
답: 규칙적인 생활과 숙면입니다.

너무 단순하고 쉬운 답이 돌아왔다. 인생철학도 주인의식과 자긍심이라고 했다.

대한의원 시절의 병실. 현재는 역사박물관으로 쓰고 있다.

● 서울대학교병원의 최초 기록들

1985년   어린이병원 개원
         국내 첫 시험관아기 탄생
1988년   국내 최초 간이식 성공
1990년   국내 첫 태아 수혈 성공
1992년   국내 최초 부분 간이식 성공
1994년   세계 최초 인공 심장을 양(羊)에 이식 성공
1998년   세계 최초 호지킨병 원인 규명
1999년   세계 최초 C형 간염 바이러스 혈청 분리 성공
2007년   세계 최초 단일병원 위암 수술 2만 례 달성
2008년   국내 최초 심장사 간이식 성공

● 서울대학교병원

주소   서울특별시 종로구 대학로 101
의학박물관   대한의원 본관(2층, 건평 639.63㎡), 1907년 준공
대학병원   지상 13층, 지하 1층(건평 1만 6,255.01㎡), 1979년 준공
병상 수   1,811개 병상

● 찾아가는 길

지하철 4호선 혜화역 3번 출구에서 도보 5분

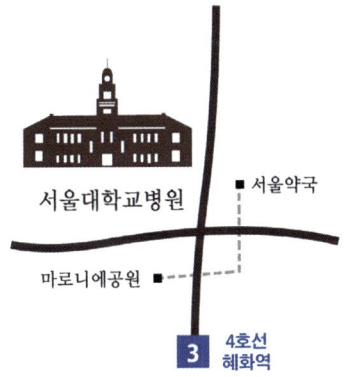

연세대학교 의료원

근대 의료 싹튼 제중원의 뿌리, 로봇 수술 등 첨단 의료 선도

 최초라는 말은 대개 자긍심과 통한다. 오랜 역사성을 지닌 채 선두 다툼을 하면서도 계속 성공적으로 경영해갈 경우 권위까지 거머쥔다. 연세대학교 의료원은 우리나라 근대식 의료와 의학 연구의 발상지다. 국가가 세운 한국 최초의 서양식 병원인 광혜원(廣惠院)의 맥을 잇고 있기 때문이다.

 1885년 서울 재동 헌법재판소 자리에서 출발한 광혜원은 곧 제중원으로 이름이 바뀌었다. 이어 1887년 을지로 입구의 구리개, 1904년 서울역 앞 복숭아골 신축 세브란스병원을 거쳐 1955년 지금의 자리에 터를 잡았다. 이후 연세대학교 의료원은 대부분의 다른 근대 시설물과 마찬가지로 발전을 거듭해왔다. 강남, 용인 세브란스병원이 설립됐고 인천 송도에 세브란스 국제병원을 세울 예정이다.

연세대 백주년기념관 옥상에서 바라본 연세의료원 전경. 헌법재판소 자리에 있던 광혜원을 복원한 기와집과 심장혈관병원, 그리고 본관 건물이 위용을 자랑한다.

신촌세브란스병원 본관은 하나의 세련된 도시다. 의료 시설이라기보다 근린 시설이라는 느낌을 준다. 로비인 3층의 4,000제곱미터(약 1,200평) 규모의 편의시설은 호텔, 백화점을 연상시킨다. 아담한 전시 공간, 은행, 베이커리, 편의점, 전문 식당가 등을 갖췄다. 지하 2층, 지상 6층 높이에 100미터 길이의 아트리움(중앙 정원)은 건물 안 깊숙이 자연 채광을 끌어들인다. 쾌적하고 편리하게 공간을 구성하여 자연스럽게 외래 진료실과 중앙 진료실을 나눠 동선을 줄였다. 20층에는 전망 좋은 스카이라운지도 있다.

하지만 의료원의 중심축에 우뚝 서 있는 이 본관 건물은 산자락에 동서로 길게 흘러내리듯 자리 잡은 병원 시설들을 단절시킨다. 그래서 보완책으로 만든 것이 6층 높이까지 뻥 뚫린 중앙 대계단이다. 3층

출입구와 아트리움 사이에 놓인 계단 위쪽으로 하늘이 보인다. 이 열린 공간은 상징 그 이상이다. 대형 건물이 차단시킨 동쪽 고지대와 서쪽 저지대를 연결해주는 효과가 있다. 저층부 옥상정원은 의료진이 틈틈이 바람을 쐬며 휴식을 취할 수 있는 공간이다. 말안장 모양의 안산 자락 녹지가 가슴에 안긴다.

계단에 앉아서 의료원 정문으로 뻗은 내리막길을 바라본다. 4월의 봄날이면 벚꽃이 만발하여 향기를 뿜어낸다. 무더운 여름에는 계단 왼편으로 시원한 물줄기가 흘러내린다. 영락없는 도심의 자투리 공원 풍경이 아닌가.

우환을 떨쳐낼 수 없는 게 병원의 실체이다. 현대 병원은 최첨단 진료 설비를 갖춘 하이테크 빌딩이어서 딱딱하고 차가운 느낌을 줄 수밖에 없다. 병원을 찾는 사람들은 으레 그런 위압감을 감수해왔다. 서양식 병원이 들어오고 거의 100여 년간 그래왔다. 그런 위압감이 정서적으로 환자 치료에 도움이 안 되는 건 당연하다. 근래 들어 병원 건물들이 변하고 있다. 신촌세브란스병원 본관은 지을 때부터 건축주와 설계자가 '병원 같지 않은 병원'을 짓기로 합의했다. 이른바 이용자들의 뜻을 반영한 참여 설계를 시도했다. 기획 단계부터 한국과 미국의 두 회사가 아이디어를 내놓고 보완하며 공동으로 설계했다.

> 미국의 모든 도시에는 병원이 하나 이상 있습니다. 서울에도 병원은 하나 꼭 있어야 하고 그 병원은 적은 비용으로 만들 수 있습니다…… 고통에 처해 있는 국민이 적절하게 치료받는 것을 보는 기쁨을 폐하께 안겨드릴 것입니다. 또한 이로 인해 의심할 여지없

이 백성들은 폐하에게 더욱 친근감을 느낄 것이며, 백성들의 사기는 올라갈 것입니다.

의료 선교사 알렌이 1885년 1월 27일 고종에게 올린 병원 설립안은 이내 수용되었다. 제중원은 그해 4월에 문을 연다. 세브란스병원은 이때를 병원 설립 원년으로 삼고 있다.

알렌의 뒤를 이은 에비슨은 제중원을 세브란스병원으로 키워낸 인물이다. 영국 태생인 그는 유년 시절 캐나다로 이민해 토론토대학

알렌이 처방한 한국 최초의 서양의학 진단서(왼쪽 위)와 옛날에 쓰였던 약품들(왼쪽 아래), 그리고 옛 현판(오른쪽)

신촌 세브란스병원 본관 내부 모습.

의과대학 교수가 된다. 그는 언더우드의 영향을 받아 한국에서 의료 선교를 하고 싶어 했다. 캐나다 감리교회가 한국에서의 사역에 관심을 보이지 않자 에비슨은 장로회와 접촉한다. 감리교도인 그가 교파가 다름을 말하자, 뉴욕 장로회 총무 엘린우드(Frank F. Ellinwood)는 "교파가 중요한 것은 아니다."라며 "감리회의 열정으로 한국 선교에 열중하라."고 주문한다. 에비슨은 아예 장로회로 교적을 바꾸고 한국에 온다. 교파를 초월한 감동적인 이야기다.

제중원에서 의료와 의학 교육에 힘쓰던 그는 한계에 부딪힌 제중원을 본다. 그리하여 독지가 세브란스로부터 4만 5,000달러를 기부 받아 세브란스병원을 세운다. 현재 가치로는 1,000억 원에 해당하는 거액이다. "받는 당신보다 주는 나의 기쁨이 더 큽니다." 세브란스가 에비슨에게 한 말이었다. 아들 존 세브란스(John L. Severance,

1863~1936)도 아버지의 유언을 받들어 병원에 12만 달러 이상을 기부했고 사후에도 펀드를 만들어 기부를 계속해왔다고 한다.

세브란스병원은 기부 문화가 만들어낸 결실이다. 본관을 새로 지을 때도 2,665억 원의 건축비 가운데 20퍼센트가 넘는 액수를 6,000명에게서 기부받았다. 이 때문에 병원에 사회적인 책무도 따르게 된다. 다른 병원과 달리 부정적인 면이 조금만 드러나도 상대적으로 더 크게 부각되는 것도 그래서다. 외적인 성장도 필요하지만 그와 동시에 어려운 이들을 조건 없이 돕는 세브란스의 정신을 계승해나가는 것도 중요해 보인다.

연세대학교 의료원은 2005년 복강경 수술용 로봇 '다빈치'를 국내에 처음 도입한 이후, 지난해 말 수술 건수 5,000건을 돌파했다. 일본, 미국, 싱가포르 등의 의료 선진국에서도 로봇 수술법을 배우기 위해 찾아오고 있다. 하지만 부속품을 미국에서 수입해야 하고 건강보험 적용이 안 돼 환자 비용 부담이 크다고 한다. 부품의 국산화가 시급하다.

"한국 근대 선교의 특징은 의료와 교육에 있어요. 그래서 조선 정부로부터 거부감 없이 보호받을 수 있었던 겁니다. 우리 의료원은 한국 기독교의 본산입니다. 그리고 의료 면허 1번부터 7번까지가 1908년 6월 3일 세브란스병원의학교를 졸업한 졸업생들이지요. 홍종은, 김필순(金弼淳, 1880~1922), 홍석후, 박서양, 김희영, 주현측, 신창희가 성적순으로 면허를 받았습니다. 김필순 선생은 한일 강제병합이 이루어지자 중국으로 망명해 독립운동가가 됩니다. 혈액 병리학자 현봉학 동문도 한국의 쉰들러, 한국의 모세로 불립니다. 한국전쟁 때 민간인 9만 8,000명을 흥남부두를 통해 탈출시킨 숨은 공로자지요."

복원된 광혜원 전경. 광혜원은 한국 최초의 서양식 병원이다.

『한국근대 서양의학 교육사』를 쓴 박형우 동은 의학박물관장은 역사적인 인물이 된 동문들 자랑에 바쁘다. 근대 유물을 다량 확보하고 있는 박물관은 로비 아트스페이스에서 '알렌이 본 구한말 서울' 사진전, '알렌, 헤론, 에비슨, 뷘쉬 유물전' 등을 기획 전시하고 있다.

3분 아닌 30분 진료 시대로 가야 합니다.
무상 의료 얘기, 참 답답한 일

"의료가 복지일 뿐만 아니라 산업이라는 인식도 가져야만 합니다. 지금 우리나라 최고 인재들은 의과대학으로 몰리고 있습니다. 그 우수한 인재들을 잘 길러내서 10년, 20년 뒤에 국가를 먹여 살리도록 만들어야 합니다. 잠재적 가치가 아주 큰 성장 산업이 의료라고 봅니다. 제가 2010년 8월에 취임하면서 우리 의료원을 세계 톱 텐으로 끌어올리겠다고 한 이유입니다."

이철 연세대학교 의료원장은 강단 있는 어조로 사명감을 표했다. 복지만 생각하다가 성장 기회를 놓칠 수 있다는 절박감 같은 게 엿보였다.

> 문: 세브란스 정신은 조건 없는 기부와 소외된 이웃을 보살피는 것입니다. 100여 년 전부터 받은 것을 이제는 되돌려줄 의무가 있다고 보는데요.
> 답: 1992년 에비슨 박사 내한 100주년을 기념하여 몽골 수도 울란바토르에 연세친선병원을 세웠습니다. 울란바토르 시 보건국과 공동 투자했지요. 외곽에 무료 진료소도 열었습니다. 저개발국가 의료인 연수 교육 프로그램도 실시하고 있고요. 지금까지 몽골, 중국, 우즈베키스탄, 베트남, 아프가니스탄, 이라크 등지에서 100명 넘는 의료인들을 초청해 연수를 시켰습니다.

이 원장은 국내에서 어린이병원과 재활병원, 정신건강병원, 이 세 병원을 갖춘 곳은 연세대학교 의료원밖에 없다고 했다. 셋 모두 적자가 불가피한 분야라는 설명을 덧붙였다. 국가가 못하는 걸 대신해 사회적 책무를 이행한다는 얘기다. 연세대학교 의료원은 2007년에 이어 지난해에도 국제의료기관평가위원회(JCI)의 국제표준의료서비스 심사를 통과했다. 한번 인증받으면 3년간 그 효력이 유지된다. 기준이 까다로워서 국내 병원으로서는 처음이다. 환자들이 안심하고 병원을 찾을 수 있는 자격 요건을 갖춘 것이다. 문득 병원 감염을 막는 첫걸음이 손 씻기라는 말이 떠올랐다.

문: 원장님께서는 '손 씻기 전도사'입니다. 무슨 계기가 있었나요?

답: 1983년 미국 브라운의과대학에 방문 교수로 갔지요. 그곳 의료진은 환자를 보고 나면 반드시 손을 씻더군요. 환자들이나 신생아는 면역력이 약해요. 슈퍼박테리아를 옮기는 건 의료진의 손입니다. 흐르는 물에 비누로 손만 씻어도 병원 감염은 쉽게 극복해요. 본관을 지을 때 병실마다 손 씻기 세면대를 설치하게 했습니다. 아폴로 눈병도 신종 플루도 손 씻는 습관으로 예방할 수 있어요."

문: 의료인으로서 한국 의료 문화에 바람이 있다면요.

답: 3분 진료에서 30분 진료 시대로 가야겠지요. 질을 높이면 또 문제가 되는 게 비용입니다. 선진국의 4분의 1 정도 비용만으로 질 높은 서비스를 바라는 형편인데 정치권에서는 무상 의료 얘기가 나오더군요. 답답합니다. 의료원장으로서의 소망은 우리 병원이 연구 중심 병원 기능을 더 늘려가는 것입니다.

문: 100세 시대 행복의 조건은 뭘까요.

답: 좋은 생활 습관입니다. 담배 안 피우기, 바른 자세, 적게 먹기, 싱겁게 먹기 같은 거죠.

결국 건강을 꼽았다. 사람들이 중시하는 돈은 그리 큰 조건이 아니라고 했다. 복지 문제가 점차 나아지면 더 이상 집착하지 않게 될 거라는 얘기였다.

● 신촌 세브란스 병원 본관
주소 서울특별시 서대문구 연세로 50번지
준공 2005년 5월 4일
설계 정림건축, 미국 엘러비 베킷(Ellerbe Becket)
시공 삼성물산
규모 지하 3층, 지상 21층
총면적 17만 1,290㎡
병상 수 1,004개

● 신촌 세브란스병원
총면적 49만 3,111㎡
병상 수 3,137개(강남, 용인 세브란스병원, 정신건강병원 모두 포함)
직원 수 약 7,800명(의사직 2,000명, 일반직 5,800명)
환자 수 연간 약 400만 명
역사 1885년 광혜원 창설
 1904년 서울역 앞에 준공, 세브란스 병원으로 개칭
 1955년 서울 서대문구 연세로 현 위치에 신촌 세브란스병원 건물 착공
 1957년 연희대학교와 세브란스 의과대학 연세대학교로 통합됨
 1962년 연세의료원으로 개칭

● 신촌 세브란스병원 국내 최초 기록들
1885년 근대식 병원 창설
1886년 의학 교육 기관 설립
1956년 심장 수술 성공
1969년 암센터 개원
1993년 환자권리장전 선언
1998년 폐이식 수술 성공
2005년 로봇 수술 성공
2007년 국제의료기관 평가(JCI) 인증 획득
2010년 로봇 수술 5,000건 돌파

● **찾아가는 길**
지하철 2호선 신촌역 1, 3번 출구에서 도보 10분

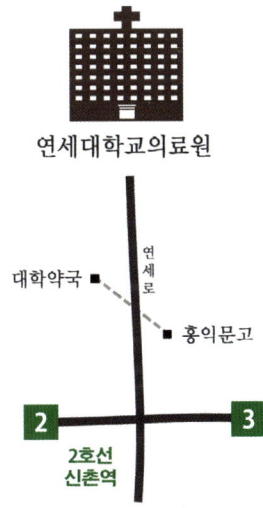

서울 충정로 충정아파트

이 땅 최초의 아파트, 이웃을 하나로 묶는 중앙 뜰

서울 도심에 지은 지 82년(2012년 기준)이나 된 아파트가 있다. 우리나라 최초의 아파트로 50가구의 주민들이 살고 있다. 동아일보 충정로 사옥 맞은편 대로변 '충정아파트'다. 프랑스대사관 아래쪽에 있는 이 녹색 건물을 아파트라고 여기는 행인은 거의 없다. 낡은 상가 건물 가운데 하나쯤으로 보이기 때문이다.

　1층 상가들은 평범하다. 상가 틈으로 난 출입구에 아파트 이름이 쓰인 현판이 셋이나 붙었다. 하지만 눈에 잘 띄지 않는다. 서대문구청 건축과에서도 이 아파트가 82년이나 된 건물이라는 사실을 잘 모른다. 설계자나 준공 연도 같은 공식적인 기록이 없어서다. 충정아파트는 한국 근현대사의 녹색 아이콘이다. 이 아파트를 보면 대한민국 아파트 역사가 보인다.

국민의 절반 이상이 아파트에서 살고 있는 대한민국. 충정아파트는 초창기 아파트 모습을 간직하고 있다.

사람이 들어가 살기 위해 지은 건축물이 집이다. 동굴에서 살던 원시인류는 나무나 풀, 흙, 돌 등을 이용하여 지상에 여러 형태의 구조물을 세웠다. 집들이 모여 마을이 된다. 2층 이상의 집을 짓고 포개어 살기 시작하면서 마을은 도시로 발전했다. 그리고 그 도시에 아파트라는 콘크리트 박스 집적체가 등장하기 시작한 때를 근대라고 부른다.

아파트는 산업화가 낳은 주거 양식이다. 근대식 아파트는 19세기 영국에서 등장했다. 산업혁명과 함께 신흥 공업 도시들이 생겨났다. 농촌 인구가 도시로 급격히 몰렸다. 산업화와 함께 진행된 도시화다. 주택 문제가 심각해졌다. 영국 정부는 도시 빈민에게 양질의 집합 주택을 널리 보급했다. 그것이 오늘날 아파트의 시초다.

대한민국은 '아파트 공화국'이다. 국민의 절반 이상이 아파트에서 산다. 2011년 통계청 자료에 의하면 1,418만 6,668호 가운데 818만 5,063호가 아파트다. 그 대부분이 과거 30여 년간 지어졌다. 오랫동안 전통 건축양식인 한옥에서 살았던 한국인들은 불과 한 세대 만에 주거환경의 혁명적인 전환을 경험했다.

충정아파트 출입구로 들어선다. 우편함과 계단이 나타난다. 오른쪽으로 난 통로를 따라 안쪽으로 다가간다. 왼쪽으로 삼각형 모양의 중앙 뜰, 중정(中庭)이 나타난다. 뜰이 차지하는 영역이 좁아서 옹색해 보이지만 다른 아파트에서는 볼 수 없는 이색적인 공간이다. 중정을 품고 있는 이런 형태의 아파트를 블록형 아파트라고 부른다. 외부와 경계를 짓고 자연스럽게 하나의 내부공간을 이룬다. 중정으로 모아진 복도와 현관문은 입주자들을 삶의 공동체로 결속하는 역할을 한다. 중정에 거대한 굴뚝이 보인다. 예전에 사용하다 방치된 난방용 굴뚝이다. 굴뚝을 따라 눈길을 주면 비좁은 하늘에 닿는다. 높아진 가을하늘이 쾌청하다. 삼각형 모양의 복도 난간마다 화분과 장독대 같은 살림살이가 놓였다.

계단을 따라 옥상으로 향한다. 오랜 세월의 흔적은 이 아파트 곳곳에 켜켜이 서려 있다. 여느 아파트들 같았으면 이미 두세 번쯤 재건축을 했을 게다. 옥상에 오르니 산뜻한 북한산이 보인다. 지금은 주변에 높은 건물들이 많이 들어섰지만 이 아파트가 세워질 당시에는 조망이 썩 좋았을 것 같다. 중정 반대쪽 외벽에 창들이 뚫렸다. 독립된 세대마다 한쪽 방향으로 툭 터진 시야를 확보하고 있다.

"일제강점기인 1930년에 일본인 도요타 다네오(豐田種雄)에 의해 지어진 이 아파트에서 시간의 켜를 보는 건 매우 중요한 가치라고 생각해요. 한국전쟁 때는 북한군과 미군이 차례로 사용했습니다. 미국은 유엔 전용 호텔로 썼는데 '트레머호텔'이라고 불렀죠. 그때는 4층이었는데 옥상에서 미군들이 파티를 하는 모습을 이웃 주민들이 봤다고 전합니다. 1961년에 김병조라는 희대의 사기꾼이 불하받아 5층으로 증축하고 '코리아관광호텔'로 이름을 바꿉니다. 1년 뒤 몰수돼 서울은행 소유를 거쳐 오늘에 이른 겁니다. 1979년에는 충정로가 8차로로 확장되면서 건물 일부가 잘려나갑니다."

『대한민국 아파트 발굴사』의 공동 저자 박진희는 이 아파트의 건축사적 가치를 일찍이 알아보았다. 석사 과정 때 장림종(작고, 연세대 건축과) 교수와 이 아파트를 연구하면서부터다.

충정아파트 109호에서 '화장실문화시민연대' 대표로 일하고 있는 표혜령 씨는 지난해까지 충정아파트 입주자 대표 겸 총무를 지냈다고 한다. '아름다운 사람은 머문 자리도 아름답다'는 표어로 널리 알려진 '화장실문화시민연대'의 사무실을 찾았다. 이 아파트에서는 36평의 가장 넓은 평수를 가진 라인에 있다.

"2003년도부터 여기서 일하고 있죠. 공간을 넓게 쓰려고 벽을 트려 했는데 일꾼들이 포기했답니다. 오래된 건물이지만 시멘트 벽이 다이아몬드처럼 강하다고 하더군요. 제대로 야무지게 지어진 건물인 건 확실합니다. 하지만 벽이 갈라지고 터서 새지 않는 집이 없어요. 주민 중 90퍼센트 이상이 재건축을 원해요. 너무 오래된 건물이라 안

중앙뜰에서 본 충정아파트.

전을 보장할 수가 없어요."

표혜령 대표는 재건축 사업이 조속히 진행되기를 희망했다.

이 아파트에 사는 주민들은 외부인들이 찾아와 답사나 취재하는 걸 매우 껄끄러워한다. 어느 시인이 말했던가. 인생은 99퍼센트 지저분한 거라고. 서민들의 살림살이라는 게 본시 너저분하기 마련이다. 이 낡은 아파트 계단이나 통로에는 가재도구들이 쌓였다. 무슨 구경거리 났다고 수시로 찾아드는 불청객들이 반가울 리 만무하다. 작가의 넉살과 붙임성, 언론사의 공신력을 겸비한 나로서도 세세한 취재를 하는 데 여간 어려웠던 게 아니다. 그래서 내가 소개하는 여러 근대 현장 가운데서 이곳 충정아파트만은 가급적 답사를 피해달라고 당부하고 싶다. 다만 연구자라면 주민 대표를 만나 허락을 받으면 가능할 것도 같다.

아파트를 빼놓고 '한강의 기적'을 말할 수는 없다. 전 세계를 놀라게 한 압축 성장의 또 다른 상징이 아파트다. 분당, 일산을 비롯한 신도시들의 아파트촌은 외국인들에게 관광 상품으로서의 가치가 충분하다는 주장도 있다. 물론 문화 상품과 연계해야 가능한 일이다. 우리에게 아파트 문화를 관광 상품으로 만들 자산들이 남아 있기나 한 것인가. 전통 양식이나 역사의 흔적을 지워버리기에 바빴던 우리의 근대적인 속성은 아파트 문화에서도 그대로 드러난다.

1958년 성북구 종암동 언덕에 종암아파트가 우리 손으로 세워졌다. 당시만 해도 아파트는 신기한 주거 양식이었다. 층층이 쌓인 집 집마다 아궁이와 수세식 변기를 갖춘 화장실이 있다는 게 호기심을 자극했다. 1962년 마포아파트가 완공됐을 때, 주민들이 입주하기를 꺼려서 1할밖에 채우지 못했다. 이런 역사적 사실은 주택청약부금을 붓고 프리미엄을 붙여서라도 분양권을 사는 데 혈안이던 몇 년 전의 아파트 투기 장면과 너무 대조적이다.

1970년 4월 8일 새벽 6시 30분. 서울 마포구 창전동 와우아파트가 무너져 내렸다. 서울시가 야심 차게 추진했던 지상 5층, 15개 동 규모의 아파트 가운데 1개 동이 준공된 지 석 달 만에 붕괴된 사고였다. 건물이 무너지면서 가풀막 아래 판잣집을 덮쳤다. 이 사고로 33명이 숨지고 40명이 다쳤다. 부실공사 탓이었다.

우리는 와우아파트 붕괴 현장을 잽싸게 지워버렸다. 우리 손으로 지은 최초의 아파트인 종암아파트도 1993년 헐어내고 새 아파트를 세웠다. 그리고 지금, 충정로에서는 이 땅 최초의 아파트인 충정아파트가 재건축 수순을 밟고 있다. 주민들은 개발 이익을 기대한다. 당연한 일이다. 서울시에서는 충정아파트의 건축사적 가치를 아직 찾지 못하고 있다. 최초의 아파트가 재건축 이상의 가치와 의미를 지닌 공간으로 거듭나기는 요원한 일로 보인다.

한국은 산이 많은 나라다. 앞뒤 산을 가리지 않을 정도의 낮은 집을 짓고 살아야 자연과 잘 조화되는 삶이라고 할 수 있다. 전통적인 주거 양식인 한옥은 기와집이건 초가집이건 2층을 넘지 않았다. 특수한 종교 건물만이 예외였다. 한옥은 방이나 뜰에서 산천의 풍광을 바라볼 수가 있다. 조망이 닫힌 집이라도 골목에 나오거나 언덕에 오르면 시야가 훤히 트였다.

아파트는 성냥갑처럼 지어진 판상형과 십(+)자, Y자, 입구(口)자 같은 타워형으로 대별된다. 빼곡한 아파트 숲은 산과 강을 가리고 살풍경을 연출한다. 종교 시설보다도 훨씬 높은 초고층 아파트를 선호하는 오늘날의 한국인들을 자연과 조화로운 삶을 사는 사람들이라고 할 수 있을까. 건축계 일각에서 안채와 사랑채로 나뉜 한국 전통 주거 형태를 아파트에 접목시키려는 시도가 있긴 하다. 그렇다고 한옥 아파트가 되는 건 아니다. 한옥은 역시 터 잡기와 열린 공간이 핵심이기 때문이다.

오늘날 대한민국에서 아파트는 산업화의 선물과도 같은 존재다. 기성복을 골라 입듯 이미 지어진 집을 선택할 뿐 좀처럼 집을 짓지 못하는 세대의 임시 거처이기도 하다. 신(新) 유목민들은 네모지고 딱딱한, 천막이 층층이 겹친 구조물을 아파트라고 부른다. 1960년대부터 정부 주도 아래 본격적으로 공급되기 시작한 아파트는 이제 한국인의 대표적인 주거 양식으로 자리 잡았다. 집은 인간의 몸과 영혼이 깃들어 쉬고 성장하는 특별한 장소다. 아파트에서 고전적인 의미의 집을 재발견하는 건 전적으로 거주자들의 몫이다.

● 서울 충정로 충정아파트

주소	서울 서대문구 충정로3가 250-70
규모	지하 1층, 지상 5층
건평	3,511㎡(건축물대장)

● 한국 아파트 약사(略史)

1930년	도요타아파트 준공(현 충정아파트)
1958년	종암아파트 준공(한국이 세운 최초의 아파트)
1962년	마포아파트 1차 준공(최초의 아파트 단지)
1967년	세운상가 건설(최초의 고층 아파트)
1970년	여의도 시범아파트(최초의 고층 아파트 단지)
	와우아파트 붕괴
1993년	종암아파트 철거, 종암선경아파트 재건축
2003년	목동 하이페리온(최초의 초고층 타워형 아파트)

● 찾아가는 길

지하철 5호선 충정로역 9번 출구에서 도보 3분

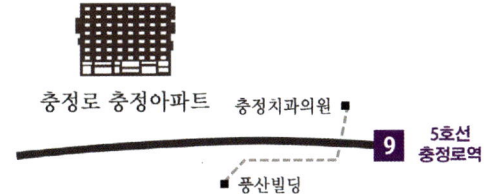

참고문헌

단행본

『개화기 민족지의 사회사상』. 김민환(1988). 나남.
『개화기의 인물』. 이광린(1993). 연세대학교출판부.
『개화와 선교의 요람 정동이야기』. 이덕주(2002). 대한기독교서회.
『게오르그 짐멜의 모더니티 풍경 11가지』. 김덕영(2007). 길.
『고독한 군중』. 데이비드 리스만(1994). 홍신문화사.
『고종의 독일인 의사 분쉬』. 리하르트 분쉬(1999). 학고재.
『고종황제 역사청문회』. 교수신문기획(2005). 푸른역사.
『국립중앙도서관 60년사』. 국립중앙도서관(2006). 국립중앙도서관.
『국제기구 개혁과 미래』. 모종린(2010). 아산정책연구원.
『나는 다르게 생각한다』. 이일훈(2011). 사문난적.
『나를 배반한 역사』. 박노자(2003). 인물과 사상사.
『낭만은 살아 있다』. 정홍택(2001). 소담출판사.
『내가 본 조선, 조선인』. 카르네프 외(2003). 가야넷.
『대한매일신보연구』. 한국언론사연구회(2004). 커뮤니케이션북스.
『대한민국 아파트 발굴사』. 장림종 · 박진희(2009). 효형출판.
『대한민국 의료를 세계로』. 서울대학교병원(2008).
『대한제국의 비극』. F. A 매켄지(1999). 집문당.
『대한제국비사』. 노주석(2009). 이담북스.
『대한제국 최후의 숨결』. 에밀 브르다레(2009). 글항아리.
『대한제국 황실 비사』. 곤도시 로스케(2007). 이마고.
『독립정신』. 이승만(2010). 동서문화사.
『독서의 역사』. 알베르토 망구엘(2000). 세종서적.
『동농 김가진전』. 김위현(2009) 학민사.
『모던의 유혹 모던의 눈물』. 노형석(2004). 생각의 나무.
『명의』. EBS 명의 제작팀(2010). 달.
『매혹의 질주, 근대의 횡단』. 박천홍(2003). 산처럼.
『민족문화추진회42년사』. 한국고전번역원(2009).
『배재백년사』. 배재백년사 편찬위원회(1989).
『백화점』. 하쓰다 토오루(2003). 논형

『백화점의 문화사』. 김인호(2006). 살림출판사.
『사진과 함께 보는 한국 근현대 의료문화사』. 연세의료원(2007). 웅진지식하우스.
『사진으로 보는 연동교회 110년사』. 연동교회(2004).
『사진으로 본 한국근대의학120년』. 연세대학교 의료원(2007).
『서간도에 들꽃 피다』. 이윤옥(2011). 얼레빗.
『서대문형무소 근현대사』. 김삼웅(2000). 나남.
『서울상수도 백년사』. 서울특별시(2008).
『서울은 깊다』. 전우용(2008). 돌베개.
『성균관대학교600년사』. 성균관대출판부(1998).
『세계도서관기행』. 유종필(2010). 웅진지식하우스.
『세네카 인생론』. 세네카(2007). 동서문화사.
『세브란스 드림스토리』. 이철(2007). 꽃삽.
『수의당 주옥경』. 김응조(2005). 천도교여성회본부.
『승동교회110년사』. 승동교회(2003).
『식민지 조선에서』. 파냐 이사악꼬브나(1996). 한울.
『안중근 사건 공판기』. 최홍교 교주(1975). 을유문화사.
『안중근 평전』. 김삼웅(2009). 시대의 창.
『알렌의 일기』. 김원모(1991). 단국대학교출판부.
『연동교회100년사』. 연동교회(1995).
『역주 조선불교통사』. 이능화(2010). 동국대출판부.
『연합뉴스25년사』. 연합뉴스(2006).
『원세개』. 허우 이제(2003). 지호.
『유교자본주의 민주주의』. 함재봉(2000). 전통과현대.
『이능화 근대불교학』. 이재헌(2007). 지식산업사.
『이 시대의 명의』. 이준규(2004). 헬스비전그룹.
『이화백년사』. 이화학당(1994).
『이화110년사』. 이화역사관엮음(2007). 이화여자대학교출판부.
『이화100년사』. 이화여자대학교(1994).
『이화110년사』. 이화여자대학교(2006).
『이화여자대학교동창회100년사』. 이화여자대학교 총동창회(2010).

『인천역사문화총서』. 인천광역시 역사자료관(2008~2009).
『인천의 역사를 찾아서』. 인천광역시 역사자료관(2006).
『일본정치사상사연구』. 마루야마 마사오(1995). 통나무.
『재미있는 전주 이야기』. 성재민 외(2008). 인물과사상사.
『제물포해관 문서철(Despatches from Chemulpo)』. 서울본부세관(영인본 2007).
『조선견문록』. 릴리어스 호톤 언더우드(2008). 이숲.
『조선은 왜 일본의 식민지가 되었는가』. 이덕주(2004). 에디터.
『조선 유학의 학파들』. 한국사상사연구회(1996). 예문서원.
『조선출판주식회사』. 이재정(2008). 안티쿠스.
『졸업앨범을 통해 본 한국근대인물』. 배재학당역사박물관(2011).
『천도교 중앙대교당 50년이야기』. 이동초 편(2008). 모시는사람들.
『청와대 vs 백악관』. 박찬수(2009). 개마고원.
『철도건설사』. 철도건설국(1969).
『코레아 에 코레아니』. 이동수 외(2009). 하늘재.
『코레아 Ⅰ Ⅱ』. 헤르만 라우텐자흐(1998). 민음사.
『큰 스승 신봉조』. 심치선 외(1995). 정우사.
『텬로력뎡』. 배재학당역사박물관 자료집(2010). 배재학당역사박물관.
『프로테스탄티즘의 윤리와 자본주의 정신』. 막스 베버(2009). 동서문화사.
『한국근대사산책1~10』. 강준만(2007). 인물과사상사.
『한국근대 서양의학 교육사』. 박형우(2008). 청년사.
『한국영성 새로 보기』. 이덕주(2010). 신앙과지성사.
『한국을 사랑한 메리 스크랜튼』. 이경수 외(2011). 이화여자대학교출판부.
『한국의 도서관, 과거 현재 그리고 미래』. 서울세계도서관 정보대회 조직위원회(2006).
『한국의 은행권』. 조병수(2010). 오성K&C.
『학교의 탄생』. 이승원(2005). 휴머니스트.
『한국학의 인문학』. 방은선생 추모문집 간행위원회(2008).『경인문화사.
『한국백화점의 역사』. 주영혁(2006). 서울대학교출판부.
『한국방송70년사』. 한국방송협회(1997).

『한국은행 60년』. 한국은행(2010)
『호텔』. 도미타 쇼지(2010). 논형
『헌법재판소 한국현대사를 말하다』. 이범준(2009). 궁리.
『후쿠자와 유키치의 아시아침략사상을 묻는다』. 아스카와 주노스케(2011). 역사비평사.
『R. 에비슨이 지켜본 근대한국 42년』. 올리버 R. 에비슨(2010). 청년사.

자료집과 잡지, 논문
『20세기 서울 역사의도시공간적 변모』. 신예경(2010). 서울대학교박사학위 논문.
『1890~1910년대 천주교 교회의 도시건축적 특성에 관한 연구』. 김기성(2003). 서울시립대 건축과 석사학위 논문.
『거대한 감옥, 식민지에 살다』. 민족문제연구소(2010).
『교회사연구』 제17집. 교회사연구소(2001).
『교회사연구』 제20집. 교회사연구소(2003).
『기상역사자료집』. 기상청국립기상연구소(2011).
『날씨활용사례집』. 기상청(2010).
『도서관 약사』. 박영준(1985). 성균관대학교 한국사서교육원.
『수상한 사계절』. 기상청(2011).
『신세계70주년 기념화보집』. 신세계(2000).
『역사비평』 제86호. 역사비평사(2009. 봄).
『용산공원 아이디어 공모 관리 연구 및 운영』. 국토행양부(2009).
『한국은행 화폐금융박물관』. 한국은행(2009).
『항일 단파방송 연락운동』. 한국방송인동우회(2010)

근대를 산책하다

초판 1쇄 발행 2012년 10월 20일
초판 2쇄 발행 2023년 2월 27일

지은이 김종록
펴낸이 김선식

경영총괄이사 김은영
콘텐츠사업본부장 박현미
콘텐츠사업4팀장 임소연 **콘텐츠사업4팀** 황정민, 박유아, 옥다애, 백지윤
편집관리팀 조세현, 백설희 **저작권팀** 한승빈, 김재원, 이슬
마케팅본부장 권장규 **마케팅1팀** 최혜령, 오서영
미디어홍보본부장 정명찬 **디자인파트** 김은지, 이소영 **유튜브파트** 송현석, 박장미
브랜드관리팀 안지혜, 오수미 **크리에이티브팀** 임유나, 박지수, 김화정, 변승주 **뉴미디어팀** 김민정, 홍수경, 서가을
재무관리팀 하미선, 윤이경, 김재경, 안혜선, 이보람
인사총무팀 강미숙, 김혜진, 지석배
제작관리팀 최완규, 이지우, 김소영, 김진경, 양지환
물류관리팀 김형기, 김선진, 한유현, 전태환, 전태연, 양문현, 최창우
일러스트 블랑카, 최은선

펴낸곳 다산북스 **출판등록** 2005년 12월 23일 제313-2005-00277호
주소 경기도 파주시 회동길 490 다산북스 파주사옥 3층
전화 02-702-1724 **팩스** 02-703-2219 **이메일** dasanbooks@dasanbooks.com
홈페이지 www.dasanbooks.com **블로그** blog.naver.com/dasan_books
종이 · 출력 · 후가공 · 제본 북토리

ISBN 978-89-6370-071-7 (03910)

· 책값은 뒤표지에 있습니다.
· 파본은 본사와 구입하신 서점에서 교환해드립니다.
· 이 책은 저작권법에 의하여 보호를 받는 저작물이므로 무단 전재와 복제를 금합니다.

글 · 사진 저작권자 ⓒ 2012 김종록 · 신동연
이 책의 저작권은 저자에게 있습니다. 저자와 출판사의 허락 없이 내용의 일부를 인용하거나 발췌하는 것을 금합니다.